广西民商事法律研究基地文库

主编 孟勤国

物权二元结构论

——中国物权制度的理论重构（修订版）

孟勤国◎著

法 律 出 版 社 LAW PRESS·CHINA

内容简介

中国应制定什么样的物权法？是搞一个大陆法系物权制度的中国版本，还是力求创新与突破？本书对此作了明确回答。

作者首先分析了大陆法系物权理论及体系的缺陷，指出传统理论独尊所有权、轻视财产利用权的做法已远远落后于当代的经济与法律实践，不能以此作为制定中国物权法的理论。随后，作者围绕重构中国物权制度这一中心，针对传统物权理论的一元结构，提出了以所有权表述财产归属、以占有权表述财产利用的二元物权理论，对物权的基本问题，包括物权的客体、物权的基本理念、物权的性质与效力、物权的设立与原则、物权的移转与公示、物权的分类与登记和物权的保护，都进行了探析，根本改变并重新建立了物权制度的理论基础。以物权二元理论为指导，作者重新认识了所有权制度中的有关问题，对所有权的概念、性质、内容以及共有权和相邻义务等进行了具体的探讨，并根据中国国情，对国家所有权和集体所有权作了规定；创立了占有权，建立了统一的财产利用制度体系，使财产利用制度获得了与财产归属制度平等的地位，中国社会两大财产利用权利，即土地承包经营权和国有企业法定经营权在占有权中得到了充分的重视和论述。

全书共五章，从证明传统物权理论不适用于中国，到提出物权二元理论，再到构建二元物权体系，力求基本完成为中国寻找一条新的、现实的、科学的物权理论之路的命题。

本书原由人民法院出版社出版，2002 年 1 月第一版，2004 年 4 月第二版,2009 年 1 月第三版。本书 2004 年获广西第八次社会科学优秀成果一等奖,2005 年获首届全国优秀法律图书奖,对 2007 年中国物权法产生了深刻影响。时值中国民法典实施之际,本书依据 2009 年第三版予以文字修订再版。①

① 本书是中国物权法和物权法学的一个历史性标志,为准确反映其理论论述和制度设计的现实语境,充分展现物权二元理论的独特风貌和长远价值,本书的修订仅限于必要的文字修改。

第三版序

郑成思[*]先生与中国物权法

郑先生辞世时，我在挪威。戴先生辞世时，我在美国。我总不能为我景仰的先生送别，这似乎是一种命数。我只见过郑先生三次。2003 年一个秋日，在他那狭小、简陋的书房里，他和我聊了一个多小时的物权立法。他说话简洁有力，与他羸弱的形体很不相称，一种超强的精神力量扑面而来。2004 年春，他和夫人杜老师到广西讲学。我有幸陪了三天，近距离地看到了他睿智、谦和以及讲台上的无边风采。最后一次是 2006 年出国前，我去他家辞行。那时他的身体更羸弱了一些，但精神状态一如既往，陈旧的办公桌上放着已经批了很多字的中国物权法草案。

但我经常和郑先生交流，电子邮件给了我们通畅的交流渠道。几年中，我向立法高层递交的八份有关物权立法的建议，都是由郑先生想方设法送上去的。有些重大物权问题的意见，郑先生还推荐到《法制日报》等刊物发表，如《物权法是一个国家和民族智慧与尊严的象征》《立足现代、立足宪法应是物权立法的主题》《国有企业法人所有权不可行》等。郑先生对

---

* 郑成思先生生前为全国人大法律委员会委员、中国社会科学院法学研究所研究员、博士生导师。

物权法具有无人能及的洞察力,常常三言两语就点破物权问题的本质,随手将我的认识引导和聚焦到关键的层面,而且指点我如何以一两千字说清楚问题。我的那些受到立法重视的建议,其实都经过了郑先生的深加工。

郑先生在知识产权领域的声望太高,遮掩了他在物权法上的光芒。郑先生是全国人大法律委员会委员,在这个直接决定法律草案命运的委员会中,只有两位民法学者。郑先生全程参与了物权立法,而且是呕心沥血。那几年,是郑先生身体状况急剧下降的时候,动手术、化疗,可郑先生仍每天工作十几小时。我经常收到他凌晨四五点钟发来的邮件。这些邮件,有对我的某一观点提出疑问的,有让我找一些论证资料的,有介绍最新立法动态的。中国物权法汇集了众多的理论与实践的亮点,尤其是基本原则,星光灿烂。这些亮点,都凝聚着郑先生生命的光辉。例如,为了让用益物权客体包括动产,郑先生不止一次地阐述现代社会对动产用益物权的客观需要,在全国人大公布《物权法(草案)第三稿》后依然没有放弃,终于从第四稿开始,用益物权的定义里面有了"动产"两字。在推动中国物权法的现代化和中国化上,郑先生的贡献卓越。

中国的物权立法是在人们对物权极其陌生的背景下开始的。无知往往走向盲从,所以,迷信和照搬我国台湾地区"物权法"轻易地成了主流。郑先生是真正能够放眼全球的学者,清楚台湾地区"物权法"算不上国际先进规则,因而成为一个清醒的物权立法参与者。在迎击无知和盲从上,郑先生起到了中流砥柱的作用。没有郑先生,中国物权法很可能在主流的冲击下失去许多夺目的亮点。我们已经看到,郑先生走后,有人强力丑化《物权法(草案)》的宽松的物权法定原则,以至于立法竟然在最后一刻将其改为国外学者普遍认为不合时宜、连我国台湾地区的学者也不屑的严格物权法定主义。中国物权法因而有了一个十分醒目的瑕疵。

郑先生没有留下物权法的著作,但他精细地雕刻了中国物权法。中国物权法上留有郑先生的智慧和生命的信息,就像黄花梨的清香,永远不会消失。我没能为郑先生送别,所以没有郑先生不在了的感觉。每当我想起物权立法的那些事,一个精瘦、儒雅,魅力四射的小老头就会出现在我的眼前,这就是郑成思先生。

孟勤国

2009 年 1 月

第二版序

一部有所突破的法学专著[①]

——评《物权二元结构论》

二十多年前入民商法之门时，先阅读的是英国劳森（Lawson）的《财产法》，感到写得十分出色。一两年后又读了史尚宽老先生的《物权法论》，也感到十分出色。不过同时就产生了彷徨：这两部十分出色的书中，有一大部分是难以互相包容的，在前者的书中，难找到与后者书中相对应的概念；反过来，能在后者书中找到对应前者的就更少。当时产生的疑惑仅仅在于：欧共体既已形成，包容两大法系的一部分法律体系通过地区性条约已经在构建着，而理论界反映这种包容的作者却为何见不到呢？

在其后的二十多年里，我读到过法国大卫（René David）的《当代主要法律体系》，其中的财产法律部分的论述已开始包容两大法系了，而且对只认定某一法系财产法至上的偏见进行了尖锐的批评。这是我读到的又一部出色的书，只是其中的民商部分过短，财产部分更未展开，终是遗憾。于是我期待着能读到在史先生论述的基础上，又能突破他的框架者。不错，

① 郑成思：《郑成思自选集》，法律出版社2003年版，第8~10页，载《法制日报》2002年3月31日第3版。

在史先生之后，两岸彼方不乏出色之作，如谢在全的《民法物权论》等；此方的出色之作更不胜枚举了。不过，这些著述似乎无论从理论框架还是从论述方法上，都极少有能出史先生之右者。有人曾说，史先生的几部民法专著早已是不可逾越的顶极之作了。现实让我几乎接受了这一说法，不过我总是时时有所期待。“面壁十年图破壁”，如果无破壁者，会使人感到面壁的无益。我期待着破壁之作。

当我读完了面前这部《物权二元结构论》①时，我深感它确是我所期待的“破壁之作”中的一部。

作者显然是立足于欧陆法系的财产法体系，从史先生《物权法论》（或其他未出史先生之右的彼岸学者论著——这点我无由断言，但实质是一样的）的框架为起点开始研究的，而终点却并不似许多人那样又回到史先生的框架中。他大胆而慎重地引入了英美法系一些看起来与史先生框架本不相容的概念与理论，更重要的是引入了常识告诉人们本应（跳出经院法哲学的束缚）引入的一些与当代国际环境及中国现实紧密关联的概念与理论，最后落在了解决中国现有的及向社会主义市场经济转轨过程中不断产生的实际问题上。

对于许多曾徘徊于困惑中的教师与学生，这本书闪出可能最终走出洞穴的光芒。例如，货币究竟在“物权法”中占什么地位？股权究竟是什么性质？中国的土地承包责任制究竟怎样规范更合适？物权与债权谁比谁更优先？物权与债权如何划分清楚？“物上请求权”是什么？没有“所有权”的主体为什么实际上“处分”着相关的物？物的所有权如果能与物分开，那么分开后的那个所有权本身的所有权占据着什么样的法律地位？等等。对于这些问题，过去我读过的一些论著避开了，一些论著的答案令我更加迷惑。而这部《物权二元结构论》不仅从正面明白地回答了，还从左右举出实例来支持。其实例又多是当代人们很熟的实例，而不是史先生（及其学

---

① 孟勤国：《物权二元结构论》，人民法院出版社2002年版。

生）书中实例的重复。

对于只习惯于在某法系的理论与概念圈中思考的论著，对于完全脱离现代的与中国实际的论著，对于仅仅允许自己在史先生（及其学生）框架内构建体系的论著，这部《物权二元结构论》显得很有些不合拍、不相宜；而对于肯深入研究与希望解决中国现代实际问题的人们，这部书则显得像一缕新鲜空气，像一位合格的导游。

的确，在21世纪初的今天，包容两大法系理论与实践的世界贸易组织已经出现，并且中国已经加入了。对面临“入世”后一系列挑战的法学界，这本书会起到发人深省的作用。

郑成思

第一版序

法学研究是面向实践的，中国的法学研究应以满足中国实践需求为己任。要解决中国的具体问题，不但要有不畏艰险、敢于直面重大现实困难的胆识和勇气，还要有独立思考、不落窠臼、穷究真谛的精神和魄力。

本书作者是我的学生，寒窗下选定物权为毕生的研究方向，十余年来钻研中国物权问题，集长年研究积淀与见解于是书，卓然而成一家之言。综览全书，特点有四：

（一）跟进物权发展潮流，紧扣中国物权实际

当代社会，财产利用价值剧增，传统物权理论过分重归属轻利用的立场渐进更张。本书在传统理论仍一统天下时，主张物权领域的财产利用应与财产归属平起平坐，对物权的走向见识独到。经纶之学，要义在于为国为民解忧。国企财产权与农村土地权利，可以说是中国物权面临的两大难题，改革二十年来未获妥善解决，作者围绕这两大难题举例说明、构想出路，不下数十处，济世之心其诚可鉴。

（二）反思传统理论诸弊，创新物权理论体系

书中不但检讨传统物权理论轻视财产利用的自物权与他物权体系，且发现和指出了作为这一体系理论的权能分离学说存在逻辑错误，对传统理论撼动亦深。随之又创立了自己的物权理论，在理顺物权基本问题的起点上，分别以所有权和占有权构筑财产归属与财产利用的二元结构体系。破旧立新固显其气魄，难得之处还在于其理性地扬弃：破旧而不弃旧、立新而

不标新，斟酌取舍皆以中国实际需要为基准。在构建物权二元结构理论中，凡以传统物权理论解决中国物权问题无不妥者，则留之，如占有概念、物权设立、所有权体系仍大致保持传统原貌；凡不合于时者，如物之定义、物权理念、占有权体系，则改之。

（三）体察国情民情，追求简明可行

中国是一个刚走向市场经济的社会主义国家，传统与现代的诸多因素既相交融又相冲突，自然有各种异于西方发达国家的特殊情况。因此，同是国企财产权和农村土地权利，在适用传统物权理论的西方国家和今天的中国就有许多明显不同。本书密切关注中国现实，其设想皆谋于国情民情而后定。除考虑到中国处于社会主义初级阶段的若干特点外，作者还特别重视诸如民众文化素质、思维的习惯方式等因素，在创建如物权性质与效力之类理论和规则时崇尚简单明了，有较强的可操作性。

（四）治学态度严谨，说理论证缜密

在以学术丰产为荣的今天，肯耗费十几年心血写一本书的人不多。本书乃作者殚精竭虑之作，其中不论砭弊，抑或立说，颇有真知灼见。论证阐幽发微，逻辑严密，以理服人。

本书系物权领域的全方位创新之作，其理论意义自不待言。其求真务实、勇于创新的精神益发难能可贵。然若能对某些具体问题更深入展开，其理论与实践价值将会更显完满。

学术创作不会曲高和寡，真正的学术作品定有永恒的魅力。我以为本书是一部真正的学术著作，故荐之于读者。

是为序。

余能斌*

2001年8月于武汉珞珈山

---

* 余能斌：武汉大学法学院教授、博士生导师。

目 录

第一章

走出传统物权理论

一、传统的意义与特色

无论是谁，只要关注中国的财产法律制度，都须面对传统物权理论。这里没有选择的自由。传统物权理论作为一种公理，在当代中国的物权领域一统天下，法官、律师由此启蒙，学者、教授据此立说。传统物权理论从来没有确切的定义，但我们知道，这是指几十本教材和著作众口一词的有关财产的所有与占有的论述，是指中国现行物权制度中被称为法理的那部分内容——通常从物权的一般原理开始，进而分章解释所有权、他物权和占有。其主要原理有：物权是物权人支配一定的物并排除他人干涉的权利，具有物上请求权、优先权及追及权；物权分为自物权和他物权，后者又分为用益物权和担保物权；物权法定，一物只有一权，物权变动以公示为必要程序；所有权是最完整、最充分的物权，有占有、使用、收益、处分等权能，其中一项或数项权能暂时分离出去形成他物权；他物权是非所有人在他人所有物上的一种有限的物权；等等。

依照目前的情况，传统物权理论将是中国物权法的立法基础。1995年，中国最高法学刊物——《法学研究》发表了一份由中国最权威的法学研究部门——中国社会科学院法学研究所的物权法课题组的研究报告。这份名为《制定中国物权法的基本思路》①的报告，没有特别申明其理论基础，但从其开宗明义，将物权法定位于规范财产归属关系和物权分为完全物权（所有权）、限制物权（他物权）以及其篇章结构的安排，我们可以清晰地看到研究报告与传统物权理论一脉相承的血缘关系。其后，一部又一部的中国物权法研究的书摆到了人们的桌前，无一例外地颂扬和阐述传统物权理论，在研究报告所开辟的田园上耕耘不息。传统物权理论由此越来越散发出神圣的光环。

然而，传统物权理论尽管十分显赫，却没有与之匹配的博大精深。其以一种极其自信的方式解释了"是什么"，包括物权的概念、特征、效力与保护等，却很少解释"为什么"，而且回避中国社会大大小小的财产实务问题。人们可以读到法国、德国如何，日本、我国台湾地区又如何，却无法找到动产与不动产的分类为何在不同国家和地区有不同的实践，中国应该如何选择；无法找到国有企业的经营权和农村土地承包经营权究竟应处于何种位置，怎样解决现实的利益冲突；无法找到中国有关埋藏物、遗失物的规定的缺陷所在，以及应如何修改才能公平合理。几乎所有的物权法著作都对纯属立法设计的建筑物区分所有权津津乐道，却少有讨论土地使用权期限届满后商品房所有权归属之类的问题。

这些还是表面的和细节的。要真正认识传统物权理论并作出较为公允的评价，必须从传统物权理论的价值取向、基本准则和功能体系上分析，才能最终知道传统物权理论是一种什么样的理论，对中国的物权制度有什么样的价值和作用。将一块砖头研究得再怎么彻底也无法了解整个大厦，认识传统物权理论，首先需要宏观上的把握：

1. 解决财产归属问题是传统物权理论的起点、宗旨和主要任务。传统

① 中国社会科学院法学研究所物权法研究课题组：《制定中国物权法的基本思路》，载《法学研究》1995年第3期。

物权理论有一个经典性的表述：物权法调整财产归属关系，债权法调整财产流转关系。基于这一定位，《制定中国物权法的基本思路》明确提出物权法调整财产归属关系。财产归属，是财产归谁所有或谁是财产主人的问题，当确定一定的财产归属于某一团体或个人所有时，大陆法系民法表述为所有和所有权，财产归属关系就是所有权关系。传统物权理论几乎就是所有权理论：首先，物权一般原理以所有权为原型。对照 20 世纪 80 年代的《民法原理》①的所有权原理和今天任何一本物权法著作中的物权原理，两者高度一致，几乎没有实质性的差异。所有权和物权在名称上几乎可以互换，如物权具有对世性、绝对性、排他性，在传统物权理论中够格的只有所有权。尽管他物权和占有在物权法教材和著作中所占的篇幅日益增多，但没有抽象出能进入物权一般原理的规则。同时，所有权中心的理念贯穿了物权原理的始终。他物权被确认为所有权权能分离形成的定限物权，占有被用于推定所有权的存在和确认所有权的取得，所有权是最完整、最充分、最绝对的支配权。物权领域的其他一切必须服从这一主题，不得妨碍、不得影响所有权的实现，连物权法定主义也不只是保护第三人的利益和维护社会秩序，其最重要的意义在于规范其他物权的种类。因此，钱明星先生旗帜鲜明地指出："物权是所有制的法律形态。"②陈华彬先生机智地提出物权法调整财产占有关系，占有关系包括了财产归属关系和财产利用关系，但同样认为所有权"构成物权法的核心内容"。③ 传统物权理论对所有权的投入和对他物权的随意形成鲜明的反差，而且从不否认或掩饰自己对所有权的信仰和崇拜，在其看来这是理所当然的。

2. 所有权权能分离论是传统物权理论的支柱。《民法原理》指出：所有权具有占有、使用和处分权能，三项权能中的一项、二项甚至三项都可以暂时与所有人分离而不丧失所有权，恰恰相反，所有权暂时分离出去正是所

---

① 佟柔主编：《民法原理》，法律出版社 1983 年版，第 126 页。

② 钱明星：《物权法原理》，北京大学出版社 1994 年版，第 16 页。

③ 陈华彬：《物权法原理》，国家行政学院出版社 1998 年版，第 27 页。

有人行使所有权的一种形式。[①] 11 年后的《物权法原理》重复了这一原理:"在物权法律关系中……权能与所有权发生分离形成他物权……在债权法律关系中,权能与所有权发生分离形成债权。"[②]另一本《物权法原理》更发挥为"因对所有权之权能加以分离,于是产生了用益物权与担保物权制度"[③]。上述原理可以命名为所有权权能分离论[④]。权能分离论在传统物权理论中的地位一向不太显眼,总是在所有权内容中顺便提及,从来与一般物权原理无缘,这应该是一个天大的委屈。事实上,在传统物权理论中,没有什么原理比权能分离论更为重要。对物权现象和事实作出自圆其说的解释,是物权理论立足于世的基础。传统物权理论钟情财产归属,但不能不面对实际生活广泛存在的非所有权人利用他人财产的事实,不能不对非所有权人利用他人财产的权利作出相应的回答。他物权是其试图解释非所有权人利用他人财产现象的一种选择。然而,承认非所有人在他人财产上享有他物权,客观上限制了所有权的地位和功能,与传统物权理论的基本宗旨和目的存在内在的冲突。他物权的存在不可避免,但因此损害所有权的利益为传统物权理论所不容,唯一的出路是将他物权约束在所有权的意志与利益之下,使他物权成为所有权的一种特殊的实现方式。这就有了所有权权能分离论。这一理论基于所有权与他物权均有占有、使用等具体支配方式,将他物权解释为所有权具体支配方式的分离和转化,进而确定他物权的渊源、性质和地位。他物权源于所有权自然应服从所有权的意志,他物权通常是有期限的,最终要回归所有权,依然在所有权的范畴当中。由此,既承认非所有人利用他人财产的事实,又保证所有权至高无上的地位,填补了传统物权理论在观念与现实之间的漏洞和空隙,掩盖了传统物权理论的内在逻辑冲突。而且,所有权权能分离和权能转化为他物权

---

① 参见佟柔主编:《民法原理》,法律出版社 1983 年版,第 126 页。
② 钱明星:《物权法原理》,北京大学出版社 1994 年版,第 161 页。
③ 陈华彬:《物权法原理》,国家行政学院出版社 1998 年版,第 27 页。
④ 参见孟勤国:《论所有权能的单一性》,载《广西大学学报》1988 年第 2 期。

的解释比较符合人们直观的生活经验，使得传统物权理论有了感性说服力。没有所有权权能分离论，传统物权理论无法在所有权和他物权之间找到符合自身宗旨的连结点，难以合理展开物权一般原理和物权体系。因而，所有权权能分离论支撑了整个传统物权理论。

3. 自物权与他物权体系是传统物权理论的实践模型。自物权即所有权，他物权即非所有权人在他人财产上的一定的支配权利。这一分类体系，依据权利主体的身份而建立。将物权划分为所有权人的物权和非所有权人的物权两大类，使物权的逻辑线索十分清晰。这本来很有意义，问题在于其从罗马时代起就被注入了所有权至上的理念，成为实现所有权利益的一种既定模式。后世的大陆法系民法，基本上按照这一分类构筑物权法，法典的编纂方式或有不同，物权理论与实践都以此为逻辑思路和体系。自物权与他物权在中国尚无正式名分，《民法通则》甚至回避了物权的概念，但中国的物权制度依然属于自物权与他物权体系。《民法通则》与所有权相关的财产权其实就是他物权，对其所作的解释和定位完全是在所有权至上的基础上进行的。在没有什么解释的情况下，那么多的民法或物权法教材能够灵活自如地充实地上权、地役权、永佃权、担保物权的内容，就是基于传统物权理论的自物权与他物权体系。他物权是所有权派生的，“非所有人行使的权能则不仅要依据法律，还要依赖于所有人的权利，受所有人的意志的制约”，①再没有其他物权体系能够充分体现传统物权理论对所有权的崇拜。

在此有必要议一下“传统”两字，这是什么意义的传统？如果以《民法原理》为中华人民共和国民法的开山鼻祖，几十年的岁月就以“传统”名之，对于动辄以五千年文明史自傲的我们未免滑稽了些。如果以 1949 年新中国成立起算，那么前三十年没有传承的时代断无“传统”可言。显然，“传统”这个充满历史沧桑感的用语具有超越国体的含义，更多地代表着一

① 钱明星：《物权法原理》，北京大学出版社 1994 年版，第 162 页。

种历史文化的进程。

中国1907年才起草《大清民律草案》。在此以前，中国的民法制度包括财产法律制度散乱无序，诸法合体、刑民不分。中华法系以刑法史见长于世，几乎没有民法理论。《大清民律草案》是当时学习西方的组成部分，与中华法系的成文法传统结合，自然拉开模仿大陆法系民法的序幕。国民党统治时期有了《中华民国民法典》，学者评论这个迄今仍在我国台湾地区适用的“民法”是：“采德国立法例者十之六七，瑞士立法例者十之三四，而法日苏联之成规，亦尝撷取一二。”①中华人民共和国成立后明令废止国民党的《六法全书》，20世纪50年代使用的是苏联的民法教材，20世纪80年代初期，佟柔先生主编的《民法原理》基本采纳苏联民法的体系。苏联民法一度被称为社会主义法系的代表，但谁都承认其内容和体系属于大陆法系的民法。20世纪80年代以后，在与国际接轨和吸收西方法律文明的热潮中，从我国台湾地区“民法”和法国、德国、日本民法乃至罗马法中吸取原理与制度成为时尚，尤其在物权法上。作为大陆法系民法中最骄人的部分，物权法以其清晰的历史线索和稳定的体系结构体现了其特有的价值和魅力，形成言必称罗马、行必效德法之风。我们不仅有了法国、德国、日本、瑞士、意大利民法典的译本，而且还有不少将大陆法系物权制度理所当然视为中国物权制度的论著，以至于有些研究物权的成果一旦注明出处，几乎就是我国台湾地区学者史尚宽、王泽鉴、谢在全诸先生大作的翻版，雷同甚至表现在半文半白的文风中。我们不仅有了《民法通则》这部大陆法系民法典的缩写本，而且还有了许多运用法国、德国、日本、瑞士和我国台湾地区物权法原理的司法解释和个案判决，即使这些国家和地区的法律规定在同一问题上相互矛盾或有所区别。因此，所谓传统物权理论，其实就是大陆法系物权理论的中国版本，当然也是有所删增的版本。

---

① 梅仲协：《民法要义》，初版序言，转引自谢怀轼：《外国民商法精要》，法律出版社2002年版，第106页。

二、古老的拜所有权教

物权法调整财产归属关系，作为大陆法系物权制度的历史和现实最精辟的理论表述，不是为了具体划定调整对象的范围，而是申明其对财产归属和所有权的根本立场。大陆法系物权制度，也有财产利用的内容，他物权和占有客观上反映了财产利用的某些要求。但是，财产利用关系始终没有成为独立的调整对象，他物权和占有一直蜷缩在伟大的所有权的脚边。因此，这一表述的关键或本质在于将财产归属关系置于一切财产关系之首，将所有权作为解决一切财产问题的起点和终点，将所有权的价值作为物权法永恒的天平。对所有权的普遍崇拜同样见之于社会主义国家。“十月革命”后，苏俄民法典确认了所有权、建筑权和抵押权，其对所有权的迷信不亚于法国、德国民法。所有权问题在中国也与社会主义事业连在一起，改革与否、如何改革的分歧和冲突总是集中表现在所有权之上。难怪有学者说：“社会主义者和共产主义者对所有权的批判并不是直接针对所有权制度本身，而是针对由所有权所派生出来的特性，即生产资料的私人占有。”所有权是当代社会的基础，“资本主义社会和社会主义社会都确实如此”。①

财产归属和所有权当然重要。人们来到世上时，人类已是一个财富分配和占有多寡不均的社会，是否拥有财产和拥有多少财产往往决定着一个人能否从事某一活动或能从事什么活动。作为社会，财富的归属是资源与财富占有和分配的先决条件；作为个人，所有权是安身立命的基本权利保障。在穷与富的现实鸿沟中，拥有财产的重要性自然而然地矗立在人们面前。希望拥有很多财产是人之常情，但人类社会无法使每个人实现财产上的梦想，这就有了财产只能归属于特定的社会成员的选择。这是一种蕴含着冲突和纠纷的选择，因为财产归属的终极意义是排斥他人染指财产。为

① 参见《外国民法论文选》，中国人民大学法律系民法教研室编，1984年版，第181页。

了定分止争,人类社会创造了所有权以解决财产应归属于谁,如何体现财产归属的问题。因此,财产归属依然是我们这个时代的基本财产问题,没有理由而且事实上也不可能不重视所有权。

但是,应该重视财产归属不等于只重视财产归属,根本的分歧就在这里。尽管生活经验时时引导人们将拥有财产作为最终的追求目标,但从理性的角度上,拥有财产绝不应是社会和个人财产追求的归宿,拥有财产是为了能够利用财产或更好地利用财产。葛朗台总是有的,正因为葛朗台对财产的狂热是非理性的,所以他成了巴尔扎克笔下的一个可鄙可怜的人物。人人都在追求财产,唯有葛朗台受到嘲笑,区别就在于葛朗台仅仅是为了拥有财产而拥有财产。财产对人类之所以如此重要,说到底是因为财产能够满足人类生存与发展的自然需要和社会需要,通俗地说,能够解决人的吃穿住行的问题。财产是什么?这是人类文明的一个基本要素。洗去人类在财产上涂抹的油彩,财产就是猴子吃的野果、狗熊住的山洞、老虎爪下的羔羊,只是动物不会将野果、山洞、羔羊称为财产而已。人类社会的一切生产和生活,都是在利用资源与财富的基础上进行的,生产、分配、交换与消费都是不断实现财产的使用价值的过程,这就是财产利用。财产利用是人类社会永恒的社会现象,在财产归属的观念还没有出现之前就已存在,在人类实现大同世界的理想后也将继续存在。财产利用是人类认识自然、改造自然的行为方式,是社会和个人拥有财产的目的性体现。因此,不能只讲财产归属而不讲财产利用。

或有人言,财产利用是人与自然的关系,不能与财产归属相提并论。是的,财产利用直接表现为人对财产使用价值的支配,是主体与客体的一种互动,具有自然属性。但是,人类对资源与财富的利用不像动物那样仅仅出于本能,从可追溯到的初民社会起,财产利用就与人类认识自然、改造自然的能力联系在一起,就存在合理开发和消费资源与财富的目的选择,就伴随着按照什么方式利用有限的物质资源的社会问题。原始农业和畜牧业的产生,是人类试图充分利用自然资源的一个时代标志。工业革命和今天的信息革命,提高了人类以有限的资源满足不断增长的人类需求的能力。资源与财富是人类生存与发展无法摆脱的客观环境,以什么方式加以利用涉及人类共同的整体利益,这是人们普遍关注南极臭氧层、巴西热带雨林和全球沙漠化危机的理由。即使是个别的、孤立的财产利用行为,同样具有群体性。一个农民耕作一小块土地的背后,是一个社会如何进行农业生产的严肃问题;奢侈浪费是否受道德的责备,取决于一个社会的价值取向。任何一个社会都不会允许财产利用成为一种自由放任的行为,必然按照群体的利益和要求规范财产利用的过程和结果,必然产生相应的社会与法律问题。因此,财产利用,同样具有丰富的社会属性。

当然,他物权也可以说承认了财产利用的社会性质,但这种承认以不承认财产利用的独立价值为前提。传统物权理论中,财产利用被认为是所有权关系中的一种特殊的、暂时的现象,不构成独立的财产问题,所有权的规则可以解决或最终解决一切财产问题。然而,这是一个谬误。财产利用有两种基本形式:一是所有权人自己利用财产,种自己的田,住自己的房,花自己的钱;二是所有权人将财产交给他人利用,即非所有权人利用他人财产,佃他人的田,租他人的房,用他人的钱。前一种形式中,利用财产没有产生不同于所有权的法律关系,所有权人和财产利用人合一,不特定义务人履行对所有权的义务足以保障财产利用,利用财产的后果完全由所有权人承受,不影响他人的利益,有了所有权就已足够。后一种形式中,法律关系就不那么简单了,所有权人和不特定的义务人之间插进了财产利用人。财产利用人原本是不特定的义务人中的一员,由于所有权人将财产交给其利用,摇身一变成了一个有权支配财产的权利主体。对所有权人,财产利用人所负的义务由一般的消极义务转变为特定的积极义务;对不特定的义务人,财产利用人俨然成为所有权的代表,有权要求不特定义务人像尊重所有权人那样尊重自己。由此形成了所有权人与财产利用人、财产利用人与不特定的义务人、所有权人与不特定的义务人之间的多重关系。这些法律关系交织在一起,不是所有权能够解释和处理的。以租赁房屋为例,房主将房屋租给承租人占有使用,通说认为是债权关系,从债权相对性出发房屋租赁合同对第三人应无约束力,但事实上不仅不特定义务人须尊重承租人的权利,而且还有"买卖不破租赁"的规则。债权或所有权都不能解释承租人的占有、使用房屋的权利,他物权中也没有房屋租赁权,不少学者只好解释为租赁权物权化进而以此为据提出了所谓的物权债权化、债权物权化。租赁权物权化或债权物权化,是一个混淆物权与债权的提法,具有无须分辨物权与债权的意义,本质上是否定德国的物、债两分逻辑,对物权法而言是釜底抽薪。其实,租赁权之类的具有多重含义的法律关系普遍存在于民事领域,并非个别例外,其形成和确立是以财产利用为中心而非财产归属。非所有权人利用他人财产的问题不是所有权所能包容的,需要物权法以有别于所有权的价值取向和规则加以调整。财产利用是一个独立于所有权的财产问题。

我们可以理解传统物权理论。作为大陆法系物权制度的中国版本,其不能不体现大陆法系物权制度的时代特点。法国民法典、德国民法典诞生于风车、水磨和马车的时代,虽然德国民法典也听到了刚刚冒出来的火车和机器的声音。当时,财产利用主要是所有权人用以满足简单的生产和消费,有时候也会让邻居和朋友借用自己的财产,但马车应该不会将财产带到过于遥远的地方。土地、房屋、果园、鱼塘和手工作坊摆在村里,是谁的财产一清二楚,连果树交给他人管理而果实该归谁所有都上了民法典,能有多少复杂的产权关系和纠纷?原始而简单的财产利用极少产生新的复杂的人际关系,明确财产归属能够基本预防和解决财产纠纷,没有必要考虑财产利用与财产归属何者永恒、财产利用有无独立价值之类的问题。不仅如此,传统物权理论还自发地体现了大陆法系物权制度的社会背景。罗马法、法国民法、德国民法、瑞士民法、日本民法、我国台湾地区"民法",都是私有制社会的法律规定。如何评价私有制是政治家的话题,我们只需知道私有是一个财产归属意义的表述。恩格斯在其《家庭、私有制和国家的起源》中指出:原始社会没有私有的观念和制度,是生产力的进步导致社会有了剩余产品，而剩余产品为社会一部分成员所占有并被社会逐渐确认为一种秩序时，就出现了国家、法律与权利，形成了私有制。由此看来，大陆法系物权制度特别重视财产归属和所有权亦在情理之中，既然整个社会以私有制为最高的组织原则和行为准则，作为社会的一种规范方式的物权法就没有理由不特别重视财产归属问题。这是法律必须适应社会的政治、经济和生活条件之使然。私有制与财产归属有着天然的、不可分割的联系，这或许是大陆法系物权制度尽管陈旧仍通行于今天的根本原因。时代变了，生产力进步了，但私有制没变，这足以使大陆法系物权制度只需修修补补就能实现其固有的社会功能。

但中国不应认同传统物权理论的选择。

首先，我们所处的时代已完全不同于拿破仑和萨维尼生活的年代。一百多年来，尤其是第二次世界大战以后，以计算机、航天技术、生物工程、人工智能、数据信息为代表的科学技术突飞猛进，迅速提升了人类的生产力，使人类的生存与发展方式发生了革命性的变革。我们走进了地球村、互联网、虚拟世界和知识经济，已由过去的依赖性利用资源与财富转向创造性利用。与以往的财产利用主要是财产原有价值的释放不同，现代社会的财产利用趋向于创造远高于财产原有价值的财富，高科技领域，财产原值往往微不足道，电脑芯片的材料价值与芯片的技术价值相比简直可以忽略不计。科技含量的不断提高使财产利用成为一个知识转化财富的过程，成为创造物质财富的过程。与以往的财产利用主要依靠所有权人的知识与能力不同，现代社会的财产利用更多地依赖科学的管理系统与知识，专家管理成为生产和经营取得良好效益的基本保障。所有权人将财产交给专业的法人和个人经营，收益往往较之于自己勉为其难更为现实和可能。股票交易，一买一卖相当简单，专业的投资基金往往比个人投资者成功，更何况其他更为需要专业技术的生产经营领域。管理出效益，非所有权人利用他人财产能够创造更多的物质财富，因而成为财产利用的一种普遍的形式。现代社会的财产利用，是一个依靠科技和管理组织起来的创造性过程，由此产生以往财产利用所没有或很少发生的人际关系。财产利用所创造的新增财富远远高于原有财富时，如何确定新增财富的归属？像原来那样以原有财产所有权为唯一依据，还是承认财产利用人有分享新增财富的权利？当所有权人将财产交给专业人士经营管理时，如何确定经营管理的权限？像原来那样一切须按所有权人的意志进行，还是承认财产利用人有自主经营的权利？这些问题的解决有待于物权法如何界定所有权人与财产利用人的权利义务的内容；如何使所有权人满意、财产利用人有积极性，实现所有权人和财产利用人的利益平衡；如何适应和促进现代社会的非所有权人利用他人财产的经营形式。中国物权法不能无视财产利用关系的客观现实。

其次，我们所处的社会及其性质也完全不同于资本主义国家和地区。社会主义是中国最大的国情，尽管流行市场经济趋同论，但社会主义制度的存在和影响是不可争辩的事实。社会制度既是一国的政治、经济与生活条件的综合反映，又是决定一国政治、经济、历史走向的根本因素。中国物权制度，必然而且必须反映和适应社会主义制度的基本要求。就私有制和公有制的价值取向而言，私有制本身有推动国家与法律特别重视财产归属问题的内在动力，而公有制在客观上并无这样的要求。《苏俄民法典》和中国的《民法通则》确实也很重视财产归属，但这更多的是出于政治需要和受传统观念的影响。从长远的眼光看，随着社会主义走向成熟，公有制①逐渐成为一种全社会共同认可和习惯的现实，从而使财产公有脱离权利的性质，最终成为一种自然状态。财产归属的意义随着公有制的发展和成熟必定越来越淡化。以为财产归属是而且永远是公有制生死攸关的问题，逻辑上就排除了共产主义的可能性。从现实的角度看，虽不能说目前中国社会当中的各种利益不再有对抗性，以财产作为剥削的手段已为社会绝对不

① 要正确了解作者对公有制的认识，参见孟勤国：《公有制与中国的物权立法》，载《法学》2004 年第 2 期。

容，但社会主义确实在引导我们走向共同富裕。在诸如生产目的之类的问题上，虽不能说具体的生产者、经营者不以营利为目的，但社会主义生产的根本目的是满足人民群众不断增长的物质和精神生活的需求并制约着生产者与经营者追求利润的动机和手段，这一点是全社会的共识而且不断转化为国家和法律的意志。社会主义社会根本利益上的一致性使得公有财产不像私有财产那样有强烈的控制和垄断物质财富的要求。公有财产是实现共同富裕的物质条件，是为全社会成员的共同利益而存在的。就公有财产而言，最重要的不是所有权，而是如何合理利用公有财产，使之发挥最大限度的效益。公有制不需要厚爱所有权，不需要为了国家和集体的所有权利益而违背财产利用的规律。相反，为了充分发挥财产利用对社会经济的促进作用，公有制要求物权法重视和解决财产利用中的各种问题。

因此，传统物权理论关于物权法调整财产归属关系的命题不适于中国。中国已不是一个封闭、落后的国家，现代社会的一切同样发生在中国的辽阔大地上。诚然，在许多地方，耕畜、农具和种子依然是重要的生产资料，但支撑起共和国经济大厦的已是现代工业、现代农业和现代科技。财产利用的现代意义已在中国鲜明地凸显出来。中国的物权法，不高度重视和充分考虑财产利用关系是不可想象的。中国的社会主义公有制有着体制上的优势，在物权法上没有私有制要求突出财产归属与所有权的太重太多的负担，能为确认和保障现代社会财产利用关系提供社会基础。而且，中国没有民法典也为中国选择和设计符合现代理念的物权制度留出了广阔的空间。或许，人类现代物权制度正需要中国今天的时代环境和社会制度才能形成和发展。

三、离奇的权能分离说

所有权权能分离论是大陆法系物权制度特有的理论。英美法沿袭日耳曼法的精神，没有统一的、至高无上的所有权理论和制度，只有各种基于财产实际利用形态而形成的财产权。同一财产上，甲享有使用权，乙享有受益权,彼此独立。英美法理论与实践有时也有所有权一说,但其含义完全不是我们通常理解的所有权,只不过是某一财产权益而已。是大陆法系民法将所有权定位为唯一的、完全物权,其他物权均为有限物权。“有限的物权是根据对所有权所设定的债权而形成的,而且来源于所有权,所以,通常把所有权称为有限的物权的母权”,①这样才有了所有权权能分离的解释。这一解释直观地反映了现实生活的一种场景:所有权人将财产交给他人使用而自己失去了使用的机会,财产还给所有权人时,所有权人恢复了自己使用的权利。所有权人不能使用自己财产的那一段时间,正是他人的使用权存在的期间。这极易引导人们认同这样一种说法,即“这些有限的物权向有资格获得这些权利的人提供包括在所有权之中的或多或少的部分权能”。② 从来没有学者论证过所有权权能分离论,所有权权能分离论以不言而喻的方式存在并影响一代一代的民法学人,是因为其符合生活的表面现象。

所有权权能分离论先将权利具体为各种权能,将所有权表述为占有、使用、收益和处分的权能,再将所有权的某一项或数项权能脱离所有权,形成他物权。权利与权能的关系是法学基础理论问题。所有权权能分离论显然是将权利与权能解读为整体与部分的关系,因为整体与部分之间可以出现部分脱离整体的情形。但是,这一解读没有任何论证,也不符合法理学的常识。

什么是权利?大多数学者认为,“是法律赋予行为主体进行某种行为包括作为和不作为的可能性”。③ 还有学者给予通俗的比喻:“权利的含义就如法律在主体周围划了一个自由活动的圈圈。”④据此而言,权利具有确定范围内的不确定性。确定范围是指权利被法律划定了一定的界限,主体

---

① 《外国民法论文选》,中国人民大学法律系民法教研室编,1984 年版,第 185 页。
② 《外国民法论文选》,中国人民大学法律系民法教研室编,1984 年版,第 185 页。
③ 王勇飞:《法学基础理论参考资料》(五),北京大学出版社 1981 年版,第 244~256 页。
④ 王勇飞:《法学基础理论参考资料》(五),北京大学出版社 1981 年版,第 196 页。

不能跨越以免越权或侵权。但在确定的范围内,权利又是不确定的,活不活动,如何活动,由主体根据自己的意愿和需要自由掌握。主体没有作出具体选择和决定时,权利只是一般的或抽象的存在,只有主体实施了特定的行为,权利才转化为具体的实在,才表现为特定的实在利益。权利必须以主体的某一特定行为作为载体自我表现和实现,这就有了权能的概念。权能是权利的具体表现形式——也有学者不认可权能的提法,作为一个区分抽象的权利与具体的权利的概念,权能有其特有的功能和作用。权利表述权利内各种行为的可能性,权能表述权利某一特定行为的现实性。权利是抽象的权利,权能是具体的权利,权利与权能实为一体,这或许就是法学经常互用权利与权能概念的原因。由此而言,权利与权能不是整体与部分的关系,而是本质内容与表现形式的关系。一个权利有多种权能并不意味着权利是多个部分的组合,而是指权利可以有多种表现形式。一种权能也可以用于表现多种权利,如占有权能既能表现所有权也能表现他物权。

哲学上,部分与整体的关系完全不同于内容与形式的关系,前者可分,后者不可分。内容不能脱离形式而存在,任何形式都表现一定的内容,任何内容都依赖一定的形式。因此,只要承认权利与权能的关系是内容与形式的关系,就不存在所有权与其权能分离的可能。人们总是以支配力之类的表述描述所有权,描述所有权权能时又总是附之于具体的形态如占有、使用等,其实就是以所有权表现所有权人对其财产的抽象的、总括的权利,以所有权权能表述所有权人对其财产的具体的或特定的权利。所有权的多种权能仅仅表明所有权人选择和确定所有权行使方式上有多种选择,丝毫不意味所有权能够同时表现为多种权能。这非常关键。任何事物在不同条件下可以有不同的表现,这是事物的多样性原理,但不能同时表现为多种形态。在特定的时间和空间中,事物只能有一种表现形态。水分子在一般意义上可以表现为固态、液态、气态,但所依赖条件各不相同,特定的温度下只能表现为一种形态,或水或冰或气,绝不能三者并存。温度处于临界点会出现冰中有水,水中有气的情形,这不能理解为水分子同时表现为两种形态,而只是临界点中存在两种但极其近似的温度条件。就其中一种而言,水还是水,冰还是冰。同理,权利在特定时空条件下也只能有一种权能形态。所有权的占有、使用、收益和处分权能,是指所有权表现为多种特定行为的可能性,而不是说所有权同时表现为四种形态。其实,学者都知道,"要列举出所有权中固有的全部权能是不可能的"①,为什么不可能?因为时空的条件不可能穷尽,所有权的具体表现因而也无法穷尽,四种权能不过是所有权比较普遍的表现形式而不是全部。在众多可行的行为中,一旦所有权人选择其中一种,所有权的全部意义就体现在这一特定的行为之中。换言之,所有权就表现为某一特定的权能形态,所有权人占有财产,占有权能就代表所有权;所有权人使用财产,使用权能就代表所有权;所有权人处分财产,处分权能也同样代表所有权。

物权的各种权能之间也不是并列的关系,权能的外延大小有别,而且存在一个权能兼容另一权能、权能之间相互重叠的情形。当权利人的行为包含两种权能形态,其中一种可以兼容另一种的时候,应当认为前者代表着整个物权。例如,当所有权人自己使用财产时,使用权能自然包含占有要素,此时的占有权能不具有独立表现所有权的价值,为使用权能所兼容,使用权能就能代表整个所有权,无须再提占有权能。所有权表现为某一权能时,其他权能不是一种现实存在的,仅仅是所有权人以后再行选择的可能性,这种背景下谈论所有权与其他权能分离,是混淆现实与可能。所有权人收取租金,已不存在所有权表现为使用权能或者处分权的问题。

既然所有权和所有权权能本质上同一,那么,所有权权能永远不能脱离于所有权人。因为,所有权权能脱离于所有权人的含义等于是所有权脱离于所有权人。所有权人一旦与其拥有的所有权分离,便不再是所有权人。张三将自己的财产卖给李四,可以说成是处分权能脱离了张三,但这

① 《外国民法论文选》,中国人民大学法律系民法教研室编,1984年版,第195页。

没有任何意义，只不过是张三移转了所有权。张三将自己的房屋租给李四居住，张三的所有权表现为收益的权能，这时的所有权与张三并无分离，只是不能再表现为使用权能而已。所有权权能分离论也知道所有权不能与所有权人脱离，因而制造了所有权留在所有权人处，所有权权能随他人而走的神话，没有顾及法律从来不撇开权利去单独保护占有权能或其他什么权能。占有权能或使用权能，从来不构成法律所保护的民事法律关系，权能一定要归附于一定的权利，或者说，权能总是因一定的权利内容而受到法律保护。严格意义上说，法律保护的是权利而不是权能，妨碍所有权人占有财产，侵犯的不是占有权能而是所有权；妨碍承租人占有承租物，侵犯的也不是占有权能而是承租权。都是妨碍他人占有财产，侵犯的权利完全不同，法律责任也有所区别，是因为占有权能代表着不同的权利。所有权人行使的占有权能是所有权的权能，承租人行使的占有权能是承租权的权能。形式相同而本质有别的事物比比皆是，我们必须抓住事物的本质。

所有权或所有权权能无法与所有权人分离，但所有权人与客体可以分离。所有权人将财产交给他人使用或因其他原因失去占有，是所有权人与其财产的分离。所有权在法律上不以所有权人随时占有财产为先决条件。财产脱离所有权人的实际控制不影响所有权的存在和效力，但限制所有权人在一定期间内选择某一特定行为，如不能表现为使用权能或占有权能，有时还不能表现为收益权能或处分权能。但是，客观条件的限制只使所有权暂时不能表现为特定权能形态，丝毫不意味着所有权有什么损边缺角。所有权永远是所有权，从来不因所有权人不知财产下落而残缺不全，一旦财产回到了所有权人处，所有权又能表现为各种权能形态。在财产脱离所有权人的过程中，所有权依然会表现为某种权能形态，如财产被窃，所有权表现为向不法占有人追索财产的权能；财产入伙，所有权表现为合伙人或股东的社员权能；20 世纪 50 年代公私合营，资本家的所有权表现为领取定息的权能。[1] 这些权能也许使人不太习惯,因为不是占有、使用、收益和处分权能的习惯套路,但只要不将所有权误会为四种权能的组合,就不难明白所有权不只是四种权能。史尚宽先生的《物权法论》也提及而且默认所有权权能分离论,但有一段置所有权权能分离论于死地的论述:“所有权系就标的物有统一之支配力,而非物之利用、收益、处分等权能之总和。于法令限制内有为自由利用之单一的内容,其情形有如人格的自由权,非得任为何事之权能之集合,乃于一定限制内得为其所欲为之单一的权利。”[2]史先生本意如何不便冒昧揣摩,但依此言,断无所有权权能分离之事。

进言之,所有权真的是或应该是他物权的母权吗?权利是一个很有历史的概念,上面尘积了各种各样的法学流派。不论这些流派如何立说,有一点为学者至少为近代以来的学者所认同,即权利与法律的不可分性。权利是法律观念、法律意志和法律规则的集中体现,其本质就在于权利主体可以在一定的范围内自主地做什么不做什么,而义务主体则必须做什么不做什么。同样是违背诺言,有的若无其事,有的要负法律责任,区别就在于诺言是否产生了对方的权利。权利以法律的名义进行,以国家强制力作为后盾,当权利的行使和实现受到妨碍而当事人不能自行解决时,国家和社会就以一定的强制手段保障权利,这就是通常所说的法律救济。权利的力量归根结底来自国家与法律,因此,完全可以说,无法律即无权利。由此而言,除了国家,没有谁可以真正创立和设定一种权利。权利创立和设定的方式、条件、途径或有不同,但最终意义上,任何权利都必须具备国家意志才能成为真正的实际的权利。人们常常主张权利中的个人意志自由并将权利看作个人的事情,其实,个人的自由意志仅仅是不违背国家意志下的自由,而非肆无忌惮。所有权人将财产抵押给他人,似乎是所有权人凭借所有权创设他人的抵押权,实际上,抵押权的设定、行使、实现都必须按法

---

① “文革”中取消了定息又不返还财产,是一种特定形势下的政治行为,从法律上看,国家从未宣布剥夺资本家所有权。

② 史尚宽:《物权法论》,荣泰印书馆股份有限公司 1957 年版,第 56 页。

律规定的条件和程序进行。抵押权的产生,需要所有权人和抵押权人意思表示一致,建立一定的抵押法律关系,更需要法律的认可的合法效力。没有抵押法律关系或抵押法律关系无效,永远不会有抵押权。由此可见,抵押权不是由所有权人单方设立的,更不是所有权孕生的,甚至不是当事人意愿所能最终决定的,而是由国家与法律所设定。当事人约定和法律明文规定,都只是法律创设权利的方式。在这里,所有权仅仅表示所有权人有权参与抵押法律关系,既不能命令对方当事人必须响应和参与,也不能保证抵押法律关系一定能够成立和有效。所谓所有权是他物权的母权是一种臆想,因为有了所有权人的参与就将所有权作为对方当事人权利的母权,依此而论,买卖岂不成了卖方所有权孕育买方所有权的过程,岂不出现所有权是所有权之母?生活和逻辑都不可能出现一种权利派生另一种权利,①权利既然是权利主体从事某种行为的可能性,那么权利主体一旦实施了某种行为就意味着权利得到了行使或实现,不存在权利主体和内容发生裂变的后果。

由上可见,所有权权能分离论不能成立。然而,剖析所有权权能分离论不仅是证明传统物权理论的错误,更是为了打开中国物权制度研究的视野。现代中国有许多所有权以外的物权问题需要深刻的理论研究,但在他物权不过是从所有权派生观念下,问题常常被简单地抛到一边。迄今为止,非所有权人的物权是一种独立物权的观念很少出现在物权法研究中,所有权权能分离论的潜移默化的影响力不可小觑。为务实地研究中国物权制度,必须打碎所有权权能分离论的观念枷锁。

四、"跛足"的他物权制度

自物权、他物权体系自罗马法时代定型,一直为后世大陆法系国家和

---

① 一种权利可以派生另一种权利,意味着他物权也可以派生其他权利,孙宪忠教授据此提出用益物权派生次用益物权,以解释农地三权分置的政策。然而,次用益物权还可以再派生次次用益物权吗?如果不可,理由何在?如果可以,权利生生不息,还有权利的专属性可言?——本书修订补注

地区的物权制度所沿袭,“所有权是最显要和最广泛的权利……其他物权尤其是役权是从属的权利,它们只能对已属某人所有的物而产生……现代人称其为‘他物权’”。① 由于德国和瑞士民法存在所有权人对自物权享有某种限制物权的情形,日本的松岗义正创设“定限物权”一词。人们普遍倾向于使用完全物权和定限物权的分类,但温世扬先生认为“这不过是定限物权在实践中的变例,定限物权和他物权通常是同义的”。② 近现代物权法基本体系是“所有权、用益物权、担保物权及占有。这一体系维持迄今,坚如磐石,未生任何动摇”。③ 用益物权和担保物权合在一起正是他物权或定限物权。

自物权是所有权,他物权是非所有权人对他人之物所享有的物权。他物权的种类依例由法律明文规定。罗马法中有役权、永佃权、地上权、质权;法国民法典中有用益权、使用权、居住权、地役权、质权、法定优先权、抵押权、不动产定期金、终身定期金和长期租权;德国民法典中有地上权、先买权、土地负担、地役权、用益权、人的限制役权、抵押权、土地债务、定期土地债务、质权;日本民法典中有地上权、永佃权、地役权、留置权、先取特权、质权抵押权;瑞士民法典中有地役权、用益及其他役权、土地负担、不动产抵押权、担保附债务及定期金、质权、留置金、典当权;我国台湾地区“民法”中有地上权、永佃权、地役权、抵押权、质权、典权。林林总总的他物权中,与土地相关的和用于债务担保的具有普遍性,还有一些他物权则是一国法律的特有选择。这表明他物权的设立主要是从实务出发而不是理论。传统物权理论将他物权归纳为用益物权和担保物权两大类,仅仅体现了他物权的设立目的,并没有抽象和总结出用益物权和担保物权的一般原理和规则,更没有抽象和总结出他物权的一般原理和规则,不像所有权那样有一

---

① [意]彼德罗·彭梵得:《罗马法教科书》,黄风译,中国政法大学出版社 1992 年版,第 183 页。

② 温世扬:《物权法要论》,武汉大学出版社 1997 年版,第 59 页。

③ 陈华彬:《物权法原理》,国家行政学院出版社 1998 年版,第 32 页。

套高度抽象的原理和规则。

就概念本身，自物权、他物权并无不当。这是依据财产是否为权利主体所有而作的分类。顾名思义，自物权是物权人对自有物的权利，他物权是物权人在他人所有物上的权利，前者只能是所有权，后者则包括一切法定的利用他人财产的权利。问题出在自物权、他物权相互关系的解释和界定上。几乎一开始，自物权、他物权就定位于完全物权和限制物权之中，以后的理论与实践不断地接受和强化这种定式，表现出明确的倾向性。孙宪忠先生在《德国当代物权法》一书中指出："所有权之所以是完全物权或者充分物权，一是因为它比与其相对应的限制物权包含着充分的权能，即它包含着法律允许权利人对物的一切支配权利；而限制物权却只能包含一部分对物的支配权利。二是所有权的存在没有时间的限制，除非权利人自己放弃或者处分自己的所有权；而限制物权基本上都是定期或者不定期的时间限制"①，"所有人可以把自己的一部分所有权能通过创设限制物权的方式分离给他人"②，"因限制物权并非权利人对自己的物的权利，故民法称这种权利为他物权"。③ 这些论述反映了传统物权理论与自物权、他物权体系的内在联系。不仅如此，自物权、他物权体系还为大陆法系国家和地区的物权立法提供了一条清晰而富有逻辑的思路。不言而喻，近代民法典所以较其他部门法典显得特别周密完整，得益于物权体系的良好逻辑思维。自物权、他物权体系是大陆法系物权理论与实践的特有载体，或者说两者已融为一体。

基于权能的多少区分完全物权和限制物权，无疑是传统物权理论固有权能观的自然体现。将权利看作各种权能的总和，自然也就有了一种权利较另一种权利齐全的比较。然而，权能是权利的特定表现形式，因而不存在权能残缺不全的权利。所有权有多种权能而他物权的权能形态较少，只

---

① 孙宪忠：《德国当代物权法》，法律出版社 1997 年版，第 29 页。

② 孙宪忠：《德国当代物权法》，法律出版社 1997 年版，第 30 页。

③ 孙宪忠：《德国当代物权法》，法律出版社 1997 年版，第 30 页。

是说明所有权表现形态的多样性，所有权在选择具体权能形态时余地大、机会多，比较自由，而其他物权的选择通常要受各种因素的制约和限制。这是权利实现方式或途径的差异，不是一个权利完整与否的问题。权利不过是法律赋予权利主体以自由活动的一块天地，范围有大有小，但在权利的范围内，不能任意划出一块权利人所不能涉足的禁区。最小最不起眼的权利也是完整的，与最大最显眼的权利平起平坐。都说中国封建社会以义务为本位，其实，封建社会不是不承认权利，而是确认权利之间的不平等，庶民的权利总是伴随着服从官府权利的义务，因而权利也就不成为权利。在所有权和其他物权的关系上，仅仅厚爱所有权倒也罢了，因为厚爱所有权一定要将其他物权按下去低所有权一头，就有点“封建”味儿。从这个意义上，完全物权和限制物权的提法可取之处不多。自物权、他物权的概念原本也算清白，是完全物权和限制物权为其烙上了无法消褪的偏见印记。

作为物权体系，自物权、他物权有着明显的功能缺陷。首先，他物权从未有过统一的原理和规则，除了说明权利主体的身份外，他物权有什么值得人们关注和重视的？所有权是罗马法文明中最为璀璨的部分，人们可以见到从所有权一般原理到具体规定的完整而系统的理论与实践体系，可以洞察其思维的严密性、操作的规范性和表述的准确性，可以体会所有权在财产归属问题上无所不容、无处不在的超凡法力。所有权的发达和完备已达到了这样一种程度，除非彻底改变所有权的含义，不可能再有大的修改、补充和解释。所有权具有的天然的排斥异己的能力，能使双重所有权之类的改革对策立地现形。一物一权原则下，不能容纳日耳曼法中的所有权观念，不能容许国家拥有国有企业所有权或股权的同时又承认国有企业的法人所有权，除非是彻底背叛大陆法系传统。而他物权从来是就事论事，不同的他物权之间没有多少共通之处。不说用益物权与担保物权之间没有共同语言，即使在用益物权中，地上权、地役权、永佃权之间也几乎没有内在联系。没有一定的共同的原理指导和约束，他物权成为一个任人自由出入的乐园。无须任何理由、无须遵守规则，只要立法者愿意，就可以抛弃、改造或增加他物权，他物权在不同国家和地区的种类和内容各有不同。他物权的调整范围相当有限，用益物权主要设定在不动产上。以土地为核心的不动产是任何社会最基本、最重要的财产，基于同样的理由，土地也是国家土地法调整的对象，土地法对转让和使用土地的严格约束，使得土地所有权以及相关的用益物权的作用受到极大的限制。用益物权也可设定于动产上，但自罗马法以动产用益权作为家长处分遗产的一种手段后，动产用益物权几乎没有什么发展，物权法没有确认现代社会普遍而且是相当重要的经营性动产和企业资产的用益物权。担保物权虽号称物权，仅仅用以督促和实现一定的债权债务关系。抵押权、质权、留置权，不过是某一债权人就担保物变卖所得优先受偿，并无多少实际支配物的意义。近来出现的抵押证券之类的东西，与其说是担保物权的体现，不如说是一种虚拟的权利衍生品。担保物权是否属于物权本身就是个问题。①

他物权是一个没有发育起来的侏儒。这是由大陆法系物权制度的宗旨与任务所决定的。他物权的出现和存在，并不是罗马法学家或后世的立法者认识到财产归属不是唯一的财产问题或财产利用有多么重要，而是因为他们不得不去解决现实生活中一些无法回避的矛盾。当一块土地被另一块土地包围时，总得让里面土地的人有出入方便，于是就有了地役权，“地上权产生于另一不同的目的：弥补罗马法所有权概念违反经济原则的后果，罗马的不动产所有权就像是一块小领地，一切附加和进入土地的物都必然地作为添附归土地所有主所有，因此，建筑物的所有权非地皮所有主而莫属。但是，这一原则势必随着城邦的成长和建筑业的发展而表现出严重的弊端……地上权逐渐被规定为物权”②。但这只是一个实务问题。承认这种权利并有了满足实际需要的方案，就没有必要再对这种权利作复

---

① 参见温世扬：《物权法要论》，武汉大学出版社 1997 年版，第 191 页。

② ［意］彼德罗·彭梵得：《罗马法教科书》，黄风译，中国政法大学出版社 1992 年版，第 266 页。

杂的分析和研究。从与人方便即为与已方便出发,这种权利只是所有权人之间的相互谦让,是所有权之间相安无事的客观需要,具有特定的目的和适用条件,缺少可抽象的广泛性。因此,他物权始终受到法律的严格限制,不仅是种类,在权利义务上也大多不给当事人自由选择的机会。

不能说大陆法系民法不应如此定位和处理他物权,在他们那里或许是最合适的。但是,按财产归属的价值取向和准则建立起来的他物权难以解决中国的重大财产问题,例如,国有企业财产权问题。1979 年以来,中国致力于国有企业法人化的改革,以期将国有企业培育成独立的商品生产者、经营者,改变计划经济时代政企不分的局面。这个过程一直伴随着国有企业作为一个法人对其经营管理国有资产享有什么样权利的争论。国家作为出资者对国有企业资产拥有所有权理所当然,这与私营企业资产属于私人所有是同一道理。国有企业只能以非所有权人的身份支配国有资产,其财产权属于财产利用范畴,其内容集中在经营管理上称之为经营权。这些认识和定位符合现实生活常理。但在进一步界定国家所有权与国有企业经营权之间的地位和关系时,人们自觉不自觉地受制于传统物权理论,有了所有权、经营权"适当分离"的"两权分离说"及其相应的实践方式,如租赁经营、承包经营等。"两权分离"的出发点是所有权派生经营权,虽然承认经营权有一定的独立性,但前提是"适当分离",完全落在自物权、他物权的体系之中。然而,将经营权视为他物权,法理上十分滞重。以往的他物权中,没有经营权,而且按照物权或用益物权既有的性质和要求衡量,经营权与用益物权相去甚远,有学者就从五个方面作了对照和分析。① 也有认为经营权是一种新型的他物权,②又缺少足以服人的论证。以他物权框纳国有企业经营权,事实上又难以他物权作圆满和合理的解释,这是不合时宜的理论常有的尴尬和无奈。从实践上看,"两权分离"在国企改革中遭遇

① 梁慧星主编:《中国物权法研究》,法律出版社 1998 年版,第 634~635 页。
② 王果纯、屈茂辉:《现代物权法》,湖南师范大学出版社 1993 年版,第 263 页。

了根本性的失败。承包租赁前后搞了七八年，既没有搞活国有企业，也没能使政企分开，反而造成国有资产的大量流失，一些政府官员和承包租赁者发了改革的横财。此后的转换企业经营机制、股份制、现代企业制度试点都没有脱离“两权分离”的思路，以至于中共中央 1999 年专为国有企业的三年脱困作出决议。事实证明，将国有企业经营权定位于有限的他物权，解决不了政企不分的问题。政府可以不搞行政干预，但可以所有权人的身份控制国有企业，以所有权支配有限的经营权，无论适当与否，都由所有权人意志和利益决定。他物权范畴的国有企业经营权不具备独立物权的功能，理论和实践中都没有对抗政府部门以所有权名义进行控制和干预的依据，根本不可能造就国有企业的独立法人地位。适当分离的结果注定是分而不离，分而难离。一些人正是抓住了国企改革的这一短处，以批判“两权分离”开道，竭力主张国有企业实行法人所有权。

国有企业财产权不是一个小问题，国有经营性资产 2000 年的统计是 66748.4 亿元，①年生产总值和利税在全社会的一半以上。如此规模的财产所有和财产利用代表了中国社会财产问题的主流，其所涉及的财产权利义务关系，是物权理论与实践所不能忽略或回避的。任何一种物权理论与实践，如果不能妥善地解释和处理这类问题，就没有资格立足于中国社会。只解决一块地、一间房、一张桌子之类的财产问题，无论多么精细、雅致、巧夺天工，都不过是雕虫小技。中国社会公有财产相当普遍。公有财产的所有权人与财产利用人呈现天然分离的状态，国有资产必须通过一定的法人或公民经营管理才能物尽其用。这个过程中，经营管理的法人或个人与国家在利益上必有不同，总会发生利益冲突。物权法必须选择能够平衡不同利益的点位以确立相互的权利义务，必须两者兼顾，不能只考虑所有权人利益或财产利用人利益。当然，私有化也是解决国有资产利益冲突的一种选择，但这是中国的社会制度所不容许的。

---

①　载《人民日报》2000 年 8 月 1 日，第 1 版。

中国社会甚至不能以改造的方式接纳自物权、他物权体系。财产利用所产生的财产关系,并非简单地以他物权网罗非所有人权利就可解决。这一体系在财产利用上几乎没有值得称道的建树,几乎不能从中发现和吸收有关财产利用原理的内容,中国社会没有必要改造几乎是一无所值的东西。中国社会中,非所有权人在他人财产上的权利可谓丰富多彩,仅在土地上,就有土地承包经营权、宅基地使用权、划拨土地使用权、有偿出让的土地使用权,完全可以归纳和建立统一的财产利用制度,像所有权那样以一个简明的原理和体系代替各种他物权的琐碎的表述。他物权的某些内容也可以被吸收,但这种吸收是自主的,而不是以他物权作为本体。所以,不应赞成以他物权命名非所有权人的财产权。

五、物权的发展与创新

中国物权法已进入起草阶段,意味着没有太多的时间犹豫和彷徨,必须作出某种选择:是继续引进大陆法系物权制度?还是立足于中国国情,在吸收和借鉴的基础上创造一个新的物权法?选择前者省时省力,现成的理论,现成的制度,很快就能搞出一个物权法。中国民法起草工作小组议定的在2002~2003年通过物权法的计划①肯定实现,但大陆法系物权理论与实践的基本缺陷都会遗传下来。这样的物权法能在多大程度上为中国社会实际接受,是一个严峻的问题。选择后者,符合建立中国特色的社会主义法制的基本要求,但难度很大,不一定能获得理想的效果。

选择前者很有几条理由。首先,中国改革开放与国际社会接轨,一定要吸收国外先进的东西包括法律制度。罗马法律文明是人类千百年来智慧的结晶,中国自清末以来一直受罗马法律文明的影响,且是一个有成文法传统的国家,接受大陆法系物权制度顺理成章。其次,中国这十几年引进了大量的大陆法系民法制度和理论,许多内容已成为法律和司法解释,

① 梁慧星:《制定中国物权法的若干问题》,载《法学研究》2000年第4期。

大陆法系物权制度能与现行法律配套,有助于尽快建立完整的中国民法制度。最后,一二百年前的法国、德国民法典仍在使用,证明大陆法系物权制度有生命力,能适应不同时代的需要,缺陷与不足可以修补,并不需要另起炉灶。此外,中国也不可能等谁慢慢地研究几十年。上述理由不时见于一些学术研讨会的发言和公开发表的论文。

我选择的是后者。选择前者的理由似乎很充分,仔细推敲其实未必。吸收人类的法律文明,与国际社会接轨,不等同于全盘照搬国外的法律制度,至少,谁也不能肯定大陆法系物权制度是任何成文法国家不能拒绝的法律文明。历史传统与事实对于现在和未来,永远只是一种参考,而不是非如此不可的依据。大陆法系物权制度历史悠久,影响深远,至今通行于一些国家和地区,但以此推断中国大陆也必须走中国台湾地区和日本的道路,否则就无法走向市场经济和现代化,依据不足。以日本和中国台湾地区的经济发展来证明他们模仿大陆法系物权制度的成功,十分牵强。中国没有物权法,没有自己的物权理论,不等于只能引进。正因为没有,我们更有责任探索和创造。抄需要勇气,创造更需要勇气。创造并不意味着一切从头做起,而是以一种新的思路、新的理论、新的方式谋求突破性发展。大陆法系物权制度在中国近百年的影响不仅不是创造的障碍,反而是创造的重要条件。总结以往事实和进行理性选择是不可分离的。创造不一定要花很长时间,大陆法系物权制度提供了事实的经验和教训,能够大大缩短创造的过程。法律有历史传统,但历史连续性并不意味着具体法律制度的永恒。曾经辉煌一个时代的法律制度像其他事物那样衰老,最终为另一时代的法律制度所代替,这也是一种自然规律。在手工作坊和田园风光中产生的物权制度或许仍然能够用于信息时代,但不等于信息时代就不应有更高的选择,还有一些企业使用光绪年间的西门子机器,能说不需要 21 世纪的设备吗?大陆法系物权制度陈旧,富于偏见,无力解决中国的实际问题,当代中国需要一个新的物权制度,这就是根本的理由。

我们应当创造出中国的物权法。

1. 中国的物权法应当充分地反映和满足人类现代化进程中财产关系变化的趋势与规律。从财产的利用走进财产的归属,是人类的一大进步。人类从此离开了自然的财产关系,开启拥有和创造财富的文明历史。从财产归属走向财产利用,是人类摆脱阶级和个人的私利,真正走向现代文明的一个必然趋势。如果说德国民法典关于所有权的限制反映了当时的人们已意识财产归属与所有权没有绝对意义,那么,生活在现代的人们,应该知道所有权的限制已不足以满足财产利用对权利的需求。现代社会中,财产利用呈现两个基本特点:首先是资源和财富的利用越来越不受所有权人意志的制约,成为财产利用人的独立活动。在资源与财产的合理配置和有效利用的目的下,财产经营日益成为一种职业化、专业化的社会劳动。财产经营需要凭借现代科技手段、现代管理经验、现代组织形式和其他条件才能有效地实现以最小投入取得最大产出,任何个人即便是专家或老板,财产经营中所扮演的都是群体中一员的角色。公司制度的迅速发展,正是人类由个别经营者的分散经营走向有组织的群体经营的过程。社会化生产与以往作坊和工场中主要依靠个人的能力、技术、实力的小生产的根本区别就在这里。社会化生产的条件下,所有权人自己经营财产越来越力不从心,往往受制于个人的条件而难以发挥财产效用。为了增值保值,与其自己死守财产,不如将财产交给专业的财产经营者,或许能取得更大的收益。收益比一个所有权的名义更为实际。但所有权人愿意将财产交他人经营或共同经营是一回事,他人愿不愿意接手又是一回事。这里存在双方是否愿意走到一起的平衡点。所有权人必须得到有关收益和财产的所有权不会落空的保证,同时必须承认经营者能够取得一定的经营利益,接受经营者特有的经营思想、方式、规则,承诺不任意干预财产经营活动,否则,双方就无平等互利和相互信任与依赖的基础。只有所有权的限制根本不足以合理调整所有权人和财产利用人之间的现实关系,只对所有权限制实际上是以不承认对方的独立权益和自主意志为前提的,而现代社会中普遍存在的非所有权人利用他人财产，恰恰是所有权人意志和权利不能凌驾和控制的财产利用。其次是资源和财富越来越突破固有的、单一的物质形态，呈现多种财产形态。社会化生产是以现代科学技术为基本手段广泛吸纳和综合利用财产资源的过程，在这一过程中，各种财产的形态依据经营的需要不断转换。原材料、设备、成品、货币、有价证券等经常相互转换，个别财产的价值通过总体财产价值得以实现和表现。土地价值的高低很大程度取决于开发环境和利用目的，物化在财产中的科技含量成为财富增长的重要标志，同一产品由于质量、用途、造型乃至于包装上的差异而价格相差悬殊。资源与财富日趋价值化，人们普遍看重财产的内在价值而不拘泥于财产的固有形态。企业资产就是一个价值化而非实物化的概念。企业资产包括了一切实物和非实物的财产，因而总是以总资产值、净资产值来表现财产状况。将非所有权人利用他人财产视为所有权的一种限制，其认识基础是财产的实物性，在非所有权人利用的多是价值形态的他人财产的条件下，只讲所有权限制没有多少实际意义。伴随着非所有权人经营他人财产活动的广泛化、日常化，财产利用越来越成为现代社会的基本问题。因此，现代社会的物权法，不仅要解决财产归属问题，也要解决财产利用问题；要确认和保障所有权，也要确认和保障非所有权人利用财产的权利。

2. 中国的物权法应当切实解决中国财产关系中的实际问题。同处于一个时代的不同国家和地区肯定会面临共同的财产问题，这是不同国家和地区的物权制度相互交流和理解的基础，也一定有基于制度、国情、传统乃至宗教等原因而产生的特殊财产问题，这是不同国家和地区的物权制度无论如何都不可能一字不差的原因。特殊财产问题对物权法的影响取决于问题本身对全局的重要程度。中国的物权法至少必须解决两个现实难题：第一个是国有企业法人财产权问题。表面来看，法人财产权的提出结束了十几年关于国有企业对其财产拥有的是经营权还是所有权或其他什么权的争论，似乎明确了国有企业法人的地位和财产性质，为现代企业制度的建设和国企改革解决了关键问题，实际上并没有解决任何实际问题。在法学意义上，财产权相对于非财产权，法人相对于公民和国家，无论哪一种解释，都不能说明国家与国有企业之间的财产关系。法人财产权概念外延上包括有关法人的一切财产关系，要区分和明确不同的财产关系，有待于外延较小的概念，这就是理论界一直在探讨法人财产权是一个什么样财产权的原因，而探讨到这个层次，分歧立现。有的认为是法人所有权，有的认为是法人经营权，绕了一圈又回到原地。公司法以法人财产权回避国有资产归属和利用的难题，不失为务实之举，但中国物权法不能如法炮制。作为财产基本法，物权法必须对这一难题有明确态度和务实措施。所有权派生出经营权的“两权分离”学说已在国企改革实践中失败，由于政治和社会原因，中国不能将国有资产化为集体和个人所有，那就一定得想个办法出来，在不大的余地中寻求逻辑解决的思路。第二个是土地权利问题。土地关系在任何国家和地区都是物权法最重要的调整对象，其原因当然是由于土地的自然属性和社会属性，但几乎没有哪个国家和地区比中国的土地关系更为复杂和混乱。某些人的一张纸条就能出让大片土地给外商或有势力的内商和炒手；为商品房和开发区随意征收集体所有的农地；七十年、五十年土地使用权的出让和转让，等等，使人难以把握土地使用权的真实含义及与土地所有权的区别和关系。至于承包经营权、林地使用权、宅基地使用权、有偿出让的土地使用权、无偿划拨的土地使用权等名称不一的使用权，更眼花缭乱。中国的土地权利义务关系极不稳定，土地所有和土地使用的关系、土地民事权利和土地行政管理的关系，至今没有厘清头绪、立出章法。村、乡集体经济组织将土地租给他人使用或划作宅基地，不是一个简单的违反土地管理法就可定性解决的。如果其提出这不过是行使自己的土地所有权，而且是宪法肯定的权利，那么，基于什么样的理由不让其如此行使土地所有权？土地使用权期满后地上建筑物归属于土地所有人还是仍然属于地上物所有人？不论作何结论，总得有个合理的交代。其中的权利冲突如何解决，不同的价值取向有不同的办法和结果。传统物权理论和大陆法系物权制度的土地权利与其他财产权利没有本质的差别，土地所有权和地上权、地役权的规定中没有过多的国家意志和利益，用之于中国绝难立足。中国物权法只能依照国情确定土地权利。

3. 中国的物权法应当以人类法律文明成果基础上形成和发展起来的物权原理作为基础。检讨传统物权理论仅仅起到破除迷信的作用，从科学立法的要求看，中国物权法要避免盲目和武断，必须有相应的、科学的物权理论作支撑。没有新的物权理论体系和实践模型，就没有中国物权制度的新生和发展，因而不能不致力于中国物权原理的探索。在探索的过程中，应当坚持两个基本原则：第一是必须充分吸收前人留下来的一切有益的东西。我们不过是人类昨天与明天的一个连接，不可能脱离过去凭空创造，中国物权法不可能游离于人类法律文明进程之外，不能成为谁也无法理解的怪物。一切物权观念和知识都有历史渊源，甚至物权制度四个字也是人类法律文化的历史结晶。因此，以往的物权原理、制度和术语以这样、那样的方式出现于中国物权法中是十分自然的。大陆法系的所有权制度，以其思维的深刻性和逻辑性决定了可修改、可补充或注入新的观念，但不能不用所有权来归纳和解决财产归属关系。而英美法系以财产利用为中心的物权观念，或有其偏颇之处，但对中国物权立法应有不小的启示。第二是必须始终坚持发展和创新。一种理论、一个制度的价值，不仅在于其一时一地的实践作用，还在于对历史的推动作用。日本民法典和日本民法理论，对日本社会有用，但在民法历史中没有什么地位，是因为其不过是德国民法的日本翻版。多一个中国版本并不能使人类的物权制度走出法国、德国民法迈向现代社会，没有特色的中国物权法没有历史的价值。当然也不能仅仅为了历史地位而去标新立异，事实是物权制度确实需要在新的历史条件下有新的发展，一二百年前的物权制度应该逐渐退出历史舞台，适逢其会，中国可以对人类有较大的贡献。因此，以往的物权理论、制度和术语都只能是建立中国物权理论体系和实践模型的原始素材，如何取舍、改造、使用，要按照新的物权思路重新安排。中国可以在所有权与其他财产权平等的观念下确定所有权的内容，可以在统一财产利用权利的努力中确立财产利用的应有地位,可以将现有的物权术语赋予更合理的含义和更合适的位置。不必顾虑由此产生的中国物权原理能否为国际社会接受,占人类五分之一多人口的中国实行一种新的物权制度,本身就有人类价值,只要能够合理地、系统地对现代社会的财产关系和中国的特殊财产问题作出合适的理论解释,并能转化为可操作的物权体系,就能并存或者还能影响大陆法系物权制度和英美法财产制度。

创造极不容易。中国的物权法,要成为物权制度历史中承前启后的一块里程碑,成为现代社会公有制国家物权制度的一种典范,从内容到形式,从宗旨到细节,从逻辑到操作,都有很高的要求。无论是对以往的物权制度的认识和研究,还是对现实生活现象与规律的分析和把握,我们的理论准备和实践基础都还不足。但这不应影响我们的信心和追求,唯其如此,我们更需要努力。

第二章

重构中国物权制度

一、物与物权的逻辑起点

现代社会有无必要、有无可能区分清楚物权与债权,这是重构中国物权制度的逻辑起点。民事权利分为物权、债权、人身权、知识产权、继承权,是物权制度、债权制度等民事法律制度的存在与发展的基础。假若这样的权利分类不再必要,或者如一些学者所说不同的民事权利趋向于一体,谈论物权制度、债权制度就毫无意义,也不必讨论中国应有什么样的物权制度。也许正是因为这一点,传统物权理论相当重视物权与债权的区别,民法教材或著作极少不将两者作比较,有"三区别"、"五区别"乃至更多的区别。但奇怪的是,传统物权理论一方面试图区别物权与债权,另一方面大发物权与债权趋于一体的议论。陈华彬先生采日本于保不二雄的说法:"正是金钱,不仅使物权与债权获得了前所未有的高度统一,同时也使二者区别之界线愈益模糊,以至使人们试图在学说上对二者加以区别已变得毫无意义及根本不可能,"[①]认为:"物权与债权这一理论上的分野,实已为现

---

① 陈华彬:《物权法原理》,国家行政学院出版社 1998 年版,第 20 页。

代市场经济的实践所打破，而次第趋于合流。”①真不清楚陈华彬先生为何在同一书中又费劲地阐述物权与债权，不仅列了八点区别，还直截了当地说：“物权与债权，为两种性质截然不同的权利。”②梁慧星先生也认为“晚近以来，不仅物权有债权化之趋势，债权亦有物权化之现象，租赁权之物权化即其著例，债权与担保物权结合而横扫千军，亦足为证”。③ 但其对物权与债权的区别列出五点之多。梁慧星先生先论述物权为支配权，债权为请求权，接着说“所谓物权为支配权与债权为请求权这一区别已不再是区别物权与债权的明确的基准”。④ 物权法专家认为世上本无物权可言，仍诲人不倦以传统物权理论，可谓中国物权法研究领域的一道亮丽风景。

或者分清物权与债权，或者放弃关于物权的理论与实践，这里没有第三种可供选择的方案。“物权”一词是中世纪注释法学派提出来的，是对罗马法的对物之诉加以概括和引申的结果。因此，物权与债权的区别是近代民法对体系性的逻辑要求的结果，是一种抽象的历史产物。但是，只看到物权与债权具有历史性、抽象性，极易将物权与债权分类当成一种纯粹的思维假定，在出现一些不易把握的物权或债权现象时，轻率地对物权与债权作一些随意的、实用主义的解释。所谓的物权债权化，债权物权化正是一些学者在传统物权理论不能合理解释生活现象时的一种巧辩。其实，自奥地利民法典出现物权定义和德国民法典正式构建物权体系后，物权从逻辑领域走向客观实在，已成为现实世界的组成部分。作为一项影响和支配现实财产关系的法律权利和制度，具有不以人们意志为转移的本质属性。立法者可以在法律中杜绝物权的任何提法，但思路和内容无法摆脱物权的轨道；学者可以大谈物权与债权的趋同，但没有谁说不要物权法。无论怎样看待和评价物权，物权就是物权，不同于债权，是一个铁的生活常识。除

---

① 陈华彬：《物权法原理》，国家行政学院出版社 1998 年版，第 20 页。
② 陈华彬：《物权法原理》，国家行政学院出版社 1998 年版，第 16 页。
③ 梁慧星主编：《中国物权法研究》，法律出版社 1998 年版，第 30 页。
④ 梁慧星主编：《中国物权法研究》，法律出版社 1998 年版，第 28 页。

了银行和一些民法学者,谁将自己的银行存款看成是一种债权?普通百姓,谁会以为超级市场选购商品是行使物权?现实生活中,物权与债权区别通常是确定的、清晰的、无须普法的。似此而彼的现象不等于此与彼之间再无分界,说此与彼趋向一体只能说明人们的认识不够深入或有所偏差。相对而言,孙宪忠先生谈论物权与债权的区分还比较冷静:"应当说物权与债权整体之间的区分确实是存在的,而且在理论上也是清晰可见的。但是就物权法和债权法的某些具体制度而言,简单地划定一个理论上的分界却显得很不足够。"①

坦率而言,对似此而彼的现象不深入研究而冠之以什么化是一种学术懒惰,动辄将一种现象夸张为现代社会的趋势仅仅是一种新潮时髦。所谓新现象不一定真的新,也不一定代表未来走向。租赁权物权化被公认为是物权、债权趋于合流的典型,然而,租赁权是怎么向物权转变的?是租赁权真的随着社会的变迁发生了质的变化,还是传统的租赁权解释有问题?租赁权产生于租赁合同,合同权利是一种债权,这是传统物权理论的套路。但是,租赁权使得承租人占有、使用租赁物,而且租赁期内能排除出租人对租赁物的干预,这是一个基本事实,从古到今都是如此。租赁权早已包含了物权要素如支配性、排他性等,现代社会的租赁权具有对抗第三人的效力即租赁权能够约束未来受让租赁物的所有权人,不过是对租赁权固有内容的发掘和强化,并非赋予租赁权以新的内容。罗马法从债权的角度理解租赁权,即便如此,罗马法仍有"对物的出卖并不真正使租赁解除"②的规则,从某种意义上说,这是一粒孕育租赁权对抗第三人的种子。现代社会中,租赁关系得到了长足的发展,其价值和意义大大拓展,客观上要求突出承租人利益及其保护,使得租赁权的物权性质破历史尘土而出,这只说明租赁权有了适宜的发展环境,不表明其发生了债权向物权转化的质变。说

① 孙宪忠:《德国当代物权法》,法律出版社 1997 年版,第 25 页。
② [意]彼德罗·彭梵得:《罗马法教科书》,黄风译,中国政法大学出版社 1992 年版,第 378 页。

什么租赁权物权化，当初就不该将租赁合同与租赁权混淆起来，将租赁权当成债权。像德国民法那样因为租赁权的基础是租赁关系，进而认为租赁权是债的关系，①是将权利产生的原因和权利本身混为一谈。地上权也依当事人约定而产生，为什么不说地上权是债权？

传统物权理论从法律关系入手比较物权与债权，有所谓三区别说，即为客体、主体和内容上的区别。物权和债权同为民事法律关系，以法律关系的要素作为区别的切入点取简明准确之长，相比之下，超出三要素形式的五区别说、八区别说显得累赘。按照三区别说，物权主体的一方不特定，而债权主体双方均为特定；物权客体是物，而债权客体是物、行为和智力成果②；物权为支配权，其行使无须义务人的积极行为，债权为请求权，其实现必须有债务人履行债务之行为。这样的比较还是相当成功的，因为所要区别的对象之间有了较清晰的分界，在一般的或抽象的场合，不易产生混同和歧义。事实上，许多情况下，物权与债权的不同的确是清晰的。但是，必须承认，无论是三区别说或是更多的区别说，都有无法解释某些生活现象的时候，而且深层次上也无法透彻剖析物权债权化或债权物权化论的谬误。究其原因，大致有二：第一是传统物权理论的眼中只有所有权，物权与债权的比较因而变成了所有权与债权的比较，具有片面性。以主体为例，从用益物权的角度看，无论如何不能说用益物权的义务人是不特定的，所有权人是不是用益物权的特定义务人？不仅是，而且还是用益物权关系中不可或缺的义务人。第二是物权客体的意义不清。物权客体为物，看上去明明白白，但实际上物是什么从来就没有统一的、科学的定义。权利不是一种凭空存在的事物，而是设定在一定的客体之上，当客体的性质和特点不甚明确时，所设定的权利必然有某些固有的缺陷。比较而言，前一原因与传统物权理论自身价值生死相依，非抛弃传统物权理论不可消除；后一

---

① 孙宪忠：《德国当代物权法》，法律出版社 1997 年版，第 35 页。

② 债权的客体是物、行为和智力成果的表述也是错误的，债权的客体只是行为。——本书修订补注

原因则是任何一种物权理论必须弄明白的，而且必须有自己的解决方法。

关于物权的客体，一直交织着不同的概念和解释。首先是物与财产的同一性。物权作为基本的财产法律制度，以调整一定的财产关系为目的，物权客体当属财产，但大陆法系民法理论与实践通常不使用财产的概念，而是代之以“物”。如果财产与物的内涵、外延相同，这仅仅是个名词选用的问题，但实际并非如此。法国民法中，财产的定义就有三种：财产是有体物；财产是设定于物之上的权利；财产是物、物权、无形产权和债权。[①] 这种现象同样流行于中国的立法与司法，《民法通则》的财产所有权和与财产所有权有关的财产权、最高人民法院司法解释中的有附属物的财产和法人财产权，含义上有极大的差异。同时，物本身也不是一个确定的概念，按一般理解物通常是指有体物，民法和物权的大多数具体制度和表述以有体物为出发点和归宿点，德国民法典第 90 条明确规定：“本法所称的物，仅指有体物。”[②]但是，罗马法的物不仅是有体物，还包括无体物，“有形物是那些可以触摸的物品，例如：土地、人、衣服、金子、银子以及其他无数物品。无形物是那些不能触摸的物品，它们体现为某种权利，比如：遗产继承、用益权、以任何形式缔结的债……对城市土地和乡村土地的权利同样属于无形物”。[③] 法国民法典继承了罗马法对物的理解。德国民法虽然在物权法内将物限定为有体物，但债权法及民事诉讼法又将物扩展到无体物，称为广义之物。《民法通则》的财产受到不少学者的批评，理由是这个财产的范围较之于物的范围为广，包括准物权的客体，显然，这些学者心目中的物是有体物。

无论是财产还是物，理解上的分歧使得物权与债权的区分不能不发生困难。其中一个焦点是无体物能不能包括于物之中，无体物是权利，权利

---

① 参见尹田：《法国物权法》，法律出版社 1998 年版，第 13~14 页。

② 《德意志联邦共和国民法典》，上海社会科学院法学研究所译，法律出版社 1984 年版，第 19 页。

③ [古罗马]盖尤斯：《法学阶梯》，黄风译，中国政法大学出版社 1996 年版，第 82 页。

成为物，将出现债权之所有权、地上权之所有权，甚至所有权之所有权现象。当一种权利可以作为另一种权利的客体时，权利将在客体与权利之间无穷循环，而且出现债权主体与债权之所有权主体这样的重合。一个人拥有债权和拥有某一债权的所有权，仅仅表述不同，却混淆了法律关系中的内容和客体，进而使得不同权利的区分不再可能。债权是物权的客体，物权的内容最终通过债权的内容得以确定和实现。债权与物权的区分不仅多此一举，而且近乎荒唐，同一法律关系中的不同要素毫无比较的逻辑基础。物权与债权，原本属于不同的法律关系，却因为无体物的解释分别变成同一法律关系的内容和客体，这种逻辑混乱不是文字游戏所能概括的。德国人非常讲究逻辑性，断然排斥无体物于物权客体之外，杜绝了债权之所有权的可能。但现实生活没有那么简单，当一个人持有一张存单、汇票或提货单时，这个人拥有的是物权还是债权？这些权利凭证显然不能算是有体物，如果说是债权，又如何解释其作为所有权凭证的性质和效力？提货单还勉强说是有体物的凭证，存单和汇票代表的是货币，仅仅只有数额上的特征，完全不具备"占据一定空间，可为人力所能支配的物质"①三特性。而且，说存款人对其银行存款没有所有权只有债权，绝对不符合生活常识。一般人眼中，银行的存款和家中的用具没有什么区别，都是个人财产。由此看出，德国人清晰的逻辑思维中有过于僵化和绝对的一面。

上述的两难境地，实质上是传统物权价值取向与现代社会生活状况的内在矛盾的反映。谢在全先生论述现代社会的物权变化趋势时提出物权价值化的问题，虽然其"物权价值化之结果，乃是以债权形态出现"②之论较为武断，但其"物权人从对标的物之现实支配，演变成为收取代价或获取金钱融资之价值利益"③之说以及他所引述的川岛武宜先生的所有权客体价值化的观点，相当程度上描述了现代社会生活状况对物权客体的深刻影

---

① 陈华彬：《物权法原理》，国家行政学院出版社 1998 年版，第 52 页。
② 谢在全：《民法物权论》，中国政法大学出版社 1999 年版，第 11 页。
③ 谢在全：《民法物权论》，中国政法大学出版社 1999 年版，第 10 页。

响。如前所述,现代社会的资源与财富越来越突破固有的、单一的物质形态,人们越来越优先考虑财产的一般价值,由此导致财产的实物性与价值性在社会经济生活中的地位与作用的此消彼长。农业和早期工业化时代,生产经营几乎都围绕实物进行,土地、种子、收成、机器、原料、产品等财产的实物性的重要性不言而喻。今天,生产经营对实物的依赖程度相对减弱,更多地依赖于财产的价值性,资本市场作为一个完全由货币或货币衍生品构筑起来的经济体系,在社会的经济生活中日益取得主导地位,以至于一切实物都要价值化,都可价值化。不动产抵押证券的出现,不少学者认为是动产、不动产趋于合流的表现,其实这只不过是不动产的价值意义得到发掘和提升。毫无疑问,许多情况下,财产的实物性依然重要,但就社会整体而言,财产的价值性更为重要,是资源与财富在生产和交换中的基本存在方式。股份公司的一切财产折成价值状态的股份,企业资产中的实物与非实物不如总资产、净资产实在和重要,连黄金的地位也今不如昔。面对现实生活,应当反思传统物权理论以财产的实物性为基础的一贯立场。物权客体实物化,最大的优点是有助于明晰财产归属关系。一个特定的物品,如土地、房子、器皿,能够直观地、确切地表明你的、我的、他的关系,但这不足以成为无视现代社会需要的理由。事情已到了连物权、债权都快分不清楚、物权制度存在价值都在动摇的地步,死守财产的实物性,是一种不合时宜的顽固。看看多少人为股权是所有权、债权还是社员权争论,为什么?说到底,就在于股权的客体不表现为财产的实物性,无法纳入传统的物权体系之中。

现代社会的物权制度,应该以财产的价值性为支点,不必纠缠于有体物、无体物之中。有体物、无体物的分类在罗马法和近代民法中的重要地位不应成为中国物权制度顶礼膜拜的理由。这一分类能带给我们什么?不就是说权利是无体物吗?然而,将权利说成是无体物,不过是罗马人的一种天才想象,并不是事物的必然。有了无体物,人们并不因此不争论股权是什么,反而弄出债权之所有权这样莫名其妙的说法。与其如此,不如爽快地抛弃这一分类。生活经验告诉我们,不管是有体物还是无体物,现代市场经济中总归是可以而且有必要表现为一定的金钱价值,支配一定的金钱价值与支配具体的物品的实质意义同等。我拥有某幢房子与我拥有这幢房子的价值,没有什么实质性的区别,都是所有权的行使,差别只在于行使的具体方式;我居住在这幢房子里与我将房子抵押给银行贷款,都是利用房屋本身的价值,差别只在于利用的具体方式。由此而言,将物权客体由实物性移向价值性,并不怎么离经叛道,不过是换了一个角度来处理物权的客体。唯一需要注意的是,财产的价值性因为金钱价值容易产生不同财产之间的混同,处理时必须依照物权的要求予以特定化,但这只是一个法律技术问题。基于以上考虑,物权客体可定义如下:

物,是能为特定主体直接支配的财产利益。

这个定义显然不如有体物来得直观,但概念的科学性不以直觉作为判断依据。民法的物,从来不只从物的物理性上认识和解释。物是“指存在于人体以外、人力所能支配并能满足人类社会生活需要的有体物和自然力”①,言下之意,有些有体物及自然力不是物权客体。可见,即使在传统物权理论中,物的实物形态也不足以使物成为物权客体,还必须有其他条件的支持。相比之下,财产利益的表述或许更为合理和周全。首先,财产利益超脱于物的具体形态,体现不同的物的共性即满足人的需要,外延上具有周延性,不管是土地、金钱、自然力还是权利凭证,其对人类的重要意义都体现在能够满足人的需要。财产利益作为人与资源的一般关系的表述,是以人为中心的一种评价或判断,其价值取向是资源服务于人类。在这个意义上,凡是能够满足人的需要的资源与财富,都在财产利益的范畴之中。其次,财产利益贴近现代生活的财产状况,对许多由社会虚拟形成的资源与财富,能予以合理的定位和解释。财产通常被理解为一定的物质资料,现代社会中,这种理解不能认为是准确的,因为人类已能不断创造或

① 梁慧星主编:《中国物权法研究》,法律出版社 1998 年版,第 134 页。

拟制没有物质形态却同样具有价值和使用价值的资源与财富。出租车车牌仅仅是一份营运执照，当车主以10万元的价格拍得后，这个车牌有了确定的财产价值和使用价值，在规定的年限内，车主可以使用也可以抵押或转让，是交通运输管理活动造就了这种资源与财富；搜狐有数百亿美元的市值，其网址不过是互联网上的一个空间位置，功能相当于一个城市中的一条街上的一个门牌号，没听说有转让门牌号的交易，但网址的交易时时发生，是访问者的众多造就了网址的财产价值。这些财产既不是有体物也不是无体物，具有强烈的人为因素，没有传统意义的财产形态，直接表现为财产利益。因而，以财产利益取代有体物、无体物或自然力等表述，能够囊括现代社会的资源与财富。

财产利益，一般地表现为金钱价值，但不能简单地归结为金钱价值。一定的财产利益最终能以一定数额的金钱计量，但并不意味着随时随地表现为确定的金钱数额。一个古玩总是可以评估和拍卖为一个价格的，但收藏期间并不需要定价，不作评估和拍卖之前，古玩的金钱价值是一般意义上的存在，是一种质的状态而非量的概念，通俗而言，这个古玩值钱，至于值多少钱，是另外一个问题。财产利益是“这个古玩值钱”的抽象法律语言，表明了资源与财富具有价值和使用价值的事实。市场经济中，资源与财富的价值和使用价值是相互联系、相互转化的，有金钱价值的东西总能够满足人的某种需要，有使用价值的东西也总能够转化为一定的金钱价值，财产利益是财产价值和使用价值的高度统一。

财产利益有着与之相适应的存在方式。实物形态和价格形态是财产利益的基本存在方式。实物形态是以一定的时空关系为基础的物质形态，是各种物品、自然资源以及人类赋之于使用价值的自然条件如空间等。其特点是可在一定的时间和空间范围内感知物的具体存在。有体物是实物形态财产利益的典型，但不只是有体物，电、热、声、射线及其他自然力同样存在于一定的时空关系之中，同样体现人对财产利益的直接支配状态。实物形态的财产利益，通常不以固定的金钱衡量，而是随着使用价值的降低或提高而变化，其行使和实现倾向于不依赖或不太依赖他人的协助。实物形态易于辨识，物权的设立和变动以及由此形成的权属相对清晰和确定，但容易在物权流转和保护上产生阻滞和僵硬，大陆法系物权制度中对原物的追索有时过分到不论交易安全的地步，即为一例。价格形态是以一定的货币关系为基础的数量状态，如票据、存单、股票以及作为商品所有权凭证的提单等。其特点是交换价值同时体现财产利益的价值大小。票据、存单、股票上的数额等于是相同或相当数额金钱的交换价值，能以票据、存单、股票换取一定数额的货币，或以提单换取一定数量的商品。一般而言，价格形态的财产利益比较直观地反映财产的多寡，在财产的流转和保护上较为灵活和流畅，但其直接支配力不如实物财产，票据的承兑、存单的提取、股票的变现和提走货物，总是需要依赖或较多依赖于他人的协助，存在权属纠纷和权利落空的可能。即便同为票据，银行汇票较之于商业汇票，存在安全系数的差异，前者是较有保障的财产，后者是风险较高的财产。实物形态和价格形态可以相互转化，如提取存款买了房子，过了几年卖掉房子存款。财产利益由一种形态转化为另一种形态，构成了商品生产和交换的基础。在可识别的前提下，形态不同不影响财产利益的同一性，如果有证据证明小偷身上的钱是其销售赃物所得，应该认定失主对赃款拥有所有权，不能允许小偷的其他债权人参与这笔赃款的分配。

作为物权的客体，财产利益必须能为特定主体直接支配。物的形态可以变，物的可直接支配性不能变。直接支配是物权的基本要素之一，是能为他人感知和把握的特定主体与一定的财产利益之间的直接联系，占有财产是直接支配，对财产拥有一定的决策力是直接支配，最终控制着财产的前途和命运，更是直接支配。支配前面加上直接，是说明和强调特定主体的支配财产利益的意志直达并作用于一定的财产利益的事实或状态。其第一要义是直达，即特定主体的支配意志不经过中间环节，不征求他人同意，不需要复杂方式，直接到达所要支配的财产利益之上。简言之，我想在我的或我占有的财产上做我想做的事。其第二要义是支配意志对所要支配的财产利益发生一定的作用。作用不一定表现为我想做的事一定做成，物权在任何情况下都不能保证物权人心想事成，物权的行使和实现要受法律和公共利益的限制，在许多情况下，还要与特定的非物权人协商和合作。但是，想做的事受到法律和公共利益的限制、被摆上协商和合作的台面，其本身就说明支配意志已起了作用，否则，根本就不会有限制不限制的问题或协商与合作的场面。举例而言，拥有一张合法有效的汇票和一份合法有效的欠条，对于特定的主体，其支配的意义完全不同。汇票持有人可以依法转让、质押或要求承兑付款，其支配汇票利益的意志能够直接施之以一定的票据行为而改变票据的现状，而且通常能实现其目的。对欠条，除了占有欠条这种形式上的支配外，不能作其他有实质意义的支配行为，如转让、质押，持有人只能向债务人请求清偿，欠条利益的行使和实现取决于债务请求的内容和程序。因此，持有汇票与占有物品在直接支配性上没有太大的差异，而持有一张欠条与实现欠条利益存在中间环节和诸多不确定因素，如果说持有欠条也算是支配的话，也仅仅是一般意义上的支配而非直接支配。生活经验经常比理论更有判断力，现实生活中，人们不会认为汇票利益不是汇票持有人的财产，而对欠条利益，普遍持收债到手才算财产的态度。物权法不能满足于一般地谈论“人力所能支配”，能不能为人力支配，并不能体现特定主体与一定的财产利益的直接支配性质，瓶中的氧气与空气中的氧气不同，前者处于人力支配之下，但还不能说是直接支配。物权中的直接支配，表明的是特定主体对一定的物的可控性，是从人与人的关系的意义上着眼的。

可直接支配性不是物权客体以外的问题，因为能否直接支配取决于被支配对象的性质和特点。财产利益可被直接支配，才能为特定主体所直接支配。财产利益必须具备可被直接支配的基本性质才能成为物权客体。这首先是指实在性，是指已经存在而不是以后才会有的财产利益。一片土地，一台机器，一张存单，一份股权，都是财产利益的存在方式。有了财产才会有归属于谁和如何利用的事情，没有财产自无财产支配可言，这是一个简单明了的事实。预期的财产利益在没有成为现实之前是不可支配的。母牛会生牛崽,果树会结果,但牛崽和果实只有生出来、长出来后才能算是财产。其次是确定性,这是指财产利益的价值是可以确定的,能客观量化为一定的金钱价值。商品经济中,财富的多少总是表现为财产的金钱价值存量,在社会必要劳动时间的制约下,任何财产都会形成相对确定的价值及价格,从而使财产利益表现为比较客观的金钱价值。人们因而总能具体地确定一度电、一罐煤气的金钱价值,或判断某一套房屋的报价是低是高。不能客观地确定金钱价值的,即使具有财产利益内容,也不能作为物权客体。出租车车牌的拍卖价格,虽然是竞价的结果,但竞买人一定是在算清楚车牌价格与营运收入之间的账后才报价的,车牌的价值与价格本质上为营运的客观条件所决定。而商号就不同,鼎盛之时固然可人为地评估为若干万元,一旦破落往往一文不值,其价值与价格的沉浮没有客观因素可制约。最后是特定性,这是指财产利益能依法律上的观念或标准区别为独立的单元,从而成为"一物"。物权的性质决定了物权客体必须可识别,而可识别意味着物权客体上只能采纳特定主义。特定性不能被理解为实物性,尽管实物常常代表着特定性。陈华彬先生赞成日本学者三和一博、平井一雄所举之例"物的原料交由工厂加工,自原料到加工完毕,该物也被认为具有一贯的特定性",①并认为特定性可依经济的、社会的观念予以认可。②经济的、社会的观念过于宽泛,缺少足够的稳定性和一致性,不如采之以法律上的观念或标准为妥,因为后者相对稳定,由此划出的"一物"能在法律效力上得到较为普遍的认同。建筑物区分所有权,可说是"经济的、社会的观念"的产物,但真正得到普遍的认同,还是在德国、日本民法的立法与司法认可之后。土地连绵,本无特定性可言,但在法律上采用了以四至界定的登记方法后,每一小块土地的特定性得以确立。同样道理,无论是金钱

① 转引自陈华彬:《物权法原理》,国家行政学院出版社 1998 年版,第 53 页。
② 转引自陈华彬:《物权法原理》,国家行政学院出版社 1998 年版,第 53 页。

还是自然力，只要法律上有得当的识别方法，即可使之成为具有特定性的物或客体。因此，物有无特定性取决于法律上有无相应的识别方法，与实物形态并无必然联系。特定性造就了物的独立性，特定的目的就在于将物分为一间房屋、一封信、一张桌子、一份票据，但不是一粒米、一滴水，因为依法律的观念或标准，米或水不作如此的特定。将物的特定性与独立性割裂开来，①甚为不当。特定性也不同于特定物，特定物是与种类物相对的分类，这一分类不是用于确定物权客体的范围的。陈华彬先生所举的 20 本书的例子其实是所有权移转的时间问题，②与物权客体无关。客体须为特定物，③那么，种类物岂不被排除在物权客体之外？这显然是个常识错误。

财产利益的实在性、确定性和特定性对区分物权与债权及其他民事权利具有十分现实的作用。债权客体从准确的意义上只能是行为，即对债权人而言是取得财产、劳务或其他的行为，对债务人而言是给付财产、劳务或其他的行为。财产只是取得行为或给付行为的具体内容之一。债权意义上的财产利益与物权中的财产利益截然有别，前者是一种期待性的财产利益。债权人只有在债权实现之后才能支配一定的财产，在此以前，债权所涉的财产利益尚在他人的支配之下，还没有从他人的财产中分离出来，属于他人的物权客体，根本谈不上债权人之物权。从债权人的角度，不仅债权能不能实现尚不确切，甚至连标的物也不一定存在。订购的商品可能尚未生产出来，约定的劳务可能因故取消。比较汇票、股票、提单，尽管在变现的某些环节上也需要他人协助，但其标明的财产利益已经存在并确定为持有人所享有，任持有人使用和处分。不少人将股权、提货权、票据权利误作为债权，其根由就在于没有把握财产利益的实在性。

债权还是一种难以客观量化为一定金钱的财产利益。债权的给付数量虽然可以确定，而且也可以量化为一定的金钱，如一场演讲的劳务费，一

---

① 梁慧星主编：《中国物权法研究》，法律出版社 1998 年版，第 36~37 页。
② 陈华彬：《物权法原理》，国家行政学院出版社 1998 年版，第 53 页。
③ 陈华彬：《物权法原理》，国家行政学院出版社 1998 年版，第 53 页。

批商品的成交价格,但能否到手,能有多少到手,在债权实现之前无法确定。债权的实际价值不取决于可能给付的量而取决于实际完成的给付。面对违约、不可抗力和无给付能力等各种可能性,债权意义上的财产利益的金钱价值难以客观把握。一个人拥有千万元的债权并不意味着其是千万富翁,一分钱也收不回来的事情经常发生。如采纳债权客体仅为行为说,这一点更为凸显,给付行为与给付数量不一样,给付行为作为债权客体,不因给付数量的大小而性质不同。从不履行债的民事责任上看,债权意义上的财产利益不在于给付数量,而在于违约金或赔偿金。违约金或赔偿金实际上是不履行给付行为的一种对价,是真正的债权利益形态,但违约金或赔偿金要经过仲裁或判决才能真正确定和可能实现,既不具有实在性,也不具有确定性,当然也就不存在特定性。

知识产权或智力成果也是一种不具有实在性和确定性的财产利益。一项专利本身无所谓财产价值,其能否产生财产利益取决于专利的推广和使用的结果。有人出价购买专利仅仅是购买人对推广和使用专利结果的一种预期性的评估,并不意味着专利已有实在的财产价值。无人购买、不交年费的专利常常一文不值。而且,推广和使用成功的专利所产生的财产利益,也不全是专利的功劳,推广和使用中投入的人力、财力、物力作为专利实现的必要条件,本身就是一种财产利益。不少商标的财产价值是广告费堆出来的,一旦企业衰落,再驰名的商标也不值几个铜板。浙江某驰名商标因企业破产而被拍卖,评估的底价为七十多万元,最后无人问津而流产。仔细想来,这种破产企业的商标,白送也不能要,以免消费者误以为还是以前倒闭的那个企业。一本明星私生活自白的书的出版权曾被拍卖一百多万元,是人为炒作的结果。因此,知识产权有自己的一套规则,没有谁主张把智力成果当成物权的客体。

从权利的客体入手区分不同的民事权利,是因为法律在不同的客体上设定权利,必然要依据客体的自身状况合理设计权利的内容和保护方法。权利客体的本质属性与特点必然影响乃至于决定权利。当物权客体与债权客体得到严格的区别时，物权与债权的界线也就自然清晰。在此基础上，还可以作更多的比较，以求物权与债权的区别更为形象和直观。依三区别说，可以进行比较的还包括主体和内容。从主体上看，物权的权利主体，不论是所有权人还是其他物权人，都是特定的，而物权的义务主体，不能笼统称为不特定的义务人。物权中有物权人之间和物权人与一般非物权人之间的关系，前者的义务人是特定的，后者的义务人是不特定的。债权的权利主体和义务主体都是特定的。从内容上看，物权与债权的区别不在于权利的实现是否要义务人协助或配合，从严格的意义上说，任何权利的实现都需要义务人的协助和配合，至于是作为还是不作为，是一个方式问题，而且还不能说物权的行使肯定不需要义务人的作为。晒的衣服掉到他人的阳台上，要不要他人帮忙？一户人家的旧房改造方案能否不要左邻右舍的同意？债权与物权内容上的不同，一言以蔽之，一个是取得财产利益的权利，另一个是支配财产利益的权利。然而，不管是比较主体、内容还是其他方面，物权与债权的根本区别在客体上，在没有被传统物权理论与实践误读误解的客体上。紧紧抓住这一点，我们就不会迷失方向。

二、平等独立的物权理念

平心而论，传统物权理论与实践也一直在努力追求物权制度的现代化，而且有程度不一的进展。所谓物权的社会化、价值化和国际化，正是传统物权理论力求适应社会变迁而作出的一种方向性的选择，倾注着学者对现代物权制度的理想和追求。社会化，或多或少削弱和动摇所有权至尊地位；客体价值化，对所有权的利用方式不能不产生深刻的影响；国际化，不可避免地对大陆法系的固有所有权概念带来冲击。但是，这些努力还不具有重构现代物权制度的意义，在传统的物权理论框架下，不足以诞生真正的现代物权法。

这涉及物权理念问题。物权制度是人类社会制度的组成部分，是一定经济生活条件的反映，但作为上层建筑的法律制度，在反映经济生活条件时不是被动的、直接的、镜子式的，而是与人们的主观认识和选择联系在一起的。以什么立场和方法，追求什么样的目的和价值，不仅影响而且常常决定着物权制度的内容。大陆法系的物权制度与英美法系的财产制度之所以有深刻的区别，很大程度上与各自的物权价值取向有关。前者注重财产的归属，因此有了严格的所有权的定义和与之相关的制度；后者注重财产的利用，因此使用可以称为所有权，信托也可以构成所有权。出发点和归宿点不同，发展的方向和轨道也就不同。物权理念，是人们对物权制度的基本认识和价值准则，套用人生观、世界观的提法可称为物权观。物权理念具有相当稳固的内容和结构，一旦融入社会生活，不仅能够直接支配物权的理论与实践，而且还能渗透到社会生活的各个领域，逐渐成为社会成员的道德准则、行为准则和认同准则，以至于人们能够近似于本能地遵守和使用这些准则。幼儿并不知道所有权，但是孩子们懂得你的玩具和我的糖果的全部意义，简单的生活认知中包含了所有权的基本法理。

我们一直生活在所有权高于一切的物权理念下，自人类走进私有制，关于所有权的神话就笼罩着物权的理论与实践。没有所有权，不能进行商品交换，因为处分权“是商品生产经营者在生产中消费物质资料，在经营中处分货币与商品从而实现商品交换的必要前提，商品生产经营者如无此项权能也就不可能进行任何生产经营活动”。[①] 没有所有权，无法建立人格伦理，“因为，所有权为个人自主、独立的前提，任何法律人格之建立无不建立于所有权之上”。[②] 没有所有权，连市场经济的国家也不可能有，因为“近现代国家，是建立于财产私有和社会分工基础上的市场经济国家”。[③] 大陆法系的物权体系和制度，正是这种物权理念的必然结果。然而，现代社会正在发生的一切，不是财产所有权所能容纳和解释的，现代中国并没有必须将所有权视作命根子的客观要求。只要不想当然地认为离开所有

① 彭万林：《民法学》，中国政法大学出版社 1994 年版，第 224 页。
② 梁慧星主编：《中国物权法研究》，法律出版社 1998 年版，第 237 页。
③ 梁慧星主编：《中国物权法研究》，法律出版社 1998 年版，第 235 页。

权什么也干不成,我们就能发现和确立符合现代社会要求的物权理念。

首先,物权是平等的。平等是民法的最基本的理念,作为商品经济在法律上的直接反映,民法以调整平等主体之间的财产关系和人身关系为己任,《民法通则》还将平等写进了基本原则之中。但是,恰恰在物权领域中,平等原则没有得到彻底的贯彻。在所有权中,尤其是在国家所有权、集体所有权和公民个人所有权中,平等经常是一种尺度,但在所有权和其他的物权之间,平等被有意无意地遗忘了。按照所有权派生其他物权的理论,所有权的法律地位当然高于其他的物权,所有权被认为是其他物权的母权,其他的物权不仅时间有限、内容有限、效力有限,而且首先是为了所有权的利益而存在。地上权是双方约定的,对于土地所有权,这只不过是实现土地使用收益的一种方式,只有在这个前提下,才有地上权人以一定的对价使用土地的权利。这种理解成为构筑所有权与地上权关系的指导思想。尽管有学者认为,罗马法的地上权中"被称为'solarium'的年租对于地上权来说似乎也不是实质性的",[①]但从"地上权(superficies)的所有主,即建筑物的所有主,仍然是地皮的所有主,只是允许地上权受益人(superficiario)获得类似于'现状占有(utipossidetis)令状'"[②]中可以看出,被认为他物权中最绝对的地上权,依然是在所有权的阴影之下。母与子的关系,再加上以弹力性解释所有权在其他物权设定后受到的约束,使其他物权根本不可能与所有权平等对话,因此,"所有权君临于全部定限物权之上"[③]。在飘扬着平等旗帜的民法领域中,居然出现了君临天下的事物,其讽刺意义相当扎眼。当然,或可将所有权君临其他物权之语辩解为与平等原则无干,平等原则只是指民事主体的地位平等。然而,民事主体平等怎

① [意]彼德罗·彭梵得:《罗马法教科书》,黄风译,中国政法大学出版社 1992 年版,第 268 页。

② [意]彼德罗·彭梵得:《罗马法教科书》,黄风译,中国政法大学出版社 1992 年版,第 266 页。

③ 陈华彬:《物权法原理》,国家行政学院出版社 1998 年版,第 188 页。

么体现？法律地位是空洞的概念，必须有具体的依托才有实在的意义。民事主体作为权利人时，其平等地位通过其所拥有的权利而得到体现，不能说作为权利主体其意志是自由的，但其所拥有的权利却必须服从于其他人的权利。权利本身就是一种意志，而且是得到法律保障的意志。如果一种权利须服从于另一种权利，权利主体之间就无平等可言，因为俯首称臣的权利不过是称王称霸的权利的一种义务。民法的基本原则绝不仅仅是为了赋予权利主体以一种抽象的地位，而是为了确保权利主体在权利的设定和行使上的意志自由。由此观之，权利主体的平等和权利的平等本质上是一致的，只是表述的角度不同。民事领域中，不仅仅是物权，任何不同权利主体之间的权利都应该平等，这是民法平等原则的必然要求和体现。物权的平等，一是指所有权与其他物权的平等。所有权不具有天然地君临其他物权的地位，不能对其他物权颐指气使，为所欲为，所有权不能支配其他物权。相反，其利益和意志的实现，有赖于充分尊重其他物权的利益和意志。不能允许以牺牲其他物权的方式保护所有权。同样，其他物权也不能欺压所有权，不能损害所有权的利益，不能在其他物权优先的名义下牺牲所有权。剔除人为抬高所有权的因素，实际生活中的所有权和其他物权的关系还是倾向于平等的，即使在大陆法系物权制度中，几乎任何一种他物权都具有一定的对抗所有权的功能：所有人不能随便取消已设定的地上权、地役权、永佃权，不能随便改变他物权人对所有权的义务内容，不能随便处置他物权下的自己财产。这种对抗所有权的功能虽然在立法上、理论上受到严格的限制而且被解释为所有权处于压之则陷、脱之则圆的皮球状态，①毕竟在一定程度上反映了其他物权与所有权在现实中的关系。对抗本身须依托于平等。二是指所有权之间、其他物权之间的平等。我们已知道以前将国家财产、集体财产重于公民个人财产是错误的，我们或许还应该知道在物权中分出优先顺序或将优先顺序作为物权也是错误的。物权是一种

① 陈华彬：《物权法原理》，国家行政学院出版社 1998 年版，第 189 页。

现存的支配力，不是未来的支配力。是物权，一定已有实际的支配事实和关系。优先顺序的本质是排队，排在后的权利其实没有直接支配财产，而仅仅具有支配财产的可能性。只有在前面的权利实现后，才有可能真正支配财产，这样的“物权”实质上不具备物权的要素。而且，前一权利实现后，债务人很可能已一无所有，抵押财产经常不够清偿前一抵押权，后顺序的抵押权没有任何价值和意义，连支配的标的都没有，没有理由称之为物权。各种所有权和其他物权，在不相冲突的范围内按照各自的权限现实地支配着财产，如果发生冲突，必须按一物一权原则作出处理，因而它们能够平等相处。

其次，物权是独立的。这是物权平等的基础和保障。只有在独立的主体或权利之间，才有可能确立和实现相互之间的平等。一切依附关系，不可能也不需要平等，依附一方总要受制于被依附方的需要和意志。坚持物权平等，必然承认物权与物权之间不存在任何形式的命令与服从关系，必然承认任一物权在直接支配财产上具有自主性和排他性，必然抛弃所有权高于其他物权以及一种物权优先于另一种物权的理论。物权独立不仅仅表现在所有权与所有权之间，同样表现在所有权与其他物权之间以及其他物权相互之间，其含义：一是任一物权都是实现物权人自我意志和要求的方式，不受另一物权的支配和干预。物权支配力是同等的，没有高低之分，作为对财产利益的现实支配，物权的自身性质决定了物权不允许支配者上还有支配者。即使是代人理财中，代理人对财产利益的支配也不能认为是由被代理人所控制，代理人有为人理财的意愿，有从事理财活动的独立决策能力，其对被代理人承担的仅仅是法定和约定的义务，不处于随时随地听命于被代理人的地位。二是任一物权都是基于法律的规定或当事人的约定产生的，与另一物权没有任何权利转化的渊源关系。所有权不是其他物权的母权。承租人占有房屋的权利是基于租赁合同及相关法律产生的，与所有权中的占有使用权能毫不相干，所有人以放弃一段时间占有和使用房屋的利益换取租金，是一个典型的交易行为。在市场经济条件下，绝不能将参与交易一方的权利归为另一方权利的派生物，绝不能承认或允许交易一方凌驾于另一方。三是任一物权的效力都来源于法律,即使是合同产生物权,最终意义上也是由法律决定其效力。不同的物权在内容上、适用范围上无论有多大差异,其排他效力无强弱之分,借道他人土地通行的权利在内容上、范围上不能与土地所有权比,但其对义务人的约束力与土地所有权并无不同,其与土地所有权相互予以同等的尊重,受同等的法律保护,因而土地所有人不能阻挠他人的通行。在传统物权理论中,物权独立是不可想象的,但从现代社会出发,物权独立是体现物权平等因而也是体现市场经济的平等、自由、公平等规律和要求的表现。对此,必须予以足够的重视。

这里是与传统物权理论分道扬镳的起点。坚持物权平等独立,意味着不认可所有权至高无上的地位,而仅仅将所有权看成一种普通的物权,这势必导致对传统物权理论的根本否定。毫无疑问,以所有权为中心的传统物权理论与体系之所以经千年而不衰,关键在于人类认同和接受所有权上的崇拜。传统物权理论与体系可以容忍所有权的社会化,但不能弱化所有权,因为所有权再怎么社会化也不影响所有权对其他物权的优越地位;传统物权理论可以允许对所有权作某些限制但不能接受所有权的特定义务,因为所有权的特定义务可能导致其他物权处于与所有权对等的地位。物权法定原则之所以总是被解释为种类法定和内容法定,固然有其便于物权公示、维护第三人的交易安全与利益的原因,但更重要的是所有权系永久、圆满的权利,自无种类和内容需加于规范的问题,只有在利用物权上,唯恐当事人的自由意志使其他物权制度"杂然各异"①,因而必须在种类和内容上实现法定主义。物权法定原则首先为所有权服务。返还原物之诉之所以在物权保护中占有特殊地位,在于这种手段有力地保障了原物所有权人的权益,而原物所有权恰恰是传统物权理论与体系中的一个价值要素,在商品生产、交换和分配中具有特别重要的意义。打破所有权的偶像,传统

① 谢在全:《民法物权论》,中国政法大学出版社 1999 年版,第 41 页。

物权理论与体系不免失去理所当然的含义，促使人们重新审视和讨论以下的一些基本问题：

1. 现代商品交易是否必须以所有权为前提？没有所有权，能不能进行商品交易？长期以来，人们习惯于将商品交易视为让渡商品所有权的活动，因此所有权成为确定商品交易合法性和公平性的关键要素。卖方因为拥有所有权而合法处分其财产，买方因为卖方让渡了所有权而成为新的所有权人，这似乎天经地义。但是，仔细观察我们的生活，并不是任何一位卖方都拥有所有权，也不是任何一位买方都是从原所有权人手中取得所有权。行纪中，行纪人出卖的不是自己的财产，是委托人的财产；拍卖中，委托拍卖或被强制拍卖的财产原属拍卖法律关系以外的人所有；国有企业财产属于国家所有，但国有企业每天都在销售产品，消费者从只有经营权的国有企业手中合法地取得了商品的所有权。这些生活现象不能用偶然或例外加以解释，只能说明：尽管在许多场合、许多情况下，商品交易与所有权连在一起，但商品交易并不非得有所有权不可。事实上，决定商品交易的合法性和公平性不在于卖方有无所有权，而在于是否有权处分。法院拍卖债务人的财产，依据的是司法执行的权力；国有企业出售自己的产品，依据的是经营国有资产的权利。尽管不是所有权人，但他们都是有权处分者。将处分权看成是所有权中最重要的内容不能说不对，只是必须明确，处分权是所有权中的重要权能，但不是所有权的专利。有些权利同样可以具有处分权能，公法上的权力也可能形成处分权，将处分权与所有权等同起来，是一个惯性思维错误。另一方面，作为买方，其对商品所有权的取得不一定要以卖方所有权的让渡为前提。所有权的取得方式各种各样，卖方所有权的让渡仅仅是其中之一。本质上，所有权因为合法原因而产生，只要处分合法，足以使买方获得商品所有权，无须考虑卖方有无所有权让渡的问题。正如传统物权理论中的取得时效那样：占有人在占有期限届满后对所占有的财产拥有所有权，显然不来自原财产所有权人的所有权，而是因为占有事实依照法律规定产生了新的所有权。

商品交易作为一种基本的经济行为,是不同利益主体的独立利益的实现过程。不同利益主体的独立利益具有多样性,并不只是所有权意义上的利益,经营权的利益乃至于公法的利益,同样在商品交易中发挥特定作用。这是商品交易不一定是让渡所有权的经济原因。明确这一点对于处理和解决物权问题具有重要意义,有助于消除传统物权理论与实践中的许多内在的逻辑矛盾。例如,按传统物权理论,消费者从国有企业购买商品,即可以被认定为非法占有,因为国有企业只有经营权而无所有权。但生活中谁也不会这样认为,有关法规在经营权中加上依法处分的内容以保证消费者取得商品所有权。中国关于经营权的立法不仅符合实际生活状况,而且在理论上也是说得通的。不少学者囿于传统物权理论关于商品买卖与所有权理论的观念,不认可国有企业经营权的处分权能,坚持无所有权即无处分权,违背生活经验常识。

2. 现代利益机制是否必须以所有权为轴心?除了所有权,还有没有其他的确权依据?根据所有权决定新的财产利益的归属,一直是传统物权理论的基本准则,即使现代社会已出现许多与之不符合的事实,也没有改变传统物权理论的原则立场。因为房屋不是承租人所有,所以承租人在房屋上所投入的装修等,被认为是房屋的附着物而没有所有权可言,至多只能拆走或要求房屋所有人予以一定补偿,承租人因此处于天然的劣势。实践中,曾有承租人拖欠租金被解除租赁合同最终导致近千万元装修全归出租人所有的判决。因为原材料或资金不是生产经营者所有的,因此产品的所有权通常不归生产经营者所有,即使他们物化在产品中的劳动价值远远超过原材料的价值,他们也只能获得工资或加工费。以往的物质生产主要是利用资源的自然用途,释放财产的原有价值,新增物质财富所占的比重不大,以原有财产所有权作为新财产确权和利益分配的依据,有其历史的合理性。现代社会则不同,简单的物质生产,如果树长果、母牛下崽当然没有什么变化,但在高科技的产业中,物质财富的创造更多地依赖于科学技术、组织管理与营销手段等要素。资金、原材料或其他财产的重要性大大降低,有时甚至仅仅起着启动的作用,投入的财产价值在所产出的物质财富中经常只占不大或很小的比重。以微软公司为例,比尔·盖茨和他的合作伙伴所投入公司的原始资本之小,在其几千亿美元的市值面前根本不值一提,假若当初原始资本是他人提供的,比尔·盖茨对这个公司应不应拥有所有权?显而易见,如果仅凭原始资本的所有权确定公司财产的归属,对于使公司高速发展的技术专家和经营专家极不公平,即使给予高薪,也不一定能够体现经营者、管理者创造性劳动的价值。正因如此,现代经济创造出了给经营专家和技术专家以公司股份作为红利等财产利益分配模式。微软公司出了几百个百万富翁,几乎都以分得股票的方式完成。股份是公司所有权的凭证,给经营专家和技术专家以公司股份,有着深刻的法律意义。这意味着原有财产的所有权不再是确认和分配新的财产利益的唯一依据,经营专家和技术专家可以凭借自己的劳动获得新增财产利益的部分所有权。而这种劳动是对他人财产的占有和创造,是财产利用权利的具体表现,换言之,利用物权可以成为确认非所有权人对新增财产利益拥有一定的所有权的依据。由此可见,生活常常走在我们认识的前面,在我们还拘泥于固有的物权观念时,社会已以自己的方式否定了传统,尽管这种否定是曲折的、隐晦的与个别的。人们一直认为以所有权为确权和分配依据是世上最为公平的,因为原有财产的所有权本身就是社会赋予的公平象征,却没有进一步考虑原有财产不过是人们原有劳动的物化,而利用财产的劳动同样也物化为一定的财产。两者没有本质上的区别。当新增财富远远大于原有财产价值时,将新增财产都归于原有财产的所有权人所有,而只付以不相称的工资或年薪,本身就是无偿占有他人劳动成果,是毫无公平可言的剥削。资本主义是靠原有财产的所有权发展起来的,但今天也已自觉不自觉地意识到了公平的必要和所有权不能解决全部的问题,社会主义的中国更应该重视这一点。

3. 现代法律人格是否必须以所有权为基础?离开所有权,是否就无独立人格?自然人或多或少有归属自己的财产,在这个意义上,所有权与独立人格似乎有本质联系，但这只是就自然人的生存须以一定的生活资料为条件而言的，并不具有法律上的意义。作为商品经济社会的独立人格是以商品生产和交换为行为目的而确立起来的社会关系，和人与自然关系中的主体人格有性质上的不同。基于实现商品生产和交换要求而产生的独立人格，是一种法律价值判断，由法律拟制而成。在自然人上，以年龄和精神状态作为确定自然人独立人格的基本要素；在法人上，以其章程和依法核准或登记的事业范围作为确定法人独立人格的基本要素。由此形成的民事主体权利能力、行为能力和责任能力三项独立人格的法律标志都不以所有权为前提。诚然，自然人和法人的主体地位总与一定的财产相关，尤其是在责任能力上，有无足够的财产通常成为判断一个民事主体有无责任能力及责任能力大小的尺度，但这是一种表面的、直观的联系。虽然破产常常因资不抵债引起，但资不抵债并不意味着必然破产，自然人可以请他人帮助清偿其债务，法人可以通过债务重整或资产重组获得新生，中国不少PT和ST上市公司净资产负值，但挂牌交易或特别转让照样不误，其独立人格并没有受到实质性的影响。由此可见，决定人格的存在与否、独立与否，在于法律的意志本身而不是财产，更不是所有权。

谈论法人的独立财产对于法人独立人格的重要性是必要的，但不能绝对化。法人的独立财产越多，法人越有能力承担民事责任，但不能反过来说，法人的责任能力一定得匹配相应的独立财产。一个注册资金10万元的公司面对一项数百万元的业务，其可能产生的风险责任不是区区10万元可以承担的，难道就不做业务？而且，法人的独立财产不能理解为法人所有的财产，有些法人对其财产拥有所有权如基金会，而大多数法人对其财产只拥有经营权。法人的独立财产仅仅表明一个事实，法人的财产与法人成员、股东和其他法人的财产是分离的。两个自然人投资办一个有限责任公司，不能说公司的财产不属于他们所有，一投资就丧失所有权谁还去投资？只是公司的财产与他们个人的财产已被分离，一旦公司资不抵债，他们无须再以个人财产为公司清偿债务。公司财产的独立意义就在于此。

现代社会法人制度的一切理论与实践，就建立在这样一个简单明了的事实之上。独立就是分离，独立的程度就是分离的程度，这完全取决于法律上的设计和当事人的意愿，与所有权没有任何关系。由此可知，关于股权性质的讨论没有任何意义。有人为了证明股份公司对其财产拥有而且必须拥有所有权，不得不否认股东对股份公司财产的所有权；为了否认股东的所有权，不得不否认股权的所有权性质；为了否认股权的所有权性质，不得不想方设法解释股权为债权或社员权以及其他什么权。至于股权是债权或社员权的说法有什么依据、价值和如何纳入民法权利体系，则无下文。这是一种人为制造出来的麻烦。股权就是股东对公司财产的所有权，公司对公司财产拥有经营权，如此清晰的法律关系没有苛求的余地，如果说实践中发生了什么差错，原因只能是在具体制度的设计和操作上。

上述探讨没有丝毫否认所有权价值和作用的意思，仅仅证明现代社会中许多事情并不是非得所有权不可，其他的物权其实也有类似所有权一样的能力，许多情况下，其他物权同样可以干得很好，问题只在于我们能不能客观地评价和发挥其他物权的作用，有没有必要无端地压抑其他物权并为此对各种生活事实作牵强的解释。既然商品生产和交换的具体实现并不一定以所有权为前提，那么，所有权就没有理由凌驾于其他物权之上，非要将其他物权规制于其所能允许和控制的范围之内不可。物权的平等和独立，说到底不是一种理论假说，而是现代社会的实际生活条件的客观反映，我们只是在发现和描述客观事物的应然性和必要性。因此，物权平等和独立的原则，是最基本的物权价值取向，是重构中国物权制度的基本理念。

三、所有与占有的二元结构

现代社会的财产问题，集中表现于财产归属与财产利用两大范畴，一切财产关系和利益，不外乎财产归属或财产利用的法律表现。人类至今不能解决资源短缺和分配不公的问题，财产归属在社会生存与发展中依然不可或缺。同时，人类已能利用先进的科学技术和组织系统不断提高财产利用的效益，财产利用推动人类的文明和进步的作用日益凸显。财产归属和财产利用谁更重要？这在现代社会中是一个无法肯定也没有必要穷究的问题。财产归属问题的解决能促使财产利用的顺利进行，而财产利用是创造和取得新增财富的基本途径，又会产生新的财产归属问题。我们既不能说财产归属不重要，也不能不承认财产利用的现实价值，只能说财产归属和财产利用对于我们社会是同等的重要。既然如此，就不能总是站在所有权人的立场上考虑财产问题的解决方式，也得设身处地为财产利用人的权益着想，从财产利用的角度上，可以正确了解和处理财产利用所引起的财产关系。财产归属之外，客观存在另一个解决财产问题的中心即财产利用，一个确定财产利用权利义务内容的坐标。因此，中国的物权制度，应是解决财产归属问题和财产利用问题的法律规范的总和，一个财产归属制度和财产利用制度组成的二元结构体系。

这是现代社会财产所有与财产利用高度分离的必然选择。财产所有和财产利用的分离是不可避免的社会现象，问题只在于分离的程度和性质。现代社会财产所有和财产利用的分离程度非以往任何时代所能比拟。随着社会化大生产的历史进程，以公司为基本方式的生产经营组织占据了社会的各个领域，普遍地分离了财产所有和财产利用。无论公司是否为所有权人直接经营，法律上都有着不同于所有权人的人格标志，公司的经营与所有权人的权利因而有了不同的界限。现代社会最为普遍的股份有限公司和有限责任公司，以其无限聚集个人财产的巨大能力，在推动财产所有与财产利用的分离上起到了无与伦比的作用。仅仅在中国两个证券市场中，股票的个人账户最少就有 5000 万个，①股票投资者多少不一的个人财产相当一部分交予上市公司经营。现代社会财产所有与财产利用的分离，是一个财产社会化的客观过程，而不是个别的、偶然的行为。表面看

① 2008 年，中国两个证券市场中的有效账户已突破 1 个亿。参见马方业：《18 年中国股市：风雨中“长大成人”》，载 http//：www. eastmoney. com。

来，所有权人对是否将财产交给他人经营有完全的意志自由，实际上，个人的选择是在一定的社会环境下进行的，意志的自由更多地只具有形式的意义。在投资股份公司或请人代为理财有可能获得较大收益的情况下，所有权人的选择余地其实已经很小，除非对投资收益没有兴趣，否则，所有权人不能不接受和适应社会的投资模式和规则。随着现代科学技术和管理系统的进步和完善，不同形态的财产的相互转换日益频繁和流畅，使得财产所有和财产利用的分离相当方便和安全。丰富、充足的商品和各种现代化的支付手段以及不动产抵押证券之类的创造为不同形态财产的快速转换和保障所有权人利益奠定了现实的基础。一个投资者通常不必关注所投入的现金或实物的下落，手中的股票与其他权属证书不仅确认了所有权人的利益，而且得到社会的保障。需要之时，投资者可以转让这些权属证书以获取相应的现金或实物，在利益受到损害时可以诉请法律保护以得到应有的赔偿。尽管风险在所难免，但已被控制在整个社会的运作和监控系统之中，不再囿于个人之间的信用。一般意义上，无论财产利用如何分离于财产所有，所有权人的财产利益是可以恢复和补偿的。正是有了这样的社会基础，所有权人才能放心地将财产交给他人经营，从而使非所有权人利用他人财产成为现代社会的普遍现象。

现代社会依然不乏所有权人自己利用财产的现象，只是这种现象并不需要物权法予以新的关注。所有权人自己利用财产作为行使所有权的具体表现，其所表现的法律关系依然是所有权人与不特定义务人之间的权利义务关系，没有发生任何的变化。所有权足以说明和解决一切问题。但是，当财产由非所有权人利用时，情况就不同了：首先，出现了所有权人和财产利用人如何相处的问题。财产利用人不是一般的所有权义务主体，作为实际占有和利用财产的人，其不能像一般非所有权人那样只尽不作为义务，而必须恪尽职守地管好所有权人的财产。所有权人也不能像对待一般非所有权人那样随心所欲，其必须承认财产利用人的权益并约束自己的行为。所有权人与一般的非所有权人之间，是特定的权利主体与不特定的义务主体的关系,而所有权人与财产利用人之间,却是互负权利义务的特定主体关系。虽然都因支配财产而发生,但两者的性质和内容完全不同。所有权的原理和规则可以解决所有权人与一般的非所有权人的问题,但不适合所有权人与财产利用人之间的关系。其次,一般的非所有权人在向所有权人履行义务时也碰上了难题。本来一般非所有权人只面对所有权人一个主体,但在财产所有和财产利用主体相分离的情况下,一般非所有权人面对的是所有权人和财产利用人两个主体,其应如何处事在一定条件下会成为一个困难。例如,一般的非所有权人如何才能分辨清楚动产的财产利用人与所有权人?刚刚从邻居家买回一台彩电,就有人声称彩电系其委托邻居保管而前来追索,应该如何处置?显然,这里的权利义务关系不像通常的所有权关系那样简单与明了。如果非所有权人利用他人的财产只是一种个别的、偶然的行为,可以原则上适用所有权规则,个别问题个别处理。动产善意取得制度正是按照这一思维模式设计并用于类似上述事例的。但在非所有权人利用他人财产成为社会的普遍选择时,个别处理的方式不足以有效地、公正地调整日益复杂的财产法律关系。同样是第三人占有所有权人的财产,就因为取得时主观认知性质不同而产生截然不同的法律后果,本身就没有多少道理可言,主观上是否善意是一个人为判断,至少是一个易受人为干扰的判断。因此,现代物权制度必须充分认识财产利用在现代社会中的性质与特点,充分把握财产利用所产生的利益格局的变化,根据财产利用的内在规律和客观要求,妥善地选择和确立财产利用中的权利与义务关系。

以财产利用为中心,可以清晰地看到两种基本的法律关系。

1. 财产利用人作为一个物权人与一切非物权人的关系。无论是谁占有财产,一切非物权人都负有尊重他人财产的义务,任何人均不能以占有财产者不是所有权人为由而妨碍或侵害他人财产。说得绝对一些,即使邻居拥有的是不义之财,你也不能从邻居手中夺占财产。无论财产归谁所有或占有,你都是一个必须尊重他人财产的义务人,没有任何染指财产的权利依据。罗马法的“对于外人是有瑕疵的占有也可以成立”①表的就是这个道理。因此,财产利用人与一切非物权人之间的关系属于财产归属范畴,其本质或基础是财产所有权关系,原则上,所有权是确定和处理财产利用人与一切非物权人之间的关系的基本准则。但问题的复杂性在于,财产利用人毕竟有别于财产所有权人。在财产利用人与财产所有权人对财产的态度一致的情况下,自然不会给非物权人履行义务增加实质性的麻烦,非物权人尊重了财产利用人也就等于尊重了所有权人。但他们内部的意思不相一致时,非物权人就面临着应对谁承担义务以及相关的问题。假若某位财产所有权人声称谁从财产利用人处夺走财产就归谁所有,非物权人是否有权按所有权人的意思行事?认定为有权,可以解释为是所有权人授权使得非物权人对财产利用人不再负有任何义务;认定为无权,则只能从所有权人也不得任意干预财产利用人占有财产权利的角度上作出回答。在现代社会,虽然还没有从法理上透彻地加以说明,但实际生活不允许所有权人如此恣意妄为,即使所有权人将财产所有权移转给了他人,新所有人也得遵守原财产所有权人对财产利用人的承诺。这种情形不仅仅发生于租赁合同,所有权人与他人就所有权人财产的占有和利用所作的一切约定,都必须约束新所有权人,如果所有权人随时可以移转所有权的方式推翻自己对财产利用人的承诺,交易安全和秩序无从谈起。由此看来,妥善调整财产利用人与一切非物权人之间的关系,有所有权的一般规则还不够,必须有一些基于财产利用理由的规则,而且还须将两种规则以恰当的方式结合起来。

2. 财产利用人与财产所有权人之间的关系。财产利用人乃非所有权人中一员,从一般意义上,其对所有权负有的尊重义务不是不可归结到财产归属和所有权之中。但是,可以不等于恰当,事实上,财产利用人与一般

---

① [意]彼德罗·彭梵得:《罗马法教科书》,黄风译,中国政法大学出版社1992年版,第274页。

的非所有权人有着原则性的区别。财产利用人是特定化的所有权义务主体,其所负的不仅仅是不作为义务。所有权人的财产一旦为财产利用人占有和经营,财产利用人就相应承担妥善地占有和经营财产、促使财产保值增值的责任,就必须想方设法尽心尽职地利用财产。任何疏忽或消极的行为都会导致财产利用人对财产所有权人承诺的破灭,从而构成对所有权利益的损害。与之相随,财产利用人拥有的也不是一般非所有权人要求所有权人正当行使所有权之类的权利,而是对财产的现实支配并能在法定或约定的条件下排除所有权人干预的权利。这种权利是以财产所有权人承担相应的义务和责任为基础的,财产所有权人因而由一个较为单纯的权利主体演化为对财产利用负有对等义务的权利主体。财产所有权人和财产利用人所构成的特定主体之间的权利义务关系,完全不能在财产归属和所有权中得到合乎逻辑的解释。

这种关系的现实基础是利益上的互利或双赢。财产利用在现代社会中的独立价值,是随着非所有权人利用他人财产的普及和深化得到显现的。而这种财产利用方式之所以在现代社会中得到充分的发展,以其投入产出上的合理性作为条件,是现代社会社会化生产和专业分工的必然结果。在现代社会,个别财产在社会生产中的价值或作用在不断地降低,所有权人自己利用财产的效益相对走低,如何提高财产资源的利用效益,不仅是社会共同的目标,也是财产所有权人的首要目标。毕竟,财产的不断增值,对于财产所有权人才是最重要的,至于财产由谁利用,是一个需要关心但并非根本的问题。财产由他人经营往往比自己经营更能带来收益时,财产所有权人通常会选择将财产交给其认为值得信任的人经营。美国的投资基金高度发达,不是因为美国人呆到不会买进卖出股票,而在于投资基金拥有的专业证券投资经验和巨大的资金实力,在收益上较有保障,对于大多数投资者,这是风险较小、收益较为稳定而又省心省力的选择。另一方面,理他人之财自己也能发财时,非所有权人通常会积极地经营他人财产,还会千方百计地证明自己是理财的专家。只有卓有成效地利用所有权人财产，财产利用人才能吸引所有权人将财产交给自己经营，并从经营效益中获得自己应得的利益。对于大多数财产利用人，如果预期的利益分成是公平的，在经营所有权人财产时会倾向于尽心尽力。因此，是相互得利吸引着财产所有权人和财产利用人走到一起，携手合作。这种基于实实在在的物质利益形成的合作非常世俗，没有任何浪漫可言。要想取得艾柯卡那样的年薪，就必须创造艾柯卡那样的业绩；要出现艾柯卡那样的业绩，就必须支付艾柯卡那样的年薪。非所有权人利用他人财产，只有能够互利而且确有保障才能维持和发展。正因如此，所有权人也好，财产利用人也好，都不能将自己的意志强加给对方，以损害对方利益的方式谋取自身利益，都不能撇开一方利益谈论和考虑自己的利益。否则，合作的基础会受到损害和破坏。

因而，现代中国需要一个像财产归属制度那样具有高度概括性、普遍性和统一性的财产利用制度。最大限度地合理有效利用财产资源，是现代社会可持续发展的基本内容之一，实现这一点，必须有一个与之适应的财产利用制度，以促进和保障非所有权人利用他人财产。传统物权理论与体系中的财产利用内容零碎、就事论事、缺乏整体意识，没有形成统一的法理和原则，难以适应现代中国的社会需要。现在，中国社会的财产利用关系很多方面处于混乱和不稳定状态，国有企业之一再“一放就乱，一乱就收，一收就死，一死再放”，很大程度上反映了财产利用的无序性和不确定性。许多国有企业被政府部门和官员管死而无所作为，许多国有企业在承包租赁股份制名义下自行其是，损害国家所有权利益。农村家庭联产承包责任制因土地利用关系产生，土地承包经营权本质上属于物权，但法院习惯于以合同原则处理土地承包中的纠纷，动辄以审查合同效力的方式改变土地承包的权利义务。财产利用关系性质不明、地位不定、基本规则不清，必然导致法律保护不力，使得利用财产的当事人心存疑惑和不安，从而影响非所有权人利用他人财产的规模和作用，闲置和浪费财产资源。因此，必须对现实生活中普遍存在的非所有权人利用他人财产的状况予以梳理，把握现代社会财产利用的基本关系和特点，本着充分调动当事人的积极性、公平合理、促进财产资源合理有效利用的原则，明确财产利用的性质、地位、种类和当事人的基本权利义务，在财产所有人和财产利用人之间确立起基本的法律规则，从而构筑统一的、稳定的、普遍适用的财产利用制度。

这是能够做到的。首先，现实生活中的各种各样的财产利用关系及其利益冲突，为分析和归纳财产利用关系的应有内容提供了实证材料。国有企业和土地承包是中国社会财产利用问题中的两大焦点，三十年的中国改革一直在为理顺其中的利益关系而努力，已经有了许多可贵的经验和教训。中国共产党第十五届四中全会的公报和全国人民代表大会对土地承包权的立法修正案，集中表现了中国社会对财产利用关系的关注与理解。在社会生活的各个方面，财产利用问题都以一定的方式存在和反映，租用他人的房屋投资装修办了一个酒楼，酒楼的经营权能不能作为银行贷款的抵押？这一类问题经常出现在实务中。其次，中国的法律政策在探索和规范财产利用关系上作出了一定的努力，已有了一些可资总结提高的财产利用权利规则，《企业法》和《全民所有制工业企业转换经营机制条例》虽然没有成功，但其以法律界定国家所有权和国有企业经营权之间关系的思路十分现代，是一次将经营权加以统一和概括的有益尝试。中国不仅有了经营权的抽象法律定义，而且一些国有资产管理的行政规章出现了占有产权这样崭新的提法；公司法中的公司法人财产权，以其朦胧性为公司的财产利用权利留出了发展的空间。按传统物权理论，上述努力是不规范的，但从新的物权观念出发，这些恰恰是现代中国追求新型物权制度的先声，是生活之树常青的证明。再次，尽管传统物权理论一统天下，中国的物权理论对财产利用的研究也还在不断地扩大和发展，《从归属到利用，兼论所有权理论结构的更新》[1]《占有概念的历史发展与中国占有制度》[2]等论文的

① 吕来明：《从归属到利用，兼论所有权理论结构的更新》，载《法学研究》1991年第6期。
② 孟勤国：《占有概念的历史发展与中国占有制度》，载《中国社会科学》1993年第4期。

问世，表明了人们对财产利用制度的关注。许多学者已将财产利用与财产归属联系在一起，现代社会财产利用的重要性正在得到普遍的认同。现代中国能够在统一的财产利用制度上有所突破、有所成就。最后，传统物权理论与实践对于现代物权制度的建立也极其重要。作为人类法律文明，传统物权理论与实践不仅影响着物权法的历史进程，而且也是现代物权制度建立与发展的必要条件，因为有了传统物权理论与实践，现代中国不需要一切从头做起，大多数的概念、原理和规则是现成的，可进行选择、调整、改造，真正需要创造的并不太多。事实上，现代物权制度的最大难点在于物权的基本观念的更新、物权价值准则的选择、物权法律关系的梳理，至于具体的法律制度的确定，并不是很困难。

综上所述，现代中国物权制度应有独立的财产利用制度。财产利用制度与财产归属制度相互依存、相互作用，平等共处，这是物权制度二元结构的基本定义所在。所谓二元，首先是指物权制度有两个中心：一个是财产归属，一个是财产利用。在财产归属中，法律的中心任务是确立和保障财产所有权人的利益，有关的法律规范都应将所有权利益作为基本的价值取向。在财产利用中，法律的中心任务是确立和保障财产利用人的利益，有关的法律规范都应将利用权利益作为基本的价值取向。其次是指物权制度中存在自成体系的两个部分，一个是财产归属制度，一个是财产利用制度。不同的出发点和归宿点决定了认识问题、解决问题的立场和方法的不同。财产归属规则有自身的理由和特点，财产利用规则也有其特有的内容，作为物权，它们有共同的一面，但更多的是具体规则上的差别，这些差别可以直接体现在内容、结构和功能等方面，从而使规则表现出其所属领域的基本特征，形成财产归属或财产利用的体系。再次是财产归属制度和财产利用制度的相互尊重和利益平衡。财产归属制度必须考虑所有权利益受到损害的可能性和法律救济措施，财产利用制度必须考虑利用权受到侵犯的可能性和法律救济措施。无论哪一方面，都必须同时考虑具体的规则、制度和体系与相对方面的协调与配合，不能走极端而制造和引发不必要的利益冲突。在客观上存在利益冲突时,立法应寻找调和的办法,在无法调和的情况下,还必须在权衡利弊得失之后作出硬性规定。最后是应将全部的物权纳入财产归属和财产利用权利体系之中。英美法系的基于财产的实际利益而设定的各种财产权贯穿的是实用主义精神,不适合长于抽象思维的大陆法系,从成文法体系出发,将各种物权事实和现象予以高度的概括和逻辑分类,是使物权制度既完整严密,又避免烦琐和混乱的基本途径。财产归属和财产利用是物权事实与现象的原生点,足以覆盖整个物权领域,只要在具体操作上不出现失误,就不必有准物权之类的处理办法。

四、财产利用的权利表述

以所有表述财产的归属状态,以所有权表述财产归属的法律性质,是人类法律文明中最为光辉夺目的一页。大陆法系在这一领域中精心耕耘了两千多年,形成了一整套的概念、原理和规则,深刻而完整地表述了财产归属制度,确立了无可替代的历史地位。中国的财产归属制度,是大陆法系所有权制度的延伸,而且已与中国社会融成一体,因此,财产归属制度是现成的,只需作一些必要的调整。但是,对财产利用,现有的法律文明还不能提供比较成熟的内容,他物权的理论和实践不过是一定时代、一定社会对财产利用所作的一些零乱的解释和规定,而中国需要一套与所有权系统一样完整的财产利用制度,需要如所有和所有权那样简洁准确的表述。为此,应该借用和改造大陆法系的占有及其制度。

占有及其制度源于罗马法。罗马法中,占有有多种用词,影响后世的主要是市民法占有中的完全占有。① 这是一种以据为己有意思为要件的对物的实际掌握,依保罗斯(Julius Paulus)的说法:“我们通过握有和意旨取得占有,而不是单凭意旨或握有取得占有。”②罗马法的占有概念,由实际

① 江平、米健:《罗马法基础》,中国政法大学出版社 1987 年版,第 190 页。
② 江平、米健:《罗马法基础》,中国政法大学出版社 1987 年版,第 187 页。

握有的事实和占有人据为己有的意旨所构成,两者缺一不可。只有意旨而无握有,不发生占有,只有握有而无意旨,仅属于持有。所有权人不一定是占有人,因为其不一定实际握有财产,实际握有人也不一定是占有人,因为其不一定有据为己有的意旨,只有既实际握有财产又想将财产据为己有的人,才是占有人。“一个窃贼有市民法上的占有,而一个租借人却只有自然占有”,①就是因为窃贼是为了据为己有,租借人则只是暂时借用他人财产,是一种“无‘占有心素’的单纯持有”②。以占有来概括或表述一定主体对物的实际握有事实及其法律性质,是罗马法学家对人类文明的一个突出贡献。占有首先被限定为握有,表明罗马法时代对占有的理解以事实的直观为基础。当时是私有制形成和发展的重要历史时期,原始社会中部落对土地的自然占有逐渐被赋予私有性质,产生了重新解释自然占有的社会需要,而自然占有的基本性质恰恰是实际握有。与此同时,伴随着私有制而来的最重要的观念之一是所有观念,根据私有制的需要对实际握有进行定性和解释,不能不受所有观念的影响和支配,占有于是被归入财产归属领域而与所有权联系在一起,从而有了据为己有的主观要件。据为己有的意思成为占有的必要条件,限定了占有的适用范围,使之成为一个附属于所有权的问题,因为其他的实际握有都只能被认为是持有,不能说成是占有。

罗马法的占有概念对后世的影响深刻而广泛。德国法学家萨维尼(Savigny)在1803年对占有概念作了几乎与保罗斯同样的表述,并特别指出“意旨”即是据为己有的意思,后人将之称为占有主观说。法国民法典也继承了罗马法的占有概念,其首先在第2228条规定:“对于物件或权利的持有或享有,称为占有,”以此表明占有是一种实际据有的事实,接着在第2230条和第2236条规定“占有人在任何时候均应推定以所有人名义自己

① 瑞安:《财产法中的占有和所有权》,载《外国民法论文选》,中国人民大学法律系民法教研室编,1984年版,第163页。

② [意]彼德罗·彭梵得:《罗马法教科书》,黄风译,中国政法大学出版社1992年版,第273页。

占有,但如证明其开始占有即为他人占有,不在此限”“为他人占有者,不论经过多长的期限,不得因时效而取得所有权”,强调占有必须以据为己有的意思作为主观构成要件。法国民法典的占有规定几乎集中在“时效与占有”编中,表明占有只是所有权取得或所有权推定的一种特定方式。19 世纪末,德国法学家耶林(Jhering)对保罗斯的“意旨”作了解释,认为意旨不是据为己有的意思,而是持有的意思,其基本观点是:虽然物为某人实际掌握仅仅是一种客观事实,本身不产生法律效力或后果,但一旦这一事实是由某人的一定意愿所造成,就成为占有,而这个所谓的“一定意愿”只需以持有某物即可,不必是据为己有。至于如何判别和确定某人有无持有的意思,则应以有无持有行为为依据。① 耶林的理论看似保留了占有概念的主观要件,实际上其所谓的主观要件与客观要件合二为一,因而有关占有和持有的区分是多余的,后人称之为占有客观说。耶林的学说隐含着有无主观要件并不影响占有成立的因素,以后的学者将之放大,表述为占有只是人对物的实际握有,不以任何意思为要件,形成了纯客观说。

占有客观说开创了占有理论发展的新天地。它意味着不仅所有权人而且一切非所有权人都可以成为占有人,从而使占有成为一个客观上与各种民事权利相关联的基本的民法理论问题,而不像过去那样只是一个财产归属领域中的问题。德国民法典和瑞士民法典直接采纳了占有客观说,确立了新的占有概念。德国民法典第 854 条规定:“物的占有,因对物有实际的控制而取得。”瑞士民法典第 919 条规定:“凡对某物有实际支配权的,为该物的占有人。”当然,耶林的占有学说还不是德国、瑞士民事立法的具体方案。德国、瑞士民法典的占有制度是以直接和间接占有制度为主干的,这种双重占有制度是耶林的占有客观说和古日耳曼法中的洛沃尔制度相结合的产物。直接占有是指对物的实际握有的事实状态,除德国民法典第 855 条规定的占有服务人外,任何实际握有人都是直接占有人;间接占有是

① 参见史尚宽:《物权法论》,荣泰印书馆股份有限公司 1957 年版,第 479 页。

指虽无实际据有,但有从直接占有人处收回物的权利,由于这种权利可以使权利人最终或在一定阶段取得物,因而被认为是一种间接的占有状态,权利人也就是间接占有人。“出租人将自己的房屋出租给承租人居住,则承租人为直接占有人,出租人为间接占有人。占有中介关系不一定只是单一层次的关系,如承租人再将租赁物转租时,则原出租人对次承租人也是间接占有人。”①

双重占有制度彻底改变了以罗马法为代表的占有概念,这不仅因为直接占有抛弃了占有的主观构成要件而以实际握有为足,而且也因为间接占有改变了占有的客观构成要件的性质。在罗马法中,占有的客观要件必须是实际握有的事实,由于物只能有一个实际握有,一物就只能有一个占有,丧失握有就失去了占有,这连所有权人也不例外,甲的东西被乙窃取,占有人是乙而不是甲。但在德国民法中,间接占有的形成不是基于实际握有的事实,而是基于能够取回物、支配物的权利,故其客观要件变成了权利存在的事实。因此,间接占有与罗马法的占有有着本质的区别。长期以来,人们对占有是一种事实抑或一种权利争论不休,德国民法似可为双方提供论据,因为直接占有是一种事实,间接占有是一种权利。

直接占有无须据为己有的意思,间接占有无须实际握有的事实,这使得德国、瑞士民法大大地偏离了罗马法的传统。1896 年的日本民法典走的似乎是折中的道路,并形成了自己的占有概念。在日本民法典中,占有被表述为“占有权”。日本民法典第 180 条规定,占有权“因以为自己的意思,事实上支配物而取得”;第 203 条规定:“占有权,因占有人抛弃占有意思或丧失对占有物事实上的支配权而消失,但是,占有人提起占有回收之诉时,不在此限。”可见,日本民法典的占有概念从两个方面承继了以罗马法为代表的占有概念:一是坚持占有应有主观要件,没有占有意思不构成占有;二是坚持占有的客观要件仅仅是实际握有的事实,一物因而也只能有一个占

① 孙宪忠:《德国当代物权法》,法律出版社 1997 年版,第 116 页。

有。然而,两者之间又有一个原则分歧:在日本民法典中,所谓占有的意思并不是据为己有的意思,它包括了各种为自己的利益而占有的意思。因此,诸如因承租、受托而占有他人之物的意思,虽非出于所有的目的,却也是为占有人自己的利益而发生,因而也都属于占有意思。这样一来,罗马法中作为持有人的承租人、借用人、受托人等也都成了占有人。与德国、瑞士民法典殊途同归,日本民法典的占有概念也超越了所有权范围。不仅如此,由于日本民法典以推定有权占有的方式来确认占有,而是否有权占有最终都需以一定的原权如所有权、地上权、承租权等作为合法占有的证明,权利对于占有也就有了特殊意义。因此,如果说德国、瑞士民法典使占有概念由事实性质向权利性质转化,那么日本民法典则完成了这一转化过程。

在占有概念的历史演变过程中,近代大陆法系占有制度中的“占有权”一词值得一议。“占有权”一词孕育于德国民法典的间接占有制度,首见于瑞士民法典,在日本民法典中则成为一个主要法律概念。孙宪忠先生注意到,日本的占有权有两点不符合物权一般性质的“令人不解之处”[①],其实,日本的占有权本来就不是物权意义上的概念,在大陆法系中,占有权从来没有发育成一种单独的物权。迄今为止,将物权分为自物权和他物权仍然是大陆法系民法共同遵循的准则,而他物权从来不包括占有权。从占有权总是与各种占有本权相关来看,占有权是人们将占有看作一种权利状态的结果,是占有概念由事实性质转向权利性质过程中的一种特殊表述。其主要含义有两个方面:首先,占有权倾向于表述占有人实际占有事实的合法性。如果说“占有”一词比较侧重于作为占有的外部或客观特征的实际占有,那么,“占有权”一词则比较侧重于实际握有状态的权利性质。其次,占有权由法律根据实际握有状态推定而来,是占有人有权占有事实的一般表述。至于为何有权占有,则依占有本权不同而各异,有依所有权占有物的,

---

① 参见孙宪忠:《德国当代物权法》,法律出版社 1997 年版,第 106 页。

也有依他物权占有物的。有学者称占有权是所有权的外围工事,①其实何尝不是他物权的外围工事。如果有相反证据证明占有人是非法和恶意占有,占有人就是无权占有。决定和调节占有人与所有权人以及其他非占有人之间关系的不是实际握有事实本身,而是这一事实背后的各种本权,如所有权、他物权。因此,占有权实质上就是有权占有状态。具体地说,占有权是一种举证以前的占有推定,有权占有是一种业经证实的占有认定。有学者意图在占有权和有权占有(占有权利)之间划出原则界限,这种努力很难成功。②

上述可见,大陆法系的占有经历了一个较为复杂的历史演变过程。在这个过程中,有三点值得注意:一是大陆法系的占有概念具有客观性。罗马法的占有概念来自于人们"对实际握有"事实的直观认识,基于实际握有物的人不一定是所有权人这一事实,人们意识到,需要以一种有别于"所有"的概念和制度解决由此可能产生的法律问题,于是产生了占有概念。占有从一开始就是对实际据有事实的描述和定性,因此,大陆法系的各种占有概念尽管在主观要件上分歧深刻,在客观要件上却基本一致。虽然德国、瑞士民法的间接占有将占有客观要件扩大到权利支配力,其毕竟是间接占有,就直接占有而言,其客观要件依然是实际握有的事实。这意味着,占有问题具有客观性和普遍性。二是大陆法系的占有概念依附于所有权。不同的占有概念有着一个共同的基本特征,即都从财产归属的角度看待和规定占有。罗马法、法国民法的占有须以据为己有的意思为要件,占有因而又是所有权取得和存在的一种方式。德国、瑞士、日本民法将占有的主体范围扩大到所有权人以外的一切民事主体,客观上将占有从所有权中解放出来,但就主观选择而言,它们依然是将财产归属作为占有的出发点。

---

① 《财产法在结构上的变化》,龙翼飞译,载《外国民法论文选》,中国人民大学法律系民法教研室编,1984 年版,第 215 页。

② 史尚宽:《物权法论》,荣泰印书馆股份有限公司 1957 年版,第 480 页。

这不仅表现在占有依德国民法典第937条、瑞士民法典第728条、日本民法典第162条均被用于推定所有权的存在和确认所有权的时效取得,而且更表现在除个别情况外,占有均用以处理占有人与所有权人以外的非占有人之间的关系,德国民法典第859~862条的自力救济和占有请求权,瑞士民法典第927~928条的侵夺占有之诉和妨害之诉,日本民法典第198~200条的占有保持之诉、占有保全之诉和占有回收之诉,都是针对所有权人以外的非占有人的。至于占有人与所有权人的关系,主要是由所有权和他物权调整,与占有无内在关系。占有并非物权,却可以也只能对抗所有权人以外的他人,其效力显然不是来自自身,而是来自其背后的他物权,他物权派生于所有权,占有对抗他人的效力归根结底来自所有权。所以,连持客观说的耶林也认为,“占有作为所有权的外部表现受到保护”。① 三是大陆法系的占有概念渗透着私有制的偏见。罗马法正处于原始社会对土地等财富的自然占有向所有权关系演变的历史阶段,为归属而占有是当时社会和个人的首要目标。法国民法典和萨维尼学说诞生于政治革命的硝烟之中,私有财产神圣不可侵犯的追求使得财产归属不能不处于财产问题之首。德国、瑞士、日本民法的私有制社会背景决定了其民法不能摆脱以所有权作为全部财产问题的起点和归宿的基本立场。占有,作为对财产的实际控制和支配,不能不服务于财产所有权。正因如此,占有在大陆法系民法中被扭曲了,至今没有充分地展现和发挥其应有的作用。事实上,将占有问题归入财产归属领域并不符合占有问题的实际情况。占有和所有权在客观上没有必然联系,因为尽管所有权人占有财产是所有权的一种表现,但所有权的效力从来不以占有为先决条件,所有权人占有财产也不发生比所有权更为复杂的关系。占有问题之所以复杂,恰恰在占有人是非所有权人的情况之下,而非所有权人占有财产属于财产利用范畴。将占有局

---

① 瑞安:《财产法中的占有和所有权》,载《外国民法论文选》,中国人民大学法律系民法教研室编,1984年版,第165页。

限于所有权之中，显然是一个思维上的错误。

至此，现代中国有理由重新认识和解释占有。一方面，应当承认大陆法系对占有概念的客观性的把握。将实际握有财产的客观事实定性和表述为占有，是罗马人智慧和创造力的又一杰作。占有在表述人对物的实际掌握或控制上，极其简练和传神，没有其他的表述比占有更为得当，据有、持有之类的表述总给人以意犹未尽的感觉。占有概念的悠久历史，是以占有概念的客观性为基本线索的，应该得到延续和光大。另一方面，应该摆脱大陆法系对占有作用的束缚。以占有解决某些财产归属的问题，是大材小用，浪费资源。所有权中，体现不出占有的价值，占有也不是因为所有权而成为物权法不可缺少的部分。无论是所有权人还是非所有人利用财产，都必须先占有财产，这是一个不言自明、不可回避的事实。作为财产利用所必备的自然条件，占有因财产利用而成为一切财产利用活动的起点，由此生长出这样那样的财产利用关系。财产归属不一定要有占有，无论财产在天涯海角，财产的归属状态和所有权不受影响。财产利用则必须依赖占有，没有占有，财产利用就无从谈起，也就没有财产利用关系。占有与财产利用的不可分性，决定了占有是一切财产利用关系的支点。因此，与其说占有是所有权的外部表现，不如说占有是财产利用关系的外部表现。

基于上述认识，物权二元结构体系中，以占有表述财产利用状态，以占有权表述财产利用权利。

以占有表述财产利用状态，是将占有的事实性质和主观因素加以区别的结果。大陆法系物权制度中，占有的事实性质和对占有的理解与选择混合在一起，使占有概念或多或少地掺有人为的因素。撇掉人为的成分，占有一直是实际握有财产事实的表述，这一点是正确把握占有的过去和未来的关键。要真正实现占有的价值，必须回到占有的客观属性之上，将占有作为一个事实而不是权利。财产利用首先是人们为满足自身需要而按照财产的性能进行生产、流通和消费的活动，是一个事实过程或客观状态，应该有一个不掺有主观因素的表述。占有作为财产利用的基本要素，应该是一个客观事实的概念。以占有表述财产利用状态,既反映了财产利用与占有的天然联系,又恢复了占有的本来面目,是一个较为合理的选择。需要指出的是,从广义上,占有可以表述为一定主体实际掌握财产的事实状态,是一定主体对财产的自然支配或控制关系,但是,所有权人自己占有财产,财产利用与财产所有合二为一,没有超出财产归属的范围,也没有须从财产利用的角度考虑和解决的问题,仅仅是一个占有的事实。因而,有必要将占有狭义为非所有权人实际掌握他人财产的事实状态、非所有权人对他人财产的自然支配或控制关系,以便清晰地区分财产归属和财产利用两大范畴,避免占有概念及其使用上可能产生的歧义。

占有,专属于财产利用领域,是构建财产利用制度的一个基本概念。首先,占有将是占有权产生、变更和消灭的法律事实。不是任何占有都能产生占有权,偷或抢所形成的占有不可能产生占有权。但是,没有占有就没有占有权。这是因为财产利用权利的存在和实现,都出于财产利用目的,因而,必须拥有占有。占有事实形成之前,只有一种以法律事实或当事人约定占有财产的可能性。占有事实消灭之后,占有财产的权利已无法实现财产利用的目的,失去存在的价值。其次,占有将是确定相关民事义务和责任的事实依据。占有事实不仅是财产利用关系中各方当事人的坐标,而且也是确定非法占有的义务与责任的依据。非法占有与合法占有相对,也是一种非所有权人占有他人财产的事实。实践中,非法占有的情况相当复杂,不同情况和性质的非法占有,应负的民事责任也有显著的差别,需要在财产利用制度中得到反映和解决。

以占有权表述财产利用权利,意味着抛弃大陆法系物权制度中的他物权概念。他物权不仅缺乏表现权利性质的具体内容,而且在偏见中蒙受了难以抹去的历史尘垢,与现代社会所要求的财产利用权利格格不入。仅仅因为其指明了权利主体的特点而用以表述财产利用权利,将不可避免地纠缠于如何辨别此他物权、彼他物权。与其不停地解释财产利用权利与大陆法系他物权之间的差别,不如一开始就选择一个意义明确的表述。占有权概念也是大陆法系物权制度创造出来的，但在大陆法系物权制度下未发育成形。这一表述对于构建现代社会的财产利用制度，极有价值。占有权，因占有事实而产生和存在的物权，准确地反映了这种物权的性质和内容。是占有而不是所有，意味着占有权不是所有权，从逻辑上，只能是非所有权人占有他人财产，因为所有权人占有自己财产的情形，在所有权的范围之内，只能称之为占有权能。占有是一切财产利用关系的支点，以此作为财产利用权利的主要特征，体现出高度的概括性和普遍性，无论是哪一种财产利用关系，都能抽象为一定的占有权利与义务，从而使财产利用权利及其制度也能统一在共同原理和权利体系之下。所有权其实也有各种各样的情形，众多的权能正是所有权在具体条件下的具体表现，但由于有了所有权原理的抽象和统一，所有权制度得以成为一个井然有序的体系。财产利用，只要不满足于零零碎碎的他物权，就必须有一个像所有权那样的表述统率财产利用权利。而且，占有和占有权，所有和所有权，作为一组相对的概念，在分别表述财产利用及其制度和财产归属及其制度上，具有言简意赅的特点，在某种意义上，这种对称性本身就体现了二元的意义。

在这里，占有权绝不只是一个概念或意义不清的表述，而是一种独立的民事权利，一种与所有权并驾齐驱的物权，一种在位阶上仅次于物权的财产利用权利。占有权是各种具体的财产利用关系的反映和抽象，由各种财产利用关系的共性所构成，其基本原理和内容，决定和影响着不同的财产利用权利的性质和效力。中国目前存在的土地使用权、土地承包经营权、国有企业经营权、矿产资源开发权等，都是占有权在不同条件下的具体形式或表现。无论它们之间有如何的差异，总归表现出非所有人占有和利用所有权人财产的基本特点，总归存在占有人与所有权人和所有权人以外的非占有人的双重关系，总归要有相应的平衡和保护各方当事人利益的规则。这是将具体的财产利用权利统一为占有权的依据，是占有权制度形成和发展的基础，也是为长期以来浪费占有权这一资源而遗憾的理由。

第三章

研判物权基本问题

一、物权性质与效力

大陆法系物权制度，依例不作物权定义。物权含义，任由学者说明与发挥。由于基本点相同，学者的物权定义虽有差异，基本意思趋于一致，如谢在全先生列出的二十余种物权定义以及陈华彬先生所作的归类。总体而言，物权是一种对物予以直接支配的权利。这也许正是物权法无须规定物权定义的原因。这里的物权，从大的方面，没有超出物权的一般范畴，但在较为具体的层次上，有一定的不同。基于对物和物权范围与作用的独特理解，本书将物权定义为：一定的权利主体直接支配一定财产利益并有排他效力的权利。与一般的物权定义比较，这一定义有以下特点：

1. 以一定财产利益替代以往的有体物、无体物。物权的客体当然是物，但这里所指的，不是有体物、无体物意义上的物。有体物、无体物仅仅反映物的外部特征，不能揭示物的内在本质，而且关于无体物的解释问题颇多，权利被归入无体物，导致了权利与权利客体的混淆。物之所以具有物权客体的价值与意义，在于其拥有的价值与使用价值，即财产利益，无论具体财产的形状、种类、位置如何，对于物权人，都意味着财产上的利益。

现代社会的物权客体价值化是一个公认的事实,这一事实是物权客体本质在社会发展过程中逐渐显露的结果,从财产利益的意义上理解物权较之以财产形态更为合理和贴近生活。

物要能为物权人支配,须具有特定性和独立性。[①] 物的特定性和独立性,并非一成不变,从法律意义上,特定不特定,独立不独立,取决于人们的主观判断。如果人们认定一套家具是特定的、独立的,并据此占有和买卖,那么,物权的客体是这套家具而非其中的一把椅子,尽管任何一把椅子在自然意义上都是独立的、特定的,反之,如果交易的是一把椅子,那么,这把椅子就是一个完整的物权客体,与其他的椅子毫不相干,尽管在自然意义上其仅仅是一套家具中的一把椅子。"是否独立成为一物……应从能否满足人们的生活需要、经济观念及依特别法的规定予以判定。如胶鞋必须是一双,一只胶鞋,因不能独立满足人们的生活需要,故不能称之为物。"[②]这并不准确。胶鞋之所以是一双,只是人们都这样认为,而不是人们必须这样认为。脚有残疾者去定做一只鞋子,就一只鞋子进行交易,能不承认买卖双方对这只鞋子的所有权吗?物的特定性、独立性总是与特定的行为及其背景连在一起。由此看来,财产利益完全可以特定化和独立化,其一般的价值形态,丝毫不影响其成为物权客体。股份、企业资产,这些生活事实足以说明这一点。

财产利益的特定化和独立化,取决于两个基本要素:一是当事人之间的认同,二是法律的认可。在许多财产中划出能为物权人支配的一块,首先得由当事人作出决定。当一个人决定卖掉一把椅子而有人愿意买,意味着物权的客体已特定到这把椅子上,这把椅子的所有权已从整套家具的所有权中分割出来成为独立的物权客体。同理,一位股东将部分股票转让给他人,转让部分因从全部股票中分离出来而呈现特定性、独立性。同时,这

① 关于"物",可参见孟勤国:《论"一物"》,载《河南省政法管理干部学院学报》2005年第4期。

② 陈华彬:《物权法原理》,国家行政学院出版社1998年版,第54页。

种决定还必须得到法律的承认和许可，在法律不给半个房间进行产权登记的条件下，即使当事人之间愿意，半个房间也不能成为物权的客体。法律的态度来自社会共同生活形成的价值判断。建筑物区分所有权的出现，并不基于所有权本身，而仅仅是现代生活造就了多数权利人共同居住在一个建筑物内的事实，因而需要明确划分权利人对其居住那一部分房屋的支配范围，而在过去，建筑物是作为一个不可分物而存在的。从不可区分到可以区分，是实际生活条件变化之使然。为维持正常的财产关系和秩序，一般而言，对社会生活有重要意义的财产，只能依据实际生活的需要由法律作出规定，不允许当事人的任性，符合法律的要求，才能成为物权的客体；对一般财产，法律的承认和识别方式是不作为，不违反法律的规定即可成为物权的客体。

2. 准确理解直接支配的含义。一般认为，直接支配是物权人无须他人意志或行为介入即能实现对标的物的管领处分。① 这一解释甚至在实物财产中也不见得圆满。返还原物之诉是怎么发生的？不就是他人不肯履行返还原物的协助义务吗？如果他人乖乖地交回财产，还要什么返还原物之诉？其实，物权无须他人意志或行为介入，只适合于所有权人自己占有一定实物的场合。当标的物是有价证券时、财产为他人占有时、数个物权人对同一财产有不同物权时，肯定要有他人的意志或行为的介入才能实现对标的物的管领和处分。因此，是否需要他人的意志或行为的介入，并非直接支配的本质所在，不然，财产一旦被抵押或质押，所有权人不经抵押权人或质权人的协助，根本就不可能转让抵押物或质押物的所有权，所有权岂不是失去了直接支配的性质？无论财产的管领和处分是否需要他人的协助，物权永远是一种直接支配的权利。这是因物权人与一定的财产利益之间的特定关系而产生的。法律赋予物权人对一定财产利益的自始至终的控制力，其基本含义在于不管财产处于何种状态，物权人都与财产有权利

① 梁慧星主编:《中国物权法研究》,法律出版社 1998 年版,第 22 页。

义务上的关联性,能够实施直接影响一定财产利益地位和命运的行为。使用某一物品或到银行提取存款,仅仅是支配形式上的问题。

直接支配首先是一种可以识别的人与物之间的关系。在罗马法和法国民法中,这种关系以物权人实际握有具体的物件或权利的事实而被识别。有了德国民法的直接占有和间接占有制度,识别的对象不再限于实际握有的状态而拓展到了权利上的联系。一个人虽然没有实际握有某一财产,但在法律上拥有一定的权利,如间接占有人有权收回直接占有人占有的财产,那么,这个人与某一财产的关系也是存在的而且可被识别。人与物之间存在可识别的关系,是物权人能够直接支配物的客观条件,也是物权及其制度得以存在和发展的基础。这一点必须明确,因为在苏联的法学思想的影响下,在物权中提及人与物之间的关系一直被误解和批判,直至1997年,还有人嘲笑笔者将物权关系误作了人与物之间的关系。① 这位先生似乎不懂,即使在罗马法时代,也没有人说物权关系不是人与人之间的关系,但人与人之间的关系是如何表现出来的?恰恰必须通过人与物的关系!在物权领域,没有人与物的关系,就没有人与人之间的关系,看不到或弄不清人与物的关系,根本就无法真正理解物权中的人与人之间的关系。以往的有关直接支配的解释总给人以隔靴搔痒的感觉,是因为没有切中这一痒点。

直接支配同时是物权人实施某种作用于物的行为的独立选择权和决定权。在法律或合同允许的范围内,物权人有权决定对物采取何种态度和措施,无须以征得他人同意为前提。是自己吃一筐鸡蛋还是背到圩市换一些盐巴,是让后人继承家产还是赠给慈善事业,在承包的土地上种香蕉还是甘蔗,只要不妨碍他人,不损害他人利益,都是物权人自己的事,与他人无涉。在财产归属领域,物权人独立作出决定的空间广阔,在财产利用领域,则相对有限,但在性质上并无差异,都涉及财产的地位与命运的安排。

① 左羽书生:《所有权的意义——兼与孟勤国教授商榷》,载《现代法学》1997年第2期。

必须指出,直接支配表明的是物权人有权这样做,不涉及实际能否这样做和能否实现的问题。大雪封山,去不了圩市,或到了圩市,没人要鸡蛋,这些事经常发生,但与直接支配与否毫不相干。物权的实现在许多情况下需要他人的协助或客观条件的配合,但这种协助和配合与合同中的义务履行完全不同,在法律和合同要求他人协作的情况下,物权人有权提出协作的条件和内容,并根据对方的接受程度作出相应的反应。提示承兑、提示付款的票据行为,典型地反映了票据持有人对票据财产利益的控制与支配力。买方不能单方指令卖方将标的物直接交给第三人,物权人却能以物权移转的方式要求占有财产的人将财产直接交给第三人,这里都存在他人协作不协作的问题,区别就在于卖方不负有协作的合同义务,而占有人负有协作的物权义务,这就是直接支配的法律价值所在。

因此,直接支配既不能简单地等同于实际握有财产的事实状态,也不能撇开实际握有财产泛泛地谈论支配力。作为物权法的一个特有概念,直接支配是事实状态与权利的有机结合,体现物权人对一定财产的合法的控制状态,任何将支配的事实与支配的权利加以区分,指望在直接支配和支配力中划出界限的想法都是幼稚的。从某种意义上说,支配与支配力是一回事,只是支配力偏重于表述直接支配的权利性质而已。

3. 全面认识排他效力。依通说,排他效力是指已存在的物权具有排除互不相容物权再行成立之效力。① 同一标的物上,只能有一个所有权,以占有为内容的同样性质的定限物权,除地役权外,也只能有一个,②同一内容的定限物权如抵押权也须分出先后次序。这种理解来自罗马法"所有权遍及全部,不得属于两人"之法则,因而物权排他效力有强弱之分③之说。然而,物权的排他效力不等同于所有权的排他效力,以后者作为理解排他效力的出发点必然片面。承租人的房屋使用权能不能对出租人的房屋所有

① 参见谢在全:《民法物权论》,中国政法大学出版社 1999 年版,第 31 页。
② 参见梁慧星主编:《中国物权法研究》,法律出版社 1998 年版,第 78 页。
③ 参见谢在全:《民法物权论》,中国政法大学出版社 1999 年版,第 32 页。

权产生排他效力？从出租人不能随意收回或出入房屋的生活事实中，不难得出肯定的结论。显然，通说中的排他效力，难以解释和容纳这种事实。已存在的物权排除互不相容的物权再行成立，仅仅是排他效力的内容之一。物权的排他效力，是物权的直接支配性质所延伸出来的法律效力。从物权人对一定的财产利益具有独立的选择权和决定权中，可以体会出物权具有排除他人不当干预和不当拒绝的作用，这种作用为法律所认可，从而产生排他的效力。

排他效力是物权人排除非物权人不当干预、不当拒绝其物权存在和实现的效力。这一定义包含着三层意思：首先是权利主体的唯一性。不论是所有权、占有权还是某一具体物权，物权人只有一个或一方（共同拥有物权），除此以外，其他人都是非物权人。从占有权的角度，所有权人也是非物权人，只是其与一般的非物权人有所不同；从所有权的角度，占有权人当然也是非物权人，尽管其与一般的非物权人也有不同；相对于这个所有权，拥有那个所有权的人同样是非物权人。非物权人必须结合具体的物权才能确定，先确定是什么物权，而后才有相应的非物权人。有农村土地承包经营权才有农村集体经济组织和其他非承包经营权人的地位和义务，而农村土地所有权使得承包农户和其他人成为土地所有权的义务人。其次是物权之间的不兼容性。物权不能允许与自己一样的物权在相同的时间和空间中存在，对自己的同类具有天然的排斥性。多个所有权不能存在于同一标的物上，不是因为所有权的排他效力特别强，而是因为已有的所有权不能容忍另一个所有权的存在。占有权也一样，内容和范围相同的权利不能共处，不然就会因相互对抗而混乱。特定时空关系中的同一标的物上，其实只能有一个所有权，一个占有权，如果同一所有权的标的物被分割占有，在特定部分上只能有一个占有权。最后是物权的对抗性。任何一种物权都具有对抗其他物权和排除妨害与干扰的功能。对于某一物权而言，其他物权人也是非物权人，不仅不得妨碍和干扰某一物权的存在和实现，而且还负有尊重某一物权的义务。不能允许拥有物权的人如所有权人随意干涉他人的物权,不然他人的物权因失去直接支配的本质而不再是物权。德国民法中的占有服务关系之所以不构成占有,就是因为占有服务人是为了占有人利益,完全听从占有人的指示而存在。必须将一种物权对另一物权所负的义务和一种物权受另一种物权的干预区分开来,前者是一种双务性质的关系,即根据法律或合同的规定,我的物权是你的义务,我的义务是你的物权;后者是一种服从性质上的关系,即你得听我的。除我应负的义务以外,我的物权不因为你的物权存在而受到影响,在我的物权支配范围中,我的物权是独一无二的,不允许任何人以任何理由不当干预、不当拒绝,否则我将诉之于法律。

简言之,排他效力一是表示同一标的物上,不存在多个所有权,也不许存在内容相同、时空位置相同的占有权;二是表示同一标的物上存在的物权在各自的范围内独立自主,任一物权不受其他物权的不当干预和不当拒绝,能排除其他物权侵入自己的权利范围;三是任一物权都能要求非物权人履行一定的义务,作为的或不作为的,当非物权人不履行相应的义务时,即构成对物权的侵害。物权人有权依物权保护的方法排除对物权的侵害。标的物上只有一个物权时,排他效力用于对抗一般非物权人;存在多个物权时,排他效力不仅用于对抗一般非物权人,而且还对抗特定的非物权人即另一物权的权利主体。这种对抗不能理解为不同物权之间的排他效力相互冲突,因为物权的排他效力只针对负有义务的人,不针对与其内容和性质、范围不相同的物权。在这个物权中是权利主体,在另一物权中是义务主体的情形,是两个独立的物权关系所产生的,与买卖合同中的交付商品和支付货币的互为对价的情形完全不同。

上述三点对准确把握物权的一般属性具有重要意义。特定性、独立性、直接支配性和排他效力,从不同的角度展示了物权的基本性质。特定性、独立性侧重于物权客体,直接支配性侧重于物权主体,排他效力侧重于物权内容,但它们之间是相互包容、相互作用的。特定性、独立性说明了物的可直接支配性,直接支配性要求物必须特定化、独立化,而排他效力说到底是直接支配性和特定性、独立性的效力表现。这个性质表明而且足以表现物权作为支配权的基本内涵。没有必要在物权的性质和效力上予以过多的描绘。不厌其烦地讲四点法律特征、六点物权性质和三点物权效力，哪一点超出特定性和独立性、直接支配性和排他效力？将物权的基本属性变化得五彩缤纷，显学问状，但时而说排他效力，时而说排他性，这里说直接支配物的权利，那里说直接支配性，总有点像魔术师。传统物权理论有此爱好和专长，如优先权及优先效力，追及权及追及效力乃至于物上请求权。

优先权或优先效力，是传统物权理论津津乐道的物权原理之一。奇怪的是，在如何理解优先权上，却有三种观点：优先权是指物权具有比债权优先行使的效力；优先权是指一种物权优先于另一种物权；优先权是指物权优先于债权和一种物权优先于另一种物权。且不说三种不同的说法本身就说明优先权没有能够统一认识的客观基础，即使其中的任何一种，也经不起具体的分析。

1. 物权优先于债权，论者解释为"同一标的物上既有物权，也有债权时，无论物权成立于债权之前或之后，物权均有优先于债权的效力"。① 这一说法的前提是债权也可直接设定于物之上，然而，这违背物权和债权的常识。虽然不少人认为债权客体除了行为，也可包括物和智力成果，但从债权的定义可知，债权与物并无直接的联系。债权人永远只能请求债务人履行交付耕牛或房屋的义务，不能去债务人家中强拉耕牛或强占房屋，因为债权人对耕牛和房屋没有任何支配的权利，是债务人欠债，而不是耕牛或房屋欠债。如果债权直接设立于物上，耕牛死了，房屋塌了，债权是否该随之消灭？是否还能再要求债务人以其他财产予以清偿？这是一个将债权客体与债之标的物混在一起而产生的错误，是逻辑思维缺乏足够缜密的表现。陈华彬先生以一物两卖作为例证，完全是出于误解。一物两卖，先

① 陈华彬：《物权法原理》，国家行政学院出版社 1998 年版，第 94 页。

取得物之所有权者优先于先订合同者,这不是物权优先于债权,而是先履行的债权优先于未履行的债权。先履行的债权优先于未履行的债权是商品交易的自然规律,已出卖的商品又出卖并交付给第三人,不承认先交付优先于未交付可能导致一连串的交易无效,无端引起交易混乱和增加交易成本,因而,从稳定交易预期和保障交易安全出发,一般情况下,先履行的债权优先于未履行的债权。这也符合债权的相对性,两个买方之间不存在相互尊重对方买受权的义务,只能依谁先履行确定谁有权取得标的物,得不到物的买方只能追究卖方的违约责任。陈华彬先生又举了抵押权等例子,但担保权是否为物权,本身就值得探讨,即使算物权,也不过是起了确保其所担保的债权优先于一般债权受偿的作用,就其本质,依然是有担保的债权优先于一般债权,同样属于债权顺序优先的范畴而非物权优先。物权与债权,不处于同一客体之中,不在同一时空位置之中,永远没有机会相互冲突,因而不存在谁为先的问题。物权领域不需要先论证物权优先于债权,然后又列举债权优先于物权的特例。

2. 物权相互间的优先效力,论者解释为"以物权成立的时间先后决定效力的孰先孰后,称为'时间在先,权利在先'的原则"。[①] 这一说法的前提必须是物权之间存在内容和效力互不相容的事实。如果没有冲突或者可以协调,何来谁先谁后?根据一物一权原则,物权法不允许出现互不相容的物权,如果出现了,一定是立法上或实务上出了问题,需要做的是正本清源,消除混乱,而不是确定哪个物权优先。一物只有一所有权,所有权领域自不存在物权相互优先的问题;定限物权已被论者作为例外,不论何时设定,都优先于所有权,[②]自然也不用操心何者为先。在定限物权中,一物一权原则决定了内容相同的用益物权不能并存,而不同种类的用益物权相互

---

① 陈华彬:《物权法原理》,国家行政学院出版社 1998 年版,第 93 页。

② 其实也不存在定限物权优于所有权的问题,所有权之所以不能干预定限物权,是因为所有权人对定限物权负有某种义务,这种义务使得所有人只能在约定或法定的情形下行使所有权。

之间也不发生非此即彼的冲突，如占有和收益。担保物权中，质押、留置须以占有为条件，不形成权利重叠，由于对不动产的严格区分和管理，动产质押、留置与不动产抵押事实上也不会相互冲突。这样，剩下来的也就是重复抵押似乎是设立在先权利在先了。但细细想来，多个抵押权看上去设立于同一标的物，其实，后设立的抵押标的实际上是前次抵押所剩的余值，而非前次抵押的财产价值。在这个意义上，多个抵押权也是设定于不同的标的之上。而且，在某些抵押可不经登记时，设立在先不一定权利在先，因为有登记在先、权利在先的规则。至于说"后成立的物权害及于先成立的物权时，后成立的物权将因先成立的物权的实行而被排斥或消灭"[①]，论者举了同一土地上设定抵押权后不复设定基地使用权的例子，也是理解上的偏差。这不是物权相互优先的问题，而是因为后设定物权本身附条件。抵押权行使了，基地使用权就消灭；抵押权不行使，基地使用权就存在，如此而已。

3. 追及权或追及效力，是"指物权成立后，其标的物不论辗转至何人之手，物权的权利人均得追及物之所在，而直接支配其物"。[②] 有的学者认为，追及权是一项独立的物权效力，还有一些学者认为，追及权"是物权请求权之一侧面"，没有必要单列。[③] 从追及权的定义中可以看出，这实际上是物权的直接支配性和排他效力的一种具体表现。既然物权是物权人与一定财产利益之间的特定联系，那么，无论这个财产利益辗转何处，为何人占有，物权人始终拥有控制和决定的权利。当财产被非法占有或其他情形出现时，物权人依法律规定向占有财产的第三人主张权利，是物权排他效力之必然。追及权只是形象地表现上述情况，没有新的内容和价值。问题在于，追及权的定义突出了物权客体的实物形态，以强调原物的可追及作为表述的基础，本身就带有片面性。追及权有误导人们任何时候都可追及

① 陈华彬：《物权法原理》，国家行政学院出版社 1998 年版，第 93 页。
② 陈华彬：《物权法原理》，国家行政学院出版社 1998 年版，第 95 页。
③ 陈华彬：《物权法原理》，国家行政学院出版社 1998 年版，第 96 页。

原物的作用,以追及权替代物权的排他效力,反而使原本准确的含义发生偏差。画虎不成反类犬。

4.物上请求权,又称为物权请求权、妨碍排除力等。依通说,这是指有排除他人各种妨碍恢复物权圆满支配状态的权利。德国民法典始有这一概念,并确定了返还请求权、除去侵害请求权、不作为请求权等物上请求权之内容,后为瑞士民法、日本民法、中国台湾地区"民法"效仿,因而被推崇为"近现代大陆法系民法一项重要概念,是物权法的重要组成部分之一"①"必将为我国民法理论与物权立法所承认和确立"。② 然而,物上请求权真的那么重要吗?首先,从物上请求权的基本含义和内容看,物上请求权不是一种独立于物权的权利,其所表示的不过是物权在受到或可能受到侵害时可以选择的具体保护方法,从根本上说,是物权的直接支配性和排他效力的体现。③ 不采纳物上请求权,绝不意味着物权人不能主张返还财产、除去侵害和要求他人不作为;采纳了物上请求权,也没有使物权的恢复或保护有了新的手段和作用。只要是物权,就必然有物上请求权所包含的那些效力,这是物权的本质所决定的。所谓"法律乃赋予物权以物权请求权的效力"④之说,是将物上请求权看成了游离于物权之外的权利,仿佛世上还存在没有物上请求权的物权似的。物上请求权在本质上与物权无异,这就意味着物权并不一定非要表述为物上请求权不可,或者说,没有采纳物上请求权的必然理由。

物上请求权的价值,主要在于其明确地提出和分类了物权内在的效力和保护方法,使物权在逻辑上显示了清晰的条理。而且,正如以物权行为配套债权行为使法律行为有理由抽象为总则内容一样,物上请求权有配套债权请求权使请求权制度相对独立的作用,迎合了德国民法典作为一部概

---

① 陈华彬:《物权法原理》,国家行政学院出版社 1998 年版,第 97 页。
② 陈华彬:《物权法原理》,国家行政学院出版社 1998 年版,第 99 页。
③ 陈华彬:《物权法原理》,国家行政学院出版社 1998 年版,第 98 页。
④ 陈华彬:《物权法原理》,国家行政学院出版社 1998 年版,第 98 页。

念化的法典范例所特有的立法理念和技术的要求。这也可以成为采纳物上请求权的理由，但必须明确是可以选择而不是必须选择。与此同时，物上请求权所带来的认识混乱不可忽视。仅仅是物上请求权的性质，就有五种不同的学说，[①]不仅有物上请求权派生于物权的说法，而且还有将物上请求权视为债权或准债权，有学者否定了五种学说后也没了主张，只好说物上请求权为物权派生，但在一定界限内亦可以用债权处理方式处置。[②]可见，尽管许多物权法著作中关于物上请求权的论述很占一些篇幅，在物上请求权之特点与性质上有不少独到见解，但最终还是没有谁能说清楚物上请求权。

物上请求权与物权本为一体，仅仅是从物权保护的角度结合具体的保护方法提出物上请求权，怎么可能说清楚物上请求权不同于物权？说不清楚，作用又不大，不应该为中国物权理论与实践所采纳。让法典条理化、逻辑化，除了物上请求权，应该还有其他的办法和途径，没有必要将原本简单的物权性质和效力人为地复杂化。有必要指出，认为物上请求权系"基于物权而生的一项独立请求权"[③]相当武断。独立的权利，必有独立转让的性质，物上请求权不能脱离物权而转让给第三人的事实，足以证明其绝非独立的权利。试问，在物上请求权独立以后，物权自身还有没有物上请求权？若有，是否意味着物权可以不断地再生物上请求权，若没有，物权一旦受到侵犯，如何保护，是否还要请已独立出去的物上请求权回来救济？法国民法典没有物上请求权，也没有听说日子过不下去，既然如此，中国为什么一定要有物上请求权呢？

相比之下，优先权、追及权和物上请求权的提法还不算太离谱，其毕竟多多少少体现了传统物权理论力图将物权的基本性质演化为较为直观的权利或效力的努力，虽然效果不佳，却还有一定的逻辑思路可言。而另一

---

① 陈华彬：《物权法原理》，国家行政学院出版社 1998 年版，第 99 页。
② 陈华彬：《物权法原理》，国家行政学院出版社 1998 年版，第 100 页。
③ 陈华彬：《物权法原理》，国家行政学院出版社 1998 年版，第 103 页。

些提法连基本的逻辑都不讲，一味地堆砌所谓物权的性质。某些学者所谓的六点物权性质，可为典范，其所列者：直接支配性、独立性或排他性、对世性、绝对性及不可侵犯性、追及性、公示性、独立处分性，皆为生拉硬凑。对世性、绝对性据说是“对任何人均有其效力，于受他人侵害时，物权人得主张物上请求权，排除他人侵害，以回复物权应有的圆满状态”。[①] 这不就是直接支配性和排他性的具体表现！不可侵犯性似乎是说物权不可侵犯，其他的民事权利可以侵犯，但学者不是也承认债权不可侵犯吗？何以认为不可侵犯性是物权的属性！物权需经公示是物权拥有排他效力的法定要求，不知何故也变成了物权的属性。如果物权天生就有公示的性质和效力，何来未经公示的抵押权不得对抗第三人之说？独立处分权也非物权独有，债权人放弃债权，难道不是独立处分？怎么肯定“独立处分性实为物权的一项特性”[②]？我们应该知道，只有物权独有的性质才能算是物权的本质属性，因为本质属性是事物彼此区别的反映和表现。

对物权性质和效力的认识和研究，是为了准确把握物权的本质与规律。力求简明地凸显物权的基本属性和效力应是物权理论研究的一个原则。讲得多并不一定能讲清楚，许多时候是越描越黑。物权的性质和效力被塞进那么多的枝枝节节、似是而非的东西，极易分散人们的注意力，增加理解物权的难度，引发不必要的认识混乱。中国现行法律既然还没有优先权、追及权、物上请求权等说法，就没有必要引进这些事实上没有多大价值的概念，以使中国未来的物权法通俗易懂一些。只要把握了物权是一种直接支配一定财产利益并且有排他效力的权利，立法和司法就能做其应该做的事了。

二、物权设立与原则

当事人在一定的物上为自己或他人设定物权，导致物权的产生。物权

① 陈华彬：《物权法原理》，国家行政学院出版社 1998 年版，第 6 页。
② 陈华彬：《物权法原理》，国家行政学院出版社 1998 年版，第 9 页。

设定上，存在极其强烈的国家意志，集中表现为物权法定原则。一般认为，物权法定是指有关物权事项只能严格遵循法律规定，当事人不得创设或变更物权种类、内容、效力和公示方法等。其中物权种类法定、物权内容法定、物权取得方式法定，均用于物权设定的强制性规则。物权法定为大陆法系物权制度之一贯立场。之所以如此，除了一些历史原因外，从根本上说是物权性质和效力所决定。物权的直接支配性和排他性针对一切知道或不知道物权存在的非物权人。一切非物权人对物权的义务由于物权的存在而产生，与非物权人愿不愿意无关，如果当事人可以任意创设物权，非物权人就处于一种天然的劣势地位。为避免滥设物权损害他人利益，以法律规制物权的设定，势在必行。强制规范物权的类型、内容、取得方式等，既满足了物权排他效力的客观要求，又确保了非物权人的合法权益，从而实现物权人与非物权人之间的利益平衡。完全可以说，没有大陆法系的物权概念，就没有物权法定主义；没有物权法定主义，大陆法系的物权概念就得不到推行。中国物权法也要实行物权法定，这不容置疑。但是，物权法定本身有一个如何把握的问题，法定哪些方面，法定到何种程度，需要认真探讨，这涉及物权法定的宽严限度。

物权法定之法的范围，即哪些法律或社会规范可以对物权事项作出规定，一直是学者争议的问题。立法机关制定的法律，包括物权法和其他部门法，通常不在话下，而行政规章、司法解释、政策乃至于习惯，在不在其中，就有不同看法。综观学者的观点，无论分歧多大，有一点是共同的，都立足于宪法意义展开讨论，即依据宪法上的立法权限和法的类别与效力说明和选择物权法定之法。这当然有其自身的理由，但不符合物权法定对法的要求和目的。我们知道，物权法定是为了规范物权，确立有序的物权体系和物权秩序，保证物权制度内部的和谐和完整，而不是为了分出哪些物权可有效力或哪些更有效力。宪法意义上的法律类别只能解决规则的效力及其高低的问题，不能解决物权法需要的物权设置上的合理性和逻辑性的问题。以宪法上的法律类别作为确立物权法定之法的依据，文不对题。

依据宪法,行政法规的级别效力远低于法律,但行政法规经常规定一些似物权又不似物权的权利,如国有资产管理中的占有产权、矿产资源管理中的采矿权。说其是物权,带有极强的行政许可或授权的内容;说不是,确实也有实际支配资产的一面,物权立法接不接纳,都很为难。依据宪法,中共中央的政策文件不属于法律,但长期以来,农村土地承包经营权一直以中共中央的三个一号文件作为依据,就其性质和作用,不能说不是物权,物权法若不认可,未免过于迂腐,脱离实际。从物权法定的本意出发,物权法定之法的选择和确定是与如何规范物权联系在一起,并不需要宪法效力作为判别依据。总而言之,只要能切实起到规范物权的作用,司法解释、政策和惯例可以成为物权法定之法,反之,法律和行政法规可以不是物权法定之法。

物权法应当依照自身的要求和特点选择确立物权法定之法。作为物权法定之法,须有三个基本条件,缺一不可:一是已经形成为一种社会规则。规范社会成员的活动和行为,是法的基本要义,规范的作用和效力或有不同,但约束社会成员于一定的秩序之中,是法和其他社会规则的基本功能和特征。没有这种功能和特征的学说、对策或其他,不是社会规则。实际具备了这种功能和特征的,即使在规则形式上不甚完备,也不影响其成为社会规则,中共中央的许多政策文件应属于这一类。① 二是能够通行除港澳台以外的全国。社会规则的成分复杂,适用范围不一,只有那些已经或能够使全体社会成员都受到约束的社会规则,才能为物权法所接受。一个国家的物权必须是统一的。如果允许某个少数民族地区依其习惯创设某种物权,物权法定的价值和意义将荡然无存。三是符合物权法理。创设物权不应成为一种随心所欲的行为,国家必须在遵循物权法内在规则和

① 20世纪90年代初期我在《天津社会科学》上发表过三篇关于政策法的论文,其中一个核心观点是中国的部分政策具有法律的内容和功能。参见《天津社会科学》1990年第1期《关于政策法的若干问题研究》、1991年第6期《论政策法在当代中国的历史必然》、1993年第1期《论中国双轨法制一元化》。

要求的前提下从事社会规则的创造或总结。科学的物权法理，作为物权法的规律和要求上的体现，应该成为最基本的判别标准。符合科学的物权法理，首先意味着所创设之物权具备物权的基本性质和功能，能在物权法原理中得到较为充分和全面的理解；同时还意味着所创设的物权能够和谐地融入物权体系之中，是一种非有不可、功能上不能为其他物权所替代的物权。物权法定之法的选择和确立，首先有赖于物权立法本身，在制定中国物权法时，应考虑在物权法中明确规定哪些社会规则符合哪些条件，可以作为物权法定依据。这并不是说其所认定的社会规则，如习惯，本身就成了法律，而只是表明物权法认可这些社会规则产生的物权有合法效力，这种效力最终来自于物权法。因此，不涉及违反宪法的法律类别及效力的问题。同时，也有赖于司法活动，最高人民法院可以司法解释的方式，将符合社会规则的如中共中央政策认定为物权法定之法。

另一个问题是物权法定到何种程度。非依法律规定不得创设物权，仅仅是说明物权的渊源，没有反映创设物权中如何把握法定的深度和广度。物权种类法定，是指一般的分类还是具体到每一物权？物权内容法定，仅限于物权基本权利还是包括全部的权利义务？物权取得方式法定，是否意味着法无明文规定者不属物权？前者可称为相对或宽松的法定主义，后者可称为绝对或严格的法定主义。一般而言，相对或宽松的法定主义较为现实，绝对的或严格的法定主义虽然可以实行，但弊端也显而易见：一是立法时并不能完全准确把握现实和未来的社会需求。立法者的认识水平以及各种外在干扰，使得立法常有不当和遗憾之处，听一听余延满先生批评据称为专家立法杰作的合同法，可知立法要做到科学和完备何等不易；二是即使立法甚为妥当，社会生活的变化也能造成法律规定与社会生活脱节。虽然有修改法律或加之以特别法等消除弊端之策，但无论从法律的特定性、严肃性还是从实际操作的可能性上，都不是经常或随时可以适用的。

在相对的或宽松的法定主义下，应该得到规定的物权种类主要是那些能够包括普通的物权现象而且支撑着物权体系的物权类型。所有权和占有权,分别表现了财产归属权利和财产利用权利,任何一种具体的物权,都可列于所有权或占有权之下,都可据此得到有序的排列和梳理,这是物权体系的基本脉络。动产物权和不动产物权,分别表现了因财产性质和用途产生的不同操作规则,任何一种具体物权,都存在因客体的原因而须以不同方法运作的要求,这是物权体系的运作机制。还可以规定一些在社会生活中已经稳定和成熟的具体物权。在所有权下,可以有国家所有权、集体所有权、公民个人所有权,也可以规定股权、票据持有权、信息专有权等。在占有权下,可以规定土地使用权、资源占用权、资产经营权等。在选择和规定具体物权时,应考虑具体物权在社会生活中的使用频率。总体而言,具体物权应该是择要式的而非清单式的,类似于有名合同不排除无名合同。同时,应该得到规定的物权内容主要是物权的支配范围。一般情况下的所有权支配和排他性只受一些合理的法律和公共利益的限制,但在共有、相邻和财产为他人合法占有的情况下,所有权的支配范围和排他对象具有某种特定性,应有一些相应的法律规定,如共有人处分共有财产、相邻人所有权上的法定负担、所有人对占有权的特定义务等。占有权,因为总要面对所有权,客观上需要法律对占有权与所有权的相互关系以一个基本的定位和处理原则,且由于占有原因和目的的不同,具体的占有权在支配范围上颇有差别,也要求法律给予相应的界定。

物权的支配范围往往通过物权的各种权能表现出来,一项物权可表现的权能多少一定程度上说明物权的支配空间大小,尤其是在占有权中,有什么权能往往表明了占有权的界限。但是必须注意,支配范围与权能不能画等号,除非法律或合同有明确限定物权只能表现为什么权能,不可认为物权不能表现为其他未有规定的权能。物权法对物权的权能的规定,原则上只能看作列举常见的权能。物权的基本权利义务是所有权、占有权或某一具体物权的基本性质和功能的反映,勾画出物权法律关系的基本轮廓,从而区别出此物权与彼物权的不同。因此,对于规定在物权法中的物权,应对其基本的权利义务作出规定,以便当事人具体设定物权时有所遵循。

同时，物权取得须有合法依据，所谓合法依据，无非是法律、政策有规定和当事人有约定。依法律、政策取得物权，须有明文规定，如先占、时效、强制拍卖等，至于规定出于何处，不应苛求，有法律按法律，没有法律也可按国家政策。法律和政策或有冲突，应不影响物权取得的合法性，辨别哪些应为合法依据的责任，不应落在当事人身上。当事人约定取得物权，只要不违反法律、政策的禁止性规定，即为合法依据。从尊重当事人的意思表示和自由处分的角度出发，限制或禁止当事人约定取得物权的事由应严格控制。

物权法定原则有明文规定于民法典中的如日本、德国和中国台湾地区，也有以其内容体现原则者，如法国、瑞士、奥地利。无论采用何种方式，中国物权法在物权法定上应明确以下几点：一是物权不得由当事人自由创设或变更，物权的创设或变更须以法律或其他符合物权法规定的社会规则作为依据，物权法以外的社会规则所创设的物权不得与物权法中的物权相冲突；二是物权法关于物权种类内容、取得方式等已有明确规定者，当事人必须遵守，不得约定改变或规避，当事人约定物权法未作规定的物权事项，须符合物权法的基本原理，不与物权法的规定发生隐性或显性的抵触；三是在可选择的物权事项中，当事人须在物权法中作第一选择，物权法确无相同或类似规定时，当事人可另行选择，但不得违背物权法的基本宗旨和原则。相对的或宽松的法定主义不表现为允许当事人不遵守物权法的规定，物权法既然作了规定，就不能由当事人任意改变或违反。相对的或宽松的法定主义，集中体现于物权立法的这个环节，是指物权法的规定不能过于细节和极端，不能不给当事人留出一定的活动空间。

物权法定原则为当事人设定物权提供了基本的行为准则，但具体到某一物权的设立，还须有当事人的意志和行为。这有两种情况：一种是物权设立仅须物权人的意思和行为，不必有非物权人的同意、协助和配合。在所有权的原始取得中，这种形式相当普遍，如生产、没收。以物权人的意思行为设置物权，须具备两点：一是物权人依物权法的有关规定直接设立物权。因为这里只有一方当事人的意志,而且这个意志最终要转化为另一方当事人的义务,有物权法上的规定作为依据,才能维系物权的正当性和权威性。作为非物权人,其或许知道或许不知道物权的设立过程,但都得履行非物权人的义务。在这种情况下,唯一正当的理由就是物权法上有规定。因此,有先占规定,才有物权人先占取得物权的可能性,也只有符合先占的条件,才有先占取得物权的合法性。捡破烂讲先占,但捡到钱,哪怕是在垃圾堆中也不能只讲先占,其中的区别全在于物权法如何理解和界定先占。二是物权人为自己取得物权而设立物权。为他人取得物权而设立物权,总须依赖他人的意思和行为,只有为自己取得物权,才能依据物权法的规定直接在物上设立自己的物权。产品所有权通常归生产者所有,如果不归生产者所有或部分所有,必然存在生产者与他人之间的某种利益关系,这种利益关系,显然不是物权人单方可以摆平的,总要以约定或法定的方式加以平衡。另一种是物权设立须有物权人和特定的非物权人的意思和行为。产品或利益的分配导致财产的共有或各自的所有权归属,为财产利用目的而产生的法定或约定的占有权,都是物权人和特定非物权人共同参与的结果。在约定设立的物权中,各方当事人的意思表示一致,在物权的内容、期限和行使方式等方面,起着决定性作用;在法定设立的物权中,特定非物权人的特定义务的履行是物权实现的必要条件。特定的非物权人能够而且必须参与物权设定,是因为其本身就对一定的物拥有某种利益。其与物权人在同一物上互为特定的非物权人,所有权人是占有人的特定非物权人,占有人是所有权人的特定非物权人。

当事人设立物权的意思和行为在实践中逐渐形成许多相对固定的物权设立方式。传统物权理论一般称为物权的取得方式,并给予原始取得与继受取得之分。在物权设立阶段,其实不存在继受取得的问题。在自己的土地上为他人设立的物权,在传统物权理论中他人是继受取得,因为其物权来自于所有权权能的转化,但依据物权独立的原则,这一物权并非所有权的派生或转化,而是依据法律或合同产生,是初次的。物权从无到有,与其说成是物权取得，不如说成是物权设立更为准确，因为物权取得总悬着从哪儿取得的疑问，物权设立则明确表明物权产生的事实。物权设立和物权变动有区别，前者是从无到有的过程，后者是已有的发生了某种变化。传统物权理论中，物权变动包括物权的设立、变更和终止，在逻辑上不顺。物权设立方式，有些为物权法所规定，有些为社会生活之惯例，主要有：

1. 先占，“系以所有之意思，占有无主之动产，而取得所有权之事实”①。先占，在罗马法时代是重要的物权设定方式，在近代民法中也受重视，但在现代民法中，先占却不再有昔日的辉煌。这是因为，现代社会中，能够先占的财产范围大大缩小。无主的土地和其他不动产几乎没有了，即使有，也是归国家所有；遗失物、埋藏物要归还原主或交公；野生动植物不是随便可以先占的，有动植物保护条例；捕鱼、采矿，要经过国家有关部门的许可。实际上，能先占的，几乎只剩下抛弃物，而且还得看抛弃是否有正当理由，对被恶意抛弃的国有资产就不能先占。但不管怎样，先占作为一种物权设立方式应该得到认可。一大堆废弃的矿渣摆在路边，有人拉去填个坑，于社会、于他人都有利，不承认其先占取得矿渣的所有权或占有权，谁敢去拉矿渣？说不准就惹出一场官司。然而，先占所设立的不一定限于所有权，如果先占人只想取得无主物的占有权，有何不可？除了无主物，遗失物、埋藏物未必不可适用先占。遗失物、埋藏物在交给失主或有关部门之前，拾得人、发现人凭什么占有？之后又凭什么取得酬金？这需要相应的权利依据，以便拾得人、发现人有权对抗他人争夺和主张报酬。而谁先拾得、谁先发现，无疑是确定拾得人、发现人及其权利的最自然、最公平的尺度。扩大先占的适用范围，可以使先占这种古老的物权设立方式获得新的活力。由此而言，先占，应该定义为物权人在无主物、遗失物和埋藏物上先行设定所有权或占有权的行为，其构成要件为：先行占有无主物、遗失物和埋藏物；所占有的物不违反法律政策和公共利益；为自己取得所有权或

① 谢在全：《民法物权论》，中国政法大学出版社 1999 年版，第 233 页。

占有权而占有无主物、遗失物和埋藏物。

2. 生产，“通过人的劳动攫取自然物，创造社会财富的过程。生产的产品无论是其形体还是使用价值和价值皆非生产前可比，是一种新物”①。一般认为，生产是所有权的设定方式，“由于产品是生产资料和劳动力结合的产物……通常由生产资料的所有人和生产者享有所有权”②。但是，生产作为物权设定方式，其意义并不如此简单。在生产资料所有权人和生产者同一的情况下，生产者为自己生产的目的十分明晰，生产的事实足以表明产品为生产者所有，但在生产资料所有权人和生产者不同的情况下，生产不仅是形成产品所有权的事实，而且还具有占有权设定的作用。因为，对外而言，产品所有权归属于生产资料所有权人还是归属于生产者并不重要，一般非物权人总归要承认和尊重产品的所有权，但对内而言，产品所有权归属于谁，不是生产本身所能确定的，须有其他的确权依据。在这里，生产只能证明生产者对产品的占有是合法的，拥有占有权。因此，生产作为物权设定方式，依生产者和生产资料所有者是否同一的事实，具有不同的性质和意义。在农业经济时代，生产作为所有权的确权形式较为普遍。而在现代社会，既有个体或家庭企业，更有大量的所有者与经营者相分离的公司等，生产具有所有权设定和占有权设定的双重意义。

3. 添附，“是指不同所有人的物合并在一起而形成不可分离的物或具有新质的物”③。添附有混合、附合、加工三种形式，无论哪一种，都是因为添附后的物无法分离或虽可分离但将严重损害物的价值而成为物权设立的方式。添附因当事人的意志或当事人意志以外的事由而发生，添附形成的物不同于添附以前的物，即使是同质的物，如米或酒，也因数量上的差别而成为新物，因此存在添附之物的物权设立问题。与生产有所不同，添附在任何时候都不能单独形成所有权，因为添附是不同所有人之物的合成，

---

① 马俊驹、余延满：《民法原论》，法律出版社 1998 年版，第 394 页。
② 马俊驹、余延满：《民法原论》，法律出版社 1998 年版，第 394 页。
③ 马俊驹、余延满：《民法原论》，法律出版社 1998 年版，第 396 页。

在客观上有如何确认所有权归属的问题。添附之物归谁所有,无法从添附本身得以说明,必须借助于当事人的约定或法律规定的确权原则,如按原物价值大小、按原物或不动产的归属、按加工的原材料的归属等。但添附在任何时候都能确认占有权,在客观上有一个非所有权人占有他人原物的问题。添附是合法占有添附之物的一个事实依据。

4. 制单,系指签发票据或制作具有物权效力的单据或凭证。票据和具有物权效力的单证如提单、仓单、存单,一般而言,是所有人原有财产的价值转换,但与原有财产没有物权上的继承关系。因为这些票据和单证的制作须以法律规定的方式进行,而且由于其通常可以背书或交付转让,从流通的角度上,须以无因性切断原有财产与票据单证之间的权利联系,使得票据和单证所标明的物权具有独立的地位和作用。制作票据和单证是设立物权的行为,只要制作合乎法律规定的形式、内容要求和法定的程序,就能创设票据和单证的权利。至于有无真实的财产价值支撑单证,一般情况下不影响票据和单证的物权效力。制单所设立的权利通常是所有权,但也有占有权,如车票、船票、飞机票。一般认为车票、船票等是运输合同的凭证,体现的是合同权利,其实,车票、船票的本质在于物权人有权使用一定的运输工具,运输合同只是车票、船票权利的基础关系。

5. 协议,指当事人就设定物权达成的一致的真实意思。协议是物权设立最为普遍的原因,大多数物权设立行为表现为当事人的一致的意思表示。以协议设定物权,有两种基本情况:一是当事人就财产利益的分配和划分达成协议,从而在各自取得的财产利益上设定所有权或形成共有。当一个投资者和一个经营者就公司的利润达成七三的分配协议时,意味着经营者对利润的三成所有权得到了确定,当加工人和定作人就加工物归属于加工人达成协议时,加工人对加工物的所有权也是由协议而不是添附的事实产生。二是当事人就一定的财产的经营或使用达成协议,确立起经营人或使用人对所有人财产的占有权。购买上市公司的股票意味着自己确认了上市公司对自己财产的经营权利。在借用、租赁这些法律上被认为是债权的合同中，同样能够看到合同确立了借用人、租赁人使用他人财产的合法权利的事实，交付租赁物、借用物之前可认其为债权，但在借用人、租赁人占有了财产之后，不承认其为物权于情于理不通。协议设立物权与物权法定原则不相冲突，因为协议须在物权法定原则范围内进行。

6. 法定取得，指物权人依据法定事由取得物权。物权法中的时效取得，继承法中的遗产取得，刑法中的没收取得，均属于取得物权的法定事由。只要法定事由出现，物权人即可取得物之所有权或占有权。法定取得，不以原有物权存在与否为前提。事实上，在大多数情况下，原有物权总是存在的。所有人不明不等于没有所有人，没收和继承取得的是被没收人和被继承人的财产。但是，在法定事由下，物权人以一定行为重新设定了所有权或强制设定占有权。法定事由是法律为解决一些特殊的财产问题而设立的，有的是出于稳定一定的民事法律关系考虑，有的是为了维护社会的交易安全，有的则是为了避免财产归属与利用上的冲突，以相对公正的标准确定给特定的主体。法定事由赋予特定主体以取得财产的权利，但本身还不是物权设立行为，有法定事由而不实施一定的取得行为，不产生特定主体的所有权或占有权。因此，法定取得也须有当事人设定物权的意志和行为。一般认为，法定取得用于确定一定财产的所有权归属，实际上也可以此设定一些财产的占有权。法定事由的选择和法定取得的功能，完全是基于实际生活需要确定的，并没有必须这样、不能那样可言，只要能解决实际问题，法定取得用于占有权未尝不可。例如，依法定经营权说，国有企业法人的成立就是国有企业取得法定经营权的法定事由。

物权设定上，大陆法系物权制度一直坚持一物一权主义："法律禁止在同一客体物上同时设立两个以上内容相冲突的物权。"①大陆法系物权制度的形成和发展，以其特有的物权概念为基础，物权具有的直接支配性和排他效力，决定了一物只能一权。直接支配性表明物权人在行使物权时的

① 马俊驹、余延满：《民法原论》，法律出版社 1998 年版，第 347 页。

独立意志、独立行为，要实现这一点，其物权必须具有排他性，不仅是排除他人的不当干预、不当拒绝，而且，同一物上不能有与物权人直接支配物的权利相冲突的物权。如果一个物上同时存在两个所有权，其中任何一个无法排除另一个的存在，就不可能实现独立意志、独立行为。一个所有权人准备出售财产，另一个所有权人要自己使用，最后只能是谁也搞不成。因此，大陆法系物权制度宁可以共有制度解决多个所有权人的现实问题，也不给多个所有权人一人一个所有权。王利明先生将排他效力表述为一物一权，"所谓物权的排他效力是指同一物之上不得成立两个所有权或成立两个在内容上相互矛盾的物权。正是物权所具有的排他的效力，也决定了一物一权规则的产生"。[①] 除非否认物权的排他效力，否则就不能放弃一物一权主义。在一物一权上有任何的松动，意味着物权的排他效力已有问题，否定一物一权即否定物权的排他效力也即否定物权概念本身。由此而言，没有一物一权精神的"物权"绝不是大陆法系物权制度的物权。一物一权，极其准确和形象地点明了大陆法系物权制度与英美法系财产制度的根本区别。

中国物权法在体系上属于大陆法系，坚持一物一权主义不应成为问题，然而，最近居然有人主张中国物权法放弃一物一权主义。一方面全盘移植大陆法系的物权制度，同时塞进与大陆法系物权概念相冲突的一物多权主义，不顾两者能否相容，不是缺乏逻辑知识，说破了，是为了所谓的法人所有权。20 世纪 80 年代末以来，一直有国家拥有终极所有权或股权，国有企业拥有法人所有权的主张。这一主张不能为一物一权所容纳，有责任心的学者即便倾向于双重所有权的存在，也还认为，"传统的一物一权规则并没有也不需要放弃。上述双重所有只不过是一物一权的例外现象"。[②] 因为不能自圆其说就打烂一物一权的框框，无视整个物权制度的安危，实

① 王利明：《物权法论》，中国政法大学出版社 1998 年版，第 125 页。
② 王利明：《物权法论》，中国政法大学出版社 1998 年版，第 127 页。

用主义倾向过于明显。必须看到,股权与公司法人财产权的关系或者国家与国有企业财产权的关系至今没有得到妥善解决,根子不在一物一权主义,而在于传统物权理念和体系。

一物一权原则的具体适用常常涉及对一物的理解和认定。物权的效力遍及物之全部,是物权领域的又一定律。即使是按份共有,也不是指一个共有人的物权效力只及于其份额。共有人擅自处理自己份额之所以构成对其他共有人权利的侵害,是因为尽管只有一定份额,但其共有的物权是就全部财产而言的。当出现财产的添附、集合或分立时,"一物"的具体范围发生了变化。一物的确定不是一物一权原则所能解决的,属于物权客体的特定化和独立化的问题,因此,一物一权的价值,不在于指导人们如何确定一物,而在于指导人们在达成有关一物的共识后如何认识和安排内容不相冲突的物权,预防和解决内容相冲突的物权并存于一物的情形和纠纷。对此,王利明先生举了个例子:将某房屋出租给他人,在其之上设定租赁权以后,不得再在该物之上设立典权,因为租赁权和典权都要移转占有,即由出租人或出典人移转占有给承租人或典权人,如果承租人占有了该房屋,则典权人不能再占有该房屋,所以租赁权和典权是相互矛盾的。[①] 贯彻一物一权原则,理论上排除了物权冲突的可能性,因而无须一个物权优先于另一物权的规则。实务上一个物权否决另一个不该有的物权,同样也不需要一个物权优先另一个物权的规则。在这个意义上,一物一权不仅仅是一个物权设定之操作原则,也是物权一般原理,其对物权制度的影响是广泛而深刻的,其中包括交易安全的作用:"由于一物一权,遂间接使得物权易于公示,交易之安全因而获得确保。"[②]

物权设定离不开物权公示。物权公示是指以一定的方法向社会公开显示物权的存在,使公众能够知晓谁有物权、有何物权。"物权公示"是大

---

① 王利明:《物权法论》,中国政法大学出版社 1998 年版,第 26 页。
② 谢在全:《民法物权论》,中国政法大学出版社 1999 年版,第 19 页。

陆法系物权法的基本制度之一，是物权本质的必然要求。要让非物权人尊重物权并履行物权义务，就得让义务人知道物权存在的具体状态。非物权人是不特定的，从理论上说，世上除了物权人，任何人都是物权的义务主体。因此，只能以向社会公开显示物权的方式传达物权信息。物权公示，系非物权人知晓物权存在并履行义务的基本途径，同时，也告诉人们不得再设立与公示物权相冲突的物权。因此，尽管对物权公示的效力，有德国的生效要件主义、法国的对抗要件主义和瑞士的抽象主义之说，但就其基本的价值和作用，是要解决一个确定和保障物权排他效力的问题。王利明先生举了一个一屋两卖的例子后说："我认为由于两项房屋买卖合同订立后，都未登记，因此乙丙享有的都是债权而不是所有权。"[①]此话揭示了物权公示对物权设置的重要性。

物权公示须以一定的方式进行。自罗马法以来，物权公示方法固定在动产占有和不动产登记之上。动产占有是占有人实际握有动产的状态，是占有人对动产拥有物权的外部标识。物权的直接支配和排他效力以及由此产生的人与人之间的关系，通过一定主体对动产的实际握有的事实表现出来。因此，占有是其物权存在的基本形式。对于动产，占有几乎是证明物权的最充分、最直接的证据。绝大多数情况下，动产的物权是依靠占有的事实推定而成的。拾荒者会自然而然地认可最先拾到破烂的同伴的权利，他们的竞争只在于谁先去翻、谁先翻到。一个生产者对产品的所有权并不需要特别证明，生产过程足以证明生产者有权取得产品。即使知道财产不是占有人的，人们通常也会认为占有人有权占有财产，只要自己不是物权人，就没有理由、一般也不会要求占有人证明自己的物权。非物权人将占有人当成所有人那样尊重，并没有实质意义上的不同，也不因此有新的义务负担。如果拾荒者、生产者、占有人失去对财产的占有，一切就会变得复杂起来，以什么证据证明是他们设立和拥有物权而不是他人将成为争

---

① 王利明：《物权法论》，中国政法大学出版社 1998 年版，第 16 页。

议的问题。因此,在物权法中,只能奉行“除非有相反的证据,动产的物权属于占有人”的准则。

不动产登记是物权人拥有不动产物权的法定标识。登记是一种国家意志行为,具有最公开、最有效力的物权公示作用。毫无疑问,经登记的不动产物权拥有最为充分的排他效力,但是,不能反过来说,登记是不动产物权唯一的公示方法。报建手续齐备的自建房屋虽然未办理产权登记,仍为自建人的财产,自建人的占有权利依然受法律保护。按规定房屋租赁应办理登记,若未办理也不能说租赁权不能对抗他人。这些还是物权,也需要公示,只是采用了占有的方法而不是登记。不动产登记是国家对重要的生产资料和生活资料予以管理的一种方式,如何登记是以达到管理目的为标准,不是不动产所有的事项都需要登记。一般而言,不动产所有权必须登记,不登记者不产生所有权。不动产占有权有登记的,也有不登记的,依法应登记而不登记者可承担行政法律责任,但仍是物权。这是因为,所有权不登记将使不动产的转让处于一种无序的状态,而不动产占有权一般只涉及不动产使用,无处分不动产本身的内容,不登记对不动产的秩序不产生大的影响。物权法可以规定,未经登记的不动产物权不具有处分的权能,以占有为公示方式。自建人在未办所有权登记之前不具有所有权人的地位,应视为以非所有权人身份占有归宿未定的财产,只拥有占有权,不得出租或出卖房屋。承租人未办理租赁登记也只能自己使用而不能转租转借房屋。简言之,未登记的不动产物权不能丧失占有。

三、物权移转与公示

物权的设立标志着一定财产法律关系的形成和确立。相对于其他民事权利,物权较为稳定和持久,但在社会生活中,总还会发生变更和消灭,如物权人将物权移转给他人,当事人重新约定物权的存续和行使,物的毁损导致物权消灭等。传统物权理论将物之产生、变更和消灭合称为物权变动并无必要:一是将物权设立称为物权变动比较别扭,不符合汉语习惯;二是物之产生、变更和消灭的事由和权利义务变化各不相同，抽象不出物权变动的一般规则，事实上，物权变动只是一个概括之词，学者在论述时仍就物权产生、变更和消灭作具体论述；三是物权变动中的法理问题轻重不一，物权的消灭相对比较简单，主要是阐述引起物权消灭的法律事实，包括主体上的自然人死亡、法人解体或物权人非物权人同一等；内容上的抛弃、期限届满或他人之时效取得等；客体上的灭失、添附或有价证券的失效等，因这些均以事实的描述为主，容易形成共识。物权变更也不是都重要，只有物权移转比较复杂，需要物权理论加以解释。

物权移转是原物权人将物权移转给他人，使他人成为新的物权人的过程。对原物权人，这意味着其自愿或被迫处分了自己的财产，不再拥有物权；对新物权人，这是指从原物权人处继受取得物权。物权由一个主体移转到另一个主体，不是一个简单的交付事实，而是两个主体之间法律地位的置换，原物权人成为物权的义务人，原义务人成了物权人。不仅如此，还导致其他的物权义务人必须面对新的物权人，由此形成的法律关系的变化，有时不重要，有时会非常复杂。承租人将房租付给原物权人还是新物权人，比较容易解决，但在下面的实例中，会引发一系列的争议：一个房地产公司将其开发的土地转让给了另一家房地产公司，原地回建的安置义务没有随之移转，被拆迁人该向谁要求原地回建？订原地回建协议的公司已无地安置被拆迁人，现在的开发商声称其与被拆迁人没有合同或其他法律关系，被拆迁人认为物权移转不能排除物上固有负担，房地产公司认为安置不一定采用原地回建的方式，受让方则认为自己是善意受让。这时，土地使用权的移转不仅仅只是两个房地产公司的事情，是否公平合法已与被拆迁人的利益扯在一起。

物权移转具有三个要点：

1. 原物权人与新物权人之间具有法律上的承继关系，一方丧失物权与另一方取得物权是同时发生而且不影响物权存续的性质和效力，物权还是那个物权，不过是由一个人手中转到另一个人手中。新物权人从原物权人那里取得了物权，不像没收、征用和继承，物权取得不以原物权为依据。这是物权移转与物权设立的根本区别。物权移转本质上是原物权人对自己财产利益的处分，即使是被强制执行，也可以理解为原物权人成为强制执行的债务人，是由于以前有处分行为。

2. 所移转的物权完整、充分，是原汁原味的移转。物权的移转是原物权人丧失物权，新物权人取得物权的全部权利义务，而非部分。这意味着原物权人不是"移转部分的物权"。例如，房屋所有人就出租房屋与承租人达成协议，不能解释为房屋所有人移转物的占有权，应理解为设立了承租人的占有权，因为房屋所有人并没有因此丧失任何物权。只有原物权人不再拥有所移转物权时才算是物权移转。至于原物权人在移转物权前将客体一分为几或合几为一，不影响物权移转的完整性，物权移转的完整性是就移转时的物权状态而言的。例如，张三将一套家具拆卖，其中一把椅子卖给李四，根据移转时的状态，张三移转的一把椅子的所有权是完整的，与原来整套家具的所有权没有任何关系。因为张三在移转之前已将"一物"特定化、独立化到了一把椅子上。同时，原物权人不是只移转权利，与物权不可分离的物上固有负担，须随物权的移转而移转。固有负担实质上是物权人对他人的特定义务，不能允许以物权移转规避物权人应尽的义务。房屋租约对房屋新所有人也有约束力的道理就在于此。

3. 物权移转的对象既可以是所有权，也可以是占有权。人们通常将物权移转理解为所有权移转，这一方面是因为所有权移转比较常见，法律关系的变化比较清晰，同时也是因为物权理论与实践一直不太关注所有权以外的物权移转。尽管直觉和经验告诉人们买卖通常是为了移转所有权，实际上，为移转占有权而买卖并不少见。路桥的收费权，出租车的营运权，星级酒店的经营权，都可以买卖而且经常发生。

物权移转一般由法律行为引起。买卖、借贷、互易或赠予，是导致物权移转的常见的法律事实。法定事由也能导致物权移转，如强制执行债务人的房产或经营权给债权人，由此产生的物权移转后果与原物权人自愿移转物权在性质上殊无区别，即以承认原物权人的物权为前提。从理论上说，物权移转既然因法律事实而起，也能因法律事实的不复存在而回转。合同法中有合同因无效或撤销使得单方或双方当事人返还财产的规定，但实际上，这经常不可能或不可取，在买卖合同被撤销之前，买受人可能已将财产卖给了第三人，在不断流通的过程中，财产或许已在毫不相干的人手中，甚至下落不明。

这里存在一个深刻的冲突，在法律行为本身有瑕疵或强制执行需要回转的情况下，物权移转的结果应否予以承认和保护？因为一个错误，甚至有时不是物权人的错误，导致物权人不可避免地丧失物权，是否公平与正当？如果将物权从新物权人或第三人手中回转原物权人，交易安全和交易公平如何保障？法国民法将引起物权移转的法律行为同时看作物权移转本身，物权可回转，另以公示制度保障交易安全。德国民法创造了物权行为理论，严格区分作为成立合同的法律行为和作为物权移转的法律行为，前者是债权行为，后者是物权行为。物权行为仅指交付，至于引起交付的原因行为，如买卖、借贷、互易或赠予，不在物权移转考虑之列。物权行为独立而且无因，其效力不受原因行为的影响，因此，物权移转是不可回转的。瑞士民法采折中主义，认为引起物权移转的法律行为只是物权移转的组成部分，另一部分是交付和登记，依此，这个折中倾向于法国民法，物权移转的回转是可能的。上述三种处理办法看来都缺乏足够的说服力，以至于物权行为要不要为中国物权法采纳，成了目前学术热点之一。

其实，这个问题被人为地复杂化了。挤掉物权行为、债权行为、对抗要件主义、生效要件主义以及其他种种理论上的泡沫，就只是一个法律事实与法律关系的相互关系问题。买卖或强制执行是法律事实，产生的是物权移转的结果——新物权人取得物权从而有了新的法律关系。当买卖或强制执行因不当而被撤销时，能不能相应地撤销由此产生的法律关系？这取决于一定的价值判断和选择。合同法代表着一种选择，法律事实决定着合同法律关系，没有一种合同权利可以脱离法律事实而存在；票据法代表着另一种选择,法律事实仅仅是票据法律关系产生的原因,票据法律关系一经形成,就不再受制于法律事实。比较两者,合同法是以保护合同当事人的意志自由为选择的基本理由。合同无效,意味着合同当事人的预期目的落空,既然合同当事人的意愿不能实现,那么,返还财产恢复到合同以前的状态,理所当然。票据法则不然,其考虑的是流通性和公信力的需要。如果票据的效力决定于作为法律事实的票据基础关系,人们只能倾向于不使用或少使用票据,因为在流通过程中,难以了解和把握票据基础关系的真实性与合法性。然而,任何选择都有弊的一面,合同法的选择一定程度上影响民事法律关系的稳定,票据法的选择或多或少不利于票据基础关系当事人的利益,问题只在于如何权衡利弊。物权法中的法律事实与法律关系之间的关系,同样有赖于人们的选择。传统物权理论似乎不甚明了,在没有清晰的判断和选择之前作了过多过玄的解释。

在物权移转完成后——通常以动产交付和不动产登记为标志。因引起物权移转的法律事实被确认为无效或虚假时,可能出现三种基本情况:一是新物权人尚未对财产作出处分,物权依然在新物权人手中;二是财产的全部或部分被新物权人无偿移转给他人,新物权人已没有物权或只有以剩余财产为一物的物权;三是财产的全部或部分被新物权人有偿移转给他人,新物权人同样不再拥有物权或只有以剩余财产为一物的物权。

对情况一,允许物权回转应该是唯一的选择,因为物权回转不涉及第三人的权益变化。无论是不特定还是特定的物权义务人,其权利义务的履行一般不因谁是物权人的问题有实质性不同,恢复物权原状,是对无效或虚假的法律事实错误的纠正,没有影响当事人的合法权益,因而没有理由不运用法律事实产生、变更和消灭法律关系的一般原理。在物权回转依然只涉及特定当事人之间的利益时,应确立和运用“物权因法律事实错误而回转”的规则,这是法律事实、法律关系的基本或一般原理在物权法中的具体体现。其实,德国民法典也是这样做的。按照物权行为理论,“一个源于错误的交付也是完全有效的”,[①]但是,根据德国民法典第812条的规定,错误被纠正即原因行为被撤销以后,“已为物的交付的当事人可以向物的取得人提起不当得利的返还之诉”。[②] 终点是一样的,只不过是德国民法绕了个圈,显得理论了些。

对情况二,物权回转已涉及第三人即无偿取得财产者的利益。由于第三人取得财产没有支付对价,物权回转只是追夺了第三人的新增财产利益,不影响第三人的原有财产利益,还没有足够的理由不适用“物权因法律事实错误而回转”的规则。按照这一规则,原物权人原则上有权基于法律事实的错误而向第三人要求物权回转。但无偿转让财产只要不违背法律,也需要法律保护,毕竟,这里有新物权人处分自己权益的意义。如果新物权人能够对原物权人承担足够的责任,其无偿转让财产的行为并不损及他人利益。从稳定民事流转关系的意义上,应尽可能缩小因前手财产转让瑕疵而产生的不利影响。因此,在操作上,可考虑由第三人作为新物权人的补充责任人。新物权人依财产性质和经济能力,能够单独或与第三人共同对原物权人予以同额的价值补偿,原物权人不得向第三人要求物权回转;但当财产本身不能为价值补偿所替代或原物权人得不到足够的补偿时,原物权人得向第三人主张物权回转。

第三种情况则大不一样,物权回转直接涉及第三人的权益。原物权人——新物权人——有偿取得的第三人,是由两个独立的交易关系组合而成的利益关系人,他们因为同一客体的不断流通走到一起,是市场和商品交换使他们之间发生某种利害关系。当原物权人与新物权人的法律事实发生错误时,原物权人与第三人之间会有直接的利益冲突,虽然新物权人可以价值补偿失去财产的原物权人或第三人,但由于新物权人并不总有能力支付财产价款,失去财产的一方事实上须承担钱物两空的风险。这一风

---

① 转引自孙宪忠:《德国当代物权法》,法律出版社1997年版,第63页。

② 转引自孙宪忠:《德国当代物权法》,法律出版社1997年版,第63页。

险,在许多时候是现实的损失。凭什么要原物权人或第三人承担?这就需要有充分的理由。原物权人的回转物权的权利需要保护,第三人因交易而取得财产的权利同样需要保护。从当事人的角度看,这两种权利是同等的,没有哪一种有应得优先保护的理由。但从社会的角度看,不给第三人以交易安全是一种不良的示范,极易引起怀疑和担忧交易的公众效应,影响和阻碍商品经济的发展,不利于社会的整体利益。加上这个砝码,天平就应倾向于第三人一边。优先考虑第三人的权利保护,是为了第三人的利益,更是出于社会公共利益的需要。这时的利益平衡不再是当事人之间的关系,而与社会公共利益结合在一起。在社会的整体公平与正义面前,当事人之间的个别公平与正义不免退居次席,维护原物权人的权益与维护交易安全、交易公平相比,后者的分量显然更重。因此,“物权因法律事实错误而回转”的规则,只能让步于保护交易安全。原物权人不得向有偿取得的第三人主张物权回转。基于交易安全的理由限制物权回转的权利,意味着物权的排他效力也不是绝对的,由此可以引申出一个具有普遍意义的物权规则:“物权的排他效力止于交易安全。”

上述可见,问题的解决其实只需要确立两个基本规则,即“物权因法律事实错误而回转”和“物权排他效力止于交易安全”以及给定适用规则的具体条件,根本不需要物权行为理论这样玄之又玄的东西。这两个规则来自公认的社会生活准则和基本法理,不缺乏理论深度,且操作简便。具体而言,买卖合同的无效或强制执行依据被撤销,原物权人 A 可以要求新物权人 B,有时还可以要求第三人 C 将物权回转于原物权人。但有下列情况之一者,原物权人 A 只能向新物权人 B 主张价值补偿:一是第三人 C 无偿取得财产依照法律可由新物权人 B 单独或与第三人 C 共同给予原物权人 A 以价值补偿。二是第三人 C 有偿取得且不违反法律法规的禁止性规定。一项交易的构成,必须具有对价的要素和正当的性质,第三人虽交付对价但其行为违反禁止性规定,如标的物系禁止流通物,不构成正当的交易。三是物之客体发生变化不能复原的。物的特定性是物和物权存续的重要标志,无论物的具体形态如何变化,只要特定性不变,物权是可以识别而且是可以回转的。一套家具拆散卖给数人,仍然可以从数人处收回成为一套家具,但许多情况下,物本身的变化使其特定性发生了变化,物权已不具有完整如初的意义。物权回转在客观上无法进行,常见的是物的毁损灭失。四是第三人 C 自愿放弃物权,但要求新物权人 B 对价补偿的。第三人 C 与新物权人 B 的交易关系是双方意愿表示一致的结果,第三人 C 不能借口原物权人 A 主张物权回转而单方撤销交易,除非不要求新物权人 A 对价补偿。五是设定了第三人 C 的物权而原物权人 A 拒绝认可和承受。在物权回转之前,新物权人 B 或与第三人 C 设定了占有权如将商铺租给了第三人 C 经营,第三人 C 与新物权人 B 发生民事法律行为时,按正常的交易习惯,第三人 C 当然将新物权人 B 视为合法的物权人,没有理由无端怀疑对方的财产来源的合法性。因此,物权回转不能影响第三人 C 的占有权。第三人 C 的占有权应为物上的固有负担随之移转给原物权人 A,原物权人 A 拒绝承认这一物上负担的,物权不得回转。

上述原理同样适用因非法占有或处分产生的物权移转。保管人将保管的财产擅自出卖给第三人,在法律性质上,保管人属于无权处分所有权人的财产。保管人与第三人的买卖关系似乎应该无效,第三人似乎不取得所有权,但由于买卖是依正常的交易准则进行的,不能不承认第三人拥有财产所有权,不然,谁还敢在市场上购买商品?购物时不可能问对方商品是偷来或抢来的。一项本不合法的买卖能产生合法的所有权移转,看起来荒谬,实际上合乎事物的本质。非法占有或处分形成的交易关系中,原物权人不是当事人,原物权人和第三人之间插着一个非法占有或处分人,原物权人与非法占有或处分人、非法占有或处分人与第三人,分别构成独立的法律关系,原物权人与第三人之间不存在直接的意思表示和交易行为。占有人或处分人是有权占有还是非法占有、无权处分还是有权处分,就交易过程而言对第三人没有什么区别。保管人非法处分财产给第三人,从保管合同角度说不合法,但不能适用第三人返还财产的合同规则,第三人凭着物权的公示事实与保管人进行交易不知道也不需要知道占有财产的保管人是否为实际物权人。占有和登记的公示价值是法定的,构成了物权移转的合法基础,据此进行的交易不能说不合法。由此可知,一项本不合法的买卖能产生合法的物权移转,逻辑上并不矛盾,因为这里所说的不合法和合法不处于同一层面,不出于同一视角。前者是指保管人非法处分托管人财产的事实,这一事实只能产生保管人对托管人的赔偿责任,而不能形成保管人或托管人要求第三人返还财产的权利;后者是指以物权公示为基础的交易事实,这一事实不以交易一方有无合法处分权为前提,所以合同法不将卖方有无所有权作为合同有效成立的要件。

近现代民法都注意和重视交易安全问题,法国民法的动产善意取得制度和德国民法的物权行为无因理论,表现了其对交易安全的实质性理解。但是,他们的理解主要从市场交换的实际需要出发,还没有上升到物权法本身应有的高度。我们知道市场经济的发展离不开交易安全,我们更应该知道交易安全也是物权自由实现的基本条件。在现代社会,个别的、孤立的物权行使当然自有其固有的空间,但脱离市场的物权是无法完全实现自身价值的,交易往往是物权价值最大化的路径。物权的排他效力与保障交易安全存在天然的冲突,排他效力要求无论是谁以什么方式取得财产都不能损害物权人的权益,所谓的物上请求权正是物权效力的绝对化标志之一。而保障交易安全必然限制排他效力的范围和作用,不能允许物权人任意追索已进入市场交易的财产。这种冲突来自个别物权与整体物权的利益矛盾,对于整体物权利益,交易安全意味着社会给每一个成员提供了行使和实现物权的平等机会和秩序,因此,保障交易安全相对于保障个别物权就更为重要。“物权的排他效力止于交易安全”应成为物权制度的内在逻辑关系和基本价值取向之一。

法国的动产善意取得制度没有给交易安全以应有的物权法地位。动产善意取得有严格的条件,其中占有人的善意在理论上概括为:“占有人获得占有时,自信其在与一真正所有人订立合同的'信念'。"①实际上,"法庭对此的处理是相当灵活的。"②"这表现为,一方面,占有人的恶意可以用一切方法所证明;另一方面,在'可疑'的条件下'突如其来'地获得动产这一事实即可排斥占有人的善意。"③交易的安全性完全取决于法官的意志。法国最高法院第一民事法庭1965年1月2日的判决认定当事人"在接受他人以不正常的价格转让财产时,表现出不可原谅的轻率"④即为一例。动产善意取得还不适用于遗失物或盗窃物,尽管法律也对所有权人向善意占有人请求返还盗窃物或遗失物作了时效限制和定了补偿责任。遗失物或盗窃物不适用动产善意取得,这无疑在交易安全上撕开了一道口子,毕竟,在市场交易中,标的物本身无法自我说明其是被窃或遗失的,极其低廉的价格也不能证明标的物一定不是出卖者所有。法国的不动产没有善意取得一说,与动产交易安全同样的问题也会发生于不动产上。某甲为某乙代办房产证时,通过非法手段将房屋登记为自己的名字,而后又抵押或卖给了丙,如果登记只是所有权的一种标志,不能确认所有权,丙的物权肯定不能得到当然的、充分的保障。

德国的物权行为理论一向被认为是"加强了对交易安全的保护,为保护善意第三人提供了最切实的理论基础",⑤因而一些中国学者不顾物权行为理论多么生涩也坚持要求引进。毫无疑问,德国物权法较之于法国物权法在保护交易安全上更有力度,但与交易安全的要求相比仍有相当差距。德国的法院"经常使用民法典总则编中关于法律行为的规范来对物权行为进行制约。这些常用的规范主要是法律行为无效要件如欺诈或乘人之危的规定,以及'诚实信用'、'违背善良风俗'等民法基本原则,以此既

① 尹田:《法国物权法》,法律出版社1998年版,第207页。
② 尹田:《法国物权法》,法律出版社1998年版,第207页。
③ 尹田:《法国物权法》,法律出版社1998年版,第207页。
④ 尹田:《法国物权法》,法律出版社1998年版,第208页。
⑤ 孙宪忠:《德国当代物权法》,法律出版社1997年版,第70页。

否定原因行为又否定物权契约的效力”。[①] 德国民法典第932条的动产取得仍以善意为要件，明知或者因重大过失不知物不属于出让人不属于善意，因此，与法国民法典一样存在如何判断善意的问题。盗窃物、遗失物的处理，除金钱、无记名证券以及公开拍卖物外，也不在动产善意取得的范围内。德国与法国，在交易安全上其实是五十步与一百步的关系。以为物权行为理论解决了交易安全的问题，是出于对物权行为理论的孤立了解，想象成分过多。物权行为理论的优点并没有人们所想象的那么实在，但具有人们已充分注意到的弊端，确实不该为中国物权法采纳。

“物权的排他效力止于交易安全”可以充分保障交易安全。按照这一法则，基于法律事实上的瑕疵——无论是合同无效还是无权处分行为或标的物系遗失物、盗窃物而引起的物权移转，只要第三人依正常的交易方式取得，原物权人不能向第三人主张权利，原物权人不再拥有物权，其物权移转给第三人。这无疑会被指责为不利于保护原物权人，然而，没有安全的交易能做到普遍和持久的公正吗？牺牲交易安全至多实现了个别的公正，却牺牲普遍的公正，最终也会以其他的方式损害原物权人利益。而且，原物权人未必就得不到公正保护，原物权人可以向从其手中合法或非法取得财产者请求价值补偿或赔偿。绝大多数情况下，原物没有什么实际意义，相应的价值补偿完全能保证所有权的利益，不能从第三人要回电视机有什么关系？从非法处分人处得到补偿再买一台新的。当然，这里有非法处分人无力赔偿的风险，但是，如果这种风险不该由原所有人承担，作为交易当事人的第三人更不应该承担。非法处分人处分财产多少与原物权人有些关系，如原物权人丢了东西或者轻信保管人，而第三人凭交易规则和相对人的物权公示事实取得财产，没有什么过错。在无其他选择的情况下，由原物权人承担风险更为合理。任何社会、任何法律救济都无法保证物权利益万无一失，这提醒物权保护不能走向极端。立法对策上或可考虑到某种

① 孙宪忠：《德国当代物权法》，法律出版社1997年版，第72页。

人性或道德的因素,对某些原物作出例外规定如祖传的纪念性物品,但这种例外必须是法定的,极其有限的,而且有充分的道德或人性的理由支撑,足以得到社会的普遍认同。

物权公示原则为“物权的排他效力止于交易安全”提供了理论基础和实践条件。物权的排他效力通过物权公示昭白天下,一切非物权人依公示事实而确信物权的存在和履行物权义务。当物为某人占有或登记表明某人拥有某一物权时,某人当然被认为是正当的合法的物权人,如果事实上另有真正的物权人,因为缺乏公示,其物权只有内在的排他性而没有转化为现实的排他效力,不能损及正当的交易。从实践角度看,也只能以动产占有和不动产登记的事实作为交易的基础。每天的数不胜数的交易活动必须有一个公认的连接点以保证交易的连续性,物权公示是满足而且唯一能满足商品交换要求的连接点。因此,除非确有证据证明第三人知道交易对方不具有占有和登记显示的物权,必须承认第三人确信交易对方即为占有和登记上的物权人。在这里,也可以使用善意第三人的表述,但不能接受法国、德国民法对善意的解释。法国、德国民法对善意的判断完全是主观的,只要是第三人怀疑甚至是应该怀疑交易对方,即可导致善意的消失,①因而被认定的善意第三人为数极少。物权公示原则赋予第三人以充分信任对方的理由,只有明知才能否定善意,其他的如价格太低,无故赠予之类的,可为物权回转的法定事由但不能作为判断善意的根据。

四、物权客体与登记

动产与不动产分类在物权法上具有十分重要的地位,其对物权法的技术影响,甚于自物权、他物权分类。自罗马法以来,大陆法系国家和地区都将财产区分为动产与不动产,在此基础上建立起对物权制度至关重要的物权公示制度。德国民法典中“动产和不动产的划分对整个《德国民法典》,

① 尹田:《法国物权法》,法律出版社 1998 年版,第 247 页。

尤其是对德国民法物权体系有着根本性的意义”,[1]该法典的物权编事实上建立在对动产与不动产区别对待的法律规范上面。[2] 中国的《民法通则》没有动产与不动产的概念,但在民法理论上和近几年的立法中,接受了这一分类。《担保法》的不动产抵押和动产质押表明,动产与不动产分类及其作用在中国同样重要。动产与不动产的分类反映了人类社会的一个基本思想,财产对于人类,有些很重要,有些则不那么重要,人类社会必须将那些很重要的财产从一般的财产中区分出来,给予特殊的管理和保护,从而为人类社会的生存与发展提供基本的物质保障。人类生存与发展的一切最终来自土地,拥有土地意味着占有和支配物质资料的最充分的可能,而土地是不能移动的,因此,以不可动性为社会重要财产的基本特征,自然而然地为直观的认识所认同。在中国,由于历史习惯的原因,不可动物称为不动产,可动物称作了动产。[3]

作为不同历史时期不同国家和地区认同的分类,其本应有一个清晰而统一的分类标准,但事实正好相反,动产与不动产的分类相当程度上是模糊的。同样是种子,在法国民法中,只要是供给佃农的,就算不动产,在德国民法中,则必须投入土地才能成为不动产。一项财产,因为其自身所处的条件或背景的差异时而为动产时而为不动产,这一事实本身就说明动产与不动产标准的不确定性。或许正是因为这点,不少学者如谢在全先生、陈华彬先生宁可在动产与不动产其他问题上洋洋万言,也不愿在如何区分动产与不动产上花费点墨。还是马俊驹、余延满先生实在,认为动产与不动产“是根据物能否移动并且是否因移动而影响其价值,以及物权变动法律要件的不同为标准而进行的划分”。[4] 这一概念的逻辑意义当然还是模糊的,但多少给出了以动产与不动产分类上的基本线索。罗马法的动产与

---

① 孙宪忠:《德国当代物权法》,法律出版社 1997 年版,第 9 页。
② 孙宪忠:《德国当代物权法》,法律出版社 1997 年版,第 9 页。
③ 孙宪忠:《德国当代物权法》,法律出版社 1997 年版,第 7 页。
④ 马俊驹、余延满:《民法原论》,法律出版社 1998 年版,第 91 页。

不动产“是以物能否移动和移动后是否变更其性质、损害其价值进行分类”。[1] 其不动产是土地、房屋、树木及其附着于不动产的动产。法国民法的动产与不动产的分类受罗马法和日耳曼法的双重影响，除了物可否移动的物理标准以外，还含有价值范畴的判断，认为“动产的价值是‘脆弱’的”。[2] 法国民法典给不动产的定义是绝对的物理标准，但不动产的法律体系却建立于不动产是一些重要价值的财产的思想基础上，[3]尹田先生的论述大致说明了法国民法典的不动产除了土地及其定着物外，还包括为之使用和经营的财产以及永久附着于不动产的动产的事实。德国民法典中的不动产被称之为地产，地产不是泛指的土地，只是在不动产登记簿中业已登记的地表部分，是精确地指向其内容是从不动产登记簿的角度考虑的法律技术概念。[4] 这是一个具有物理和程序双重意义的分类标准。土地、房屋和永久附着物是不动产，首先出于其不可动性，同时还在于业经不动产登记的程序性质。马俊驹、余延满先生的分类标准大致属于德国民法的版式。瑞士民法典采用了给动产下定义的方式区分动产与不动产，其第713条规定“性质上可移动的物以及法律上可支配的不属土地的自然力，为动产所有权的标的”，其不动产基本上限于土地、矿山及其土地附着物。

大陆法系民法都以物的不可动性作为动产与不动产分类的基本依据，使得动产与不动产在大陆法系物权制度中成为共同的法律概念，发挥基本相同的作用。而德国民法、法国民法在物理标准之外增加了其他标准，是动产与不动产一直没有确定说法的基本原因。面对这一事实，中国物权理论与实践必须思考两个问题：一是能不能只以物理标准为唯一的分类依据从而划清动产与不动产？这几乎是不可能的。法国和德国民法在物理标准之外另加其他的标准，肯定不是儿戏，一定是为了克服内在缺陷，物理标

---

① 周枏：《罗马法原论》，商务印书馆 1996 年版，第 283 页。
② 尹田：《法国物权法》，法律出版社 1998 年版，第 86 页。
③ 尹田：《法国物权法》，法律出版社 1998 年版，第 87 页。
④ 孙宪忠：《德国当代物权法》，法律出版社 1997 年版，第 7~8 页。

准本身是否合理也需要探讨。二是中国将有什么样的动产与不动产？是采纳法国的还是采纳德国的，抑或另创标准？无论作何种选择，都必须讲清楚为什么只能这样不能那样，仅仅说德国那儿行、在法国没有看到不便或大家都这样认为是不够的。一言以蔽之，中国按什么标准分类动产与不动产？

物理标准具有传统的力量也有现实生活的理由。土地、房屋及其他附着物至今是人类生存与发展的基本财产，而这些财产一般不可移动或移动会损害其固有的价值和使用价值，以不动性表现财产重要性这一历史方法有了得以承继的基本条件。不动性较之于重要性易于得到理解和认同，不动性是客观的、直观的，而重要性带有浓重的主观色彩，虽然也能形成社会共识，但不如客观标准有不容置疑的说服力，成文法体系存在着倾向于选择客观标准的冲动。然而，上述优势不足以构成选择的理由，因为物理标准的固有缺陷几乎是不可克服的。

1. 物的不动性完全是从实物形态出发的，无法表现物的其他性质。人类社会中，财产的定义从来不只体现实物形态。罗马人了解这一点，创造了无体物的概念，这一概念本质上不容于动产与不动产的物理标准，因此，罗马法将地上权、永佃权、地役权之类的无体物先联系上其标的物——土地，才确定为不动产，形成无体物又依赖有体物的混乱结构。德国人也了解这一点，索性将物限定于有体物，但具体操作上，却将车辆、船舶及航空器等有价值的动产适用了不动产抵押的登记规则，“这是动产担保物权的特殊情况”。[①] 这并不能回答动产与不动产区分的意义？既然动产可按不动产规则办，有什么必要区分动产与不动产？

2. 物的不动性不等同于物的重要性，难以表现物在现代社会中的地位和作用。农业社会中，绝大多数重要的财产与物的不动性相关，以不动性代表财产的重要性基本符合以土地为中心的生产方式和生活方式，但在现

---

① 孙宪忠：《德国当代物权法》，法律出版社1997年版，第330页。

代社会，不动性日益趋向于纯物理意义。我们仍可以说一些重要的财产是不可动的，但已不能说只有不可动的才是或者凡是不可动的都是重要财产。一根电杆是不可动的，但没有必要以不动产的方式管理，这种情况下，坚持物理标准只能脱离于现实生活。而且，在科学技术不断进步的时代，连不动性本身也在发生变化，整幢房屋被迁移，这幢房屋还是不动产吗？房屋事实上被移动了，依物理标准岂不要归为动产？没有人会这样认为，这证明物理标准确实落伍了。在法国、德国民法典的时代，物理标准就已不敷使用，不然就不会有法国、德国民法典对物理标准的补充和修正。

法国、德国民法典对物理标准的修补是否适宜于当时很难定论，可以肯定的是，从现代社会的角度看，这种修补并不成功。法国民法典受到法国古代法一个思想的影响，“不动产是贵重的长期存在的和能够产生收益的财产，动产则具有较低的价值且不能长久存在”。[①] 然而，财产的贵重与否与财产在社会中的地位不一定成比例，贵重的未必就是社会公认的重要财产。钻石价格不菲，象征富人身份地位和财富，但对工薪阶层没有多大的实际意义，远不如一套房子实在；价值小的未必就不是社会公认的重要财产，一辆自行车区区几百元，是一件名牌衣服的零头，在中国曾是必须登记的交通工具，是当时大多数家庭的重要财产。而且，财产价值大小是一个数量概念，以值多少货币作为区分动产与不动产标准在民法上是不可想象的。同是土地，大一点小一点价值就不一样，不能说一地是动产，另一地是不动产。因此，从来没有哪个国家或地区将财产价值作为动产与不动产唯一或重要的分类标准，法国民法典也只将其辅助于物理标准。财产价值标准并没有起到弥补物理标准内在缺陷的作用，财产价值大小与可动与否同样难免意义上的混乱，同时出现物理标准的缺陷与价值标准的荒谬。德国民法典的程序标准是一个相当机智的对策，但在物只限于有体物的体系中，程序标准也没能弥补物理标准的缺陷，反而缩小了不动产的范围，使物

---

① 尹田：《法国物权法》，法律出版社 1998 年版，第 85 页。

理标准更趋向于狭隘和偏颇。德国民法典对附属于土地或建筑物的物，区分为临时目的和永久目的，前者不属于不动产，表明程序标准对物理标准的修正是失败的。应该登记的未必就是不动产，不可动的未必就是必须登记的，除非能够容忍混乱，不可能同时选择程序标准和物理标准。

要厘清动产与不动产分类标准的思路，还得回到问题的起点。人类为什么要区分动产与不动产？一言以蔽之，是为了将具有重要社会意义的财产从一般财产中分离出来，予以一般财产所没有的管理和保护。优士丁尼前的罗马法有要式物和略式物之分，要式物被盖尤斯称为具有较大价值的物，在转让形式等方面，与略式物有重大法定区别。优士丁尼废除了这一区分，以不动物和可动物分别“表示具有重要社会意义的物与具有个人意义的物”。① 无论是要式物还是不动物，涉及的都是当时社会的基本生产资料，如土地、房屋、地役权等。马、牛、鸽子和驴是可动的，但作为重要的生产资料，用来牵引或负重的牲畜都在要式物之列。法国民法典规定“用于耕种的牲畜、农具、供给佃农或分给佃农的种子、鸽舍中的鸽、兔园中的兔、蜂巢中的蜂群、池塘中的鱼、压榨机、锅炉、蒸水器、酿酒桶及大桶、经营铸造场、造纸工场及其他工场必需的工具、稻草及肥料”为不动产，或许正是受到要式物的启示。这些可动的财产恰恰是拿破仑时代的基本生产资料，具有重要的社会意义。德国民法典对不动产作了较为严格的限定，集中在地产及与之不可分离的物上，突出了不动产的绝对重要地位。“《德国民法典》的立法者认为，不动产是人们生存的基础，它不但对任何个人，而且对整个人类的存在和发展都具有动产不可比拟的作用。”②此后的瑞士民法典、日本民法典和中国台湾地区“民法”，深受德国民法典的影响，在不动产的管理和保护上下了很大功夫。中国在改革开放之前几乎没有民事法律，处理民事纠纷的依据主要是政策和最高人民法院的一些司法意见，

---

① [意]彼德罗·彭梵得：《罗马法教科书》，黄风译，中国政法大学出版社 1992 年版，第 192 页。

② 孙宪忠：《德国当代物权法》，法律出版社 1997 年版，第 10 页。

即使如此,中国对土地、房屋、车辆等财产,一直进行严格的登记管理。不同的历史时期、不同的社会制度、不同的国家和地区都在做同样的一件事,就是将一些重要的财产纳入国家的特别管理和保护之中。这既说明了动产与不动产分类的普遍性,更说明不动产必然是那些具有社会重要意义的财产。不动产的社会价值其实不在于财产是否可动,而在于指代了重要财产,“这种基本的划分在现代法中表现为不动产和可动产之分,这是惯用的名词,因为分属这两个范畴的财物在历史上和各不同法典中,随着社会需求的变化而发生变化,并不看它们是具有可动性还是不可动性”。①

财产是否具有重要的社会意义由特定社会具体判断。这种判断,既来自人类生活的一般需要,也来自特定时期、特定国家的实际需要,土地、房屋体现了前者,而种子、磨坊、酿酒桶也曾成为不动产,是后者之使然。重要性不是一个物理的或数字的概念,而是具有丰富社会意义的范畴。重要财产是那些最基本的生产资料和生活资料,在人们的日常生产和生活中,不可替代或难以替代,以至于社会必须对其予以有序的管理,以维持正常的生产和生活秩序;是那些与一定的生产力相联系,在推动社会进步与发展上具有举足轻重地位的财产利益,为了充分发挥其应有的作用,需要通过一定的方式加以管理和保护;是那些对人身和财产具有某种特殊意义的物,不进行严格的管理,对于人身和财产安全具有直接的威胁;或许还有其他的理由。总而言之,是一个社会认为对其存在和发展具有某种重要到必须进行社会管理的财产。社会管理是对重要财产进行规范、监督和保护的过程,当一类财产被社会确认为重要财产时,随之而来的是社会赋予一定的行为规则、一定的管理程序和一定的保护方法,以保证财产在符合公共利益要求的前提下实现财产权利人的利益。这种管理具有强烈的针对性。中国的农村集体土地所有权的内容几乎只剩下土地被征用时的受补偿权,

① ［意］彼德罗·彭梵得:《罗马法教科书》,黄风译,中国政法大学出版社 1992 年版,第 191 页。

是因为中国的土地资源短缺到确实不能允许农村土地自由买卖、出租和非农用化。在土地资源趋于紧张的社会和国家，对土地所有权和使用权限制总是趋向于严厉。相比之下，中国对房屋的管理就宽松得多，几乎没有什么对房屋所有权和使用权的具体限制。同时，这种管理具有高度的统一性。不同的财产，在管理方法上，采取国家登记机关将财产的具体内容登记于登记簿上并据此规范、监督和保护的模式。在现代社会，登记是各个国家和地区管理重要财产的普遍形式，在财产法律制度中具有必不可少的地位和作用。登记使得社会上的重要财产的位置、特征、数量等一目了然，使得财产的确权、移转和变动处于社会的监管之下，使得财产权利的实现和保护有了足够扎实和权威的依据，因此，土地房屋要登记，飞机轮船要登记，股票债券也要登记。

上述可见，传统物权理论时常说的不动产登记、动产占有，并不符合其动产与不动产的分类标准，但是，登记的对象是具有社会重要意义的财产则是一个没有挑明但实质意义一致的基本点。在这个意义上，不动产登记、动产占有的表述是正确的。囿于传统的观念和模式，人们没有认识到，在接受某些动产登记的例外时，实际上已树立了一个新的划分动产与不动产的标准，这就是登记。凡社会认为是重要财产需要登记的必须经过登记，其他财产则不需要登记。历史上一直以不动产指代重要财产，因而不动产必须登记。作为一种全称的判断，可以表述为须经登记的是不动产，不需登记的为动产。德国人对此或许已有朦胧的意识，提出了程序标准，可惜没有挣脱物理标准的枷锁。然而，不管国家和立法者是否意识或充分意识，社会生活自身的规律和要求总是顽强地表现出来并影响人们的行为。以登记区分动产与不动产，已经成为生活中的一个事实，我们所要做的仅仅是揭示和说明这一客观存在。

与物理标准相比，登记标准具有全部覆盖所需指代的重要财产的功能。人类一直没有解决不动性无法周延社会重要财产的问题，即使采用了辅助的价值标准或程序标准，也存在对同一财产的性质需依不同的现实条件作不同判断的情形,而对某些动产以不动产管理,更使动产与不动产的划分趋于混乱。不同历史时期、不同社会在财产重要性的认识和选择上存在差异,但这种差异不应该影响分类标准的确定、清晰和逻辑结构,既然是区分此与彼,就一定要求此与彼不能混同。不动产是重要财产的指代,就必须覆盖一个社会的全部重要财产。登记标准可以实现这一点。凡登记的为不动产,即为社会重要财产,使登记财产、不动产、重要财产三者成为外延完全相同的概念,不产生任何歧义和冲突。登记标准是一个客观的、简明的、能为不同时期和不同社会所共同采用的标准。不需要其他的辅助标准,不需要复杂的理论解释,不需要设置各种例外,它将使物权法少去许多累赘和混乱。不仅如此,登记标准具有证明财产的重要性与管理重要财产合二为一的优势,而以往的分类标准仅仅用于划出重要财产,登记只成为管理财产的方式,两者的脱节导致了一种尴尬,即登记本身不能证明财产是否重要为何又要登记?登记因而成为一个充满随意性、复杂性的环节。确定财产的重要性是为了管理重要财产,反之亦然。在这个意义上,作为重要财产的标志与管理财产的方式的合二为一目的明确,简单易行,社会成本相对较少,是最为理想的选择。

登记标准也存在一个疑问,这就是登记本身能否决定社会上的财产哪些重要、哪些一般?如果不能决定,社会必须先解决哪些财产该被划入登记范围的问题。对此,必须明确,登记标准只能证明财产的重要而不能决定哪些财产重要。分类标准只用于区分存在的现象而不是导致现象发生的原因,正如性别是男性和女性的分类标准,但不是人类有男性和女性的原因,也不是某一个人是男性而不是女性的原因。企图以一个分类标准决定财产是否重要,正是传统物权理论与实践的一个误区。一个社会中,哪些财产重要,哪些财产不甚重要,由社会生活和经济生活的状况和要求决定,重要的理由是多样的、可变的,是人们的物质和精神要求所决定,不可能有一种固定不变的标准。资源的不可再生或稀缺,物的特定用途或危险,利益的秩序要求或形式以及其他的情形,都能构成财产必须纳入社会管理的理由，成为被社会时时关注的重要财产。这些是决定财产是否在登记范围之中的客观原因。另一方面，财产该不该登记，也与立法者的主观意志相关。立法者判断的准确与及时直接影响着登记财产的范围。有些不甚重要的财产被列入了，有些很重要的财产却遗漏了，这种现象总是有的，但这是主观反映客观、上层建筑反映经济基础要求的过程中所不可避免的，并不因此改变客观决定主观、经济基础决定上层建筑的基本规律和趋势。在较长时期内，社会会自然形成哪些是重要财产的共识，从而使国家列出登记财产的目录具有现实的基础。登记目录是重要财产的根本性标志，其间或有一些该有而没有或不该有而有了的情形，随着时间的推移，会逐渐得到纠正。飞机进入了登记的范围，农具、种子无须登记，这完全是社会生活之使然。现代社会中，将农具、种子归入不动产没有任何必要和价值，但在 19 世纪前后的法国与德国则有其现实的理由。

登记一向被归为行政机关的职能行为，不太提得起民法学者的兴趣。其实，在大陆法系民法中，登记的地位和作用绝非一个行政法律关系所能说明，很大程度上，登记是民法必不可少的部分。大陆法系民法有相当数量的有关登记内容，如法国民法典涉及抵押权登记的《登记簿的分布和登记员的责任》共 8 条，德国民法典《关于土地权利的一般规定》则有 30 条规定土地登记的，瑞士民法典在每一种不动产物权中配之以如何登记。这不是因为行政权力侵入民法领域，而是因为民法尤其是物权法必须有登记的程序。从登记机关的角度看，登记是一种行政管理的行为，但从当事人登记的角度看，登记是民事权利的组成部分。从某种意义上说，后者的意义更重要、更实在，是其扎根于民事领域的生命力所在。孙宪忠先生对此有较深的理解，其《德国当代物权法》以专章论述不动产登记，占全书的八分之一。这给人们两点启示：一是以登记作为区分动产与不动产标准并非不可思议，分类标准不一定属于所分类事物的领域，只要能起到清晰分类的目的，标准属于哪一门学科并不重要；二是登记对物权法的影响之深刻，使得人们不能对登记本身的问题掉以轻心，不能将如何登记推给登记机关，应该在物权立法时一并规定。中国现行的登记制度是行政型的,弊端颇多,直接影响物权的实现和保护,这种状况必须得到根本改变。

从物权法的需要和目前中国的实际状况出发,物权法应当对下列有关登记问题作出特别规定:

(1)谁来决定哪些财产须经登记。一旦实行登记财产即为不动产原则,哪些财产进入登记目录成为非常重要的问题,因为进不进入登记目录直接决定着适用不动产规则还是动产规则。中国目前财产登记的决定有来自立法机关,也有来自各行政部门,比较混乱,应予统一。这个权力应集中在中央立法机关手中,以免随便扩大或缩小不动产的范围。立法机关可以五年、十年或更长一些时间修改登记财产的目录。一般说来,修改会是微调性质的,因为财产重要性的形成和得到社会共识是一个较为长期的过程。

(2)在哪儿登记。中国至少有五种登记机关:土地局、房产局、工商局、车辆管理部门、证券管理部门。以财产的类别分别设立登记机关的做法甚不可取,这使得登记成为一个社会成本颇高的复杂的环节和过程,为财产的流通设置了不必要的障碍。建议设置统一的登记机关,将所有的不动产登记集中于不动产登记局之类的部门,对全社会开放,任何人都可以查阅。在信息化时代,这能做到而且成本不高。

(3)登记的原则。中国目前实行的是审批制,登记部门不仅审查当事人申请提交的材料,而且还审查当事人的交易行为的合法性,甚至还限制当事人的意思表示内容,如有的房产登记部门不论当事人约定如何而只给一年的抵押,使得当事人在一年满后不得不重新交费登记。这种做法不符合物权登记的性质。物权登记是伴随当事人民事法律行为而产生的一种法律要求,本质上是为了保障而不是限制当事人的合法权益,是为了促进而不是为了限制财产的流转。因此,登记应当尊重当事人的意思表示,原则上,只能审查当事人提交的材料是否真实、完备,所要登记的是否与他人的权利相冲突,有无违反禁止性法规的情形。只要符合条件,登记部门必须按当事人的要求予以登记,不得以自己的理解或规定拒绝或改变。

(4)登记错误的责任。登记部门及其工作人员故意或过失发生登记错误,除责令改过外,如已造成纠纷和当事人的损失应该承担民事责任。物权登记既是一种社会管理,也是一种社会服务,对登记错误所造成的财产损失,当事人有权要求登记部门赔偿。在物权的移转和变动都须以登记作为标志和依据的情形下,不严格要求登记部门及其工作人员的职责和行为,必定导致许多纠纷和损失。严格要求,仅仅给予行政纪律处分远远不够,如果一个纪律处分哪怕是被开除能换来关系人的几十万元、几百万元乃至更多的财产利益,无疑是一个低成本高收益的交易。民事责任的作用是明显的,它是提高腐败成本或不负责任成本的一个有力选择。

(5)登记费用。按财产标的的金额收取一定比例的登记费用,这一做法由来已久。但无论从社会管理或社会服务的角度来看,按财产标的收费均无合理依据。社会管理在国家职责范围之内,其费用开支应由税款支付。社会服务虽有服务费一说,但须与所提供的服务质量和数量挂钩,物权登记不论标的大小,程序完全一样,付出的劳动并不因标的大小有所不同,因而绝无按标的大小收取不同费用之理。按标的收费,反映的是登记机关的部门利益,是中国体制转型期间某些权力机关利用权力吃、拿、卡、要的不良现象。试想,物权登记可按标的收费,婚姻登记是否就须按新郎新娘的家产收费?物权登记只能按件收费,如每件 200 元,而且必须尽可能地低,以便降低财产流转的门槛。

五、物权保护与方法

保护物权是一个社会中各个法律部门的共同任务,但首先是物权法。物权需要保护是基于物权受到各种侵害的事实,而这与物权的性质与特点相关,需要物权法采取针对性的保护措施。侵害物权既可能针对具体的财产,也可能针对权利本身,如强迫经营者改变经营方式、不让股东参加股东大会、擅自处分所保管的财产等;既可能直接造成财产的毁损灭失,也可能妨碍财产的占有利用,如非法扣押产权证书、无端撤销特许经营资格、强行堵塞出入通道等;既可能造成现实损害,也可能是未来的侵害,如对危房不加修缮、占用规划留出的采光空间、在居民区从事烟花爆竹生产等。因而,自罗马法就有了返还原物、排除妨害、恢复原状等方法,德国民法典以后又有了旨在解释物的保护方法的物上请求权理论与实践。还有学者将民法保护手段分为物上请求权、侵权行为、不当得利三种。①

物权法如何保护物权。

第一,取决于一定的价值取向和目标选择。大陆法系的物权及保护集中于所有权之上,对其他物权关注甚少。罗马法中的所有权返还之诉是"我发现我物时,我即回收"的体现。排除妨害之诉最初只有所有人才可提出,普利西亚那之诉是一种以时效取得为基础的虚拟的所有物返还之诉。德国民法典规定了所有权返还请求权,所有权除去妨害请求权及不作为请求权,同时允许他物权准用所有权保护的规定。"物权的请求权主要适用于所有权的保护,对大多数其他物权的保护也可以适用"。② 这种情况下,物权法保护自然偏向于所有权,以致对占有权保护缺少起码的考虑。实践中常常出现这样的情景,由于承租人欠交租金,房屋所有人诉至法院,要求解除合同,当承租人要求评估并要所有权人补偿其投入的装修价值时,房屋所有权人会以恢复原状作为要挟,迫使承租人放弃部分或全部的装修利益,有时甚至由法院判决房屋所有权人无偿或低价取得装修利益。这种结果往往被认为合法而公平,是对承租人违约的制裁。然而,这里实现的仅仅是所有权人心目中的公平,而非等价有偿意义上的公平。承租人欠交租金——这在酒店、商场、健身馆的经营中很难避免,房屋所有权人因此就可以终止合同,这看上去是一个合同法的问题,实际上,终止合同的结果是收回房屋,承租人占有权的消灭,已延伸到了物权领域,不能只适用合同法

---

① 王泽鉴:《民法学说与判例研究》(第 7 册),中国政法大学出版社 1997 年版,第 16~17 页。

② 王利明:《物权法论》,中国政法大学出版社 1998 年版,第 148 页。

则，还必须考虑物权法则。一方欠交租金使另一方取得违约金或赔偿金，天经地义，但因终止合同而获得装修价值，绝非合同法可以解释。这里必须考虑两点：一是欠交租金能不能成为消灭承租人占有权的事实？二是装修价值能不能因为欠交租金而不受法律保护？站在物权法的角度上，前一个问题或许还可以讨论，第二个问题的回答必然是否定的。这是一个与所有权是否因所有权人违约而丧失同样的问题，既然所有权人违约不可能导致房屋归承租人所有，那么，承租人违约也不应该导致承租人奉送装修的价值。

平衡和保护各方当事人的利益，应是中国民事立法的宗旨和价值尺度，①物权法保护也不应例外。物权二元结构理论奉行的是平等、一视同仁地保护任一物权的原则，不考虑所有权、占有权何者为先、为优、为上的问题，不认同物权中存在具有天然优势的特殊利益，不给予一种物权支配另一种物权的任何机会。循着物权法律关系的基本线索，物权法保护着眼于当事人之间的利益平衡。对外，所有权人、占有人并肩站在一起，面对着不特定的非物权人，他们共同代表着物权人一方。物权人与不特定的非物权人的关系具有财产归属的性质，适用所有权法则。对于不特定的非物权人而言，谁是真正的所有权人并不重要，既然在财产上没有任何权利，就得承认财产是他人的而且给予足够的尊重。当然，具体到不同性质的财产，也有一定的差别。不动产中，所有权人和占有人构成一种连带的关系。所有权人、占有人均有权要求不特定的非物权人履行义务，同时也对不特定的非物权人负有义务。一辆尚未过户的汽车造成了人身伤害，原车主和现车主须承担连带赔偿责任，道理就在于原车主仍然是所有权人，而现车主是占有人。动产中，无论占有人是否同时就是所有权人，代表所有权的只能是占有人。不特定的非物权人没有义务也没有必要去弄清占有人是否拥有所有权，只要尊重了他人占有财产的事实，就履行完了作为非所有权人

---

① 参见孟勤国：《经济体制改革时期的民事立法》，载《中国社会科学》1988年第6期。

的义务，至于占有人是否为所有权人，对非所有权人的权利和义务没有本质的影响，即使是受让财产，有“物权的排他效力止于交易安全”的原则，受让人利益就不会受到损害。对内，所有权人、占有权人是互为权利、义务主体的相对人。占有权人是所有权的义务人，所有权人是占有权的义务人，他们之间的关系经常起源于合同但不是合同关系，而是物权关系。恶意经营的行为是侵犯所有权，是占有权人没有履行其特定非所有权人义务的表现；强行干预占有权人的自主经营，是侵犯占有权，是所有权人没有履行其特定非占有人义务的表现。房屋所有权人不能随意出入出租的房屋，不是出于合同上的约束，许多租赁合同根本没有这样的条款，而是因为承租人占有和使用房屋的权利具有排他性，未经承租人同意，任何人包括所有权人都不得出入房屋。这一义务因承租人的占有权而生成，不需要法律或合同作特别的规定。

为充分利用财产资源，稳定财产利用关系十分必要，一般的违约和侵权事由不应作为消灭占有权的理由。欠交租金和拒交房租，前者应属于一般的违约事由；偶尔的行政命令和强行委派董事长或经理，前者应属于一般的侵权事由。即使违约和侵权造成了财产利用关系的实质性破裂，在善后处理上对占有权利益应做合理的评估和保护，不能不讲条件、不讲对价地归入所有权人名下。对社会而言，物权是财产利益在法律上的集中体现，在尊重国家利益、公共利益的前提下，有不被无偿剥夺和随便剥夺的权利。因国家征用、征收或其他方式消灭或限制物权的必须给予合理的补偿，不仅对所有权，而且也对占有权。占有权的利益与所有权的利益性质相同，不能说所有权的补偿是应该的，占有权的补偿可有可无，不给补偿无异于掠夺，属于侵权行为。城市房屋拆迁，除了给房屋所有权人以拆一补一等方式补偿外，还须给常住人口或经营者以一定的安置补偿，就其性质是对占有权的补偿。同时，国家征用、征收或以其他方式消灭和限制物权须有充足的理由，原则上应该基于公共利益的需要，经过法定的程序。一些城市，为了所谓的形象工程，任意征用房屋和土地，常常是几个领导一拍而定，很少顾及公民和法人的财产利益，弊端丛生，影响极坏。一个城市大片征用房屋，无论是以旧房改造或城市建设的名义，都应该由当地的人民代表大会审议决定。剥夺他人物权必须是一个立法活动而不是行政行为，这是公民和他人财产不受侵犯的基本要求。

第二，取决于对实物和原物的认识。实物和原物在大陆法系物权制度中有着特殊的地位。王利明先生指出："物权的请求权是与有体物的保护联系在一起的。"①将物权——严格说来是所有权——建立在有体物之上是大陆法系物权制度的基本思路。所谓无形财产很大程度上是一种陪衬或修饰。返还原物、恢复原状、排除妨害这些物的保护方法，内容上渗透了有体物的分子，表现出一种过分重视和保护实物和原物的偏执倾向。现代生活中，很难让人理解，甲的电视机被乙擅自处分给了丙，乙完全有能力赔一台新的电视机给甲，为什么非得赋予甲向丙主张返还原物权利不可？从预防和制裁非法处分他人财产的意义上，让乙赔一台全新的电视机的责任大于让乙退还价款给丙，还能降低诉讼成本。同理，甲的电视机被乙摔坏了，乙愿意赔一台新的，为什么还要由甲来选择是接受赔偿还是以修理的方式恢复原状？修理给双方增加的麻烦以及在由谁去修理和如何修理上的扯皮，不啻一种社会资源的浪费。

对实物和原物的保护力度须与现实生活的需要和可能结合在一起。在现代生活中，实物和原物其实没有法学家想象的那么重要。工业化生产使得大多数的实物和原物在性质上、功能上可相互替代，产品的丰富缩短了实物与原物的消费周期，在用于外汇储备的黄金也被抛入市场且价格节节走低的年代，没有太多的实物和原物是永远重要的，因此，不应突出实物和原物的地位。一般情况下，物权的保护着眼于充分实现财产利益，不必拘泥于实物和原物的状态，具体而言：

（1）物权保护以财产利益是否得到充分的保障为标准，而非实物和原

① 王利明：《物权法论》，中国政法大学出版社 1998 年版，第 147 页。

物的复位。处理物权纠纷，不纠缠于特定的方式，只要物权人的财产利益能够得到充分恢复和补偿，不一定非实物不可，非返还原物或恢复原状不可。在对方愿意而且有能力赔一台新的电视机或支付相当的金钱的情况下，物权人不能坚持对方修理电视机。同样，物权人不接受修理，对方只能赔一台新的（新旧明显差价，物权人应予合理补偿）或支付相当的金钱。返还原物、恢复原状依然是物权人的权利，但不能作为要挟对方、谋取不当得利或刁难对方、发泄内心私愤的工具。

（2）绝对的实物和原物保护适用于少数场合。有些实物和原物具有特殊的价值与意义，为其他实物或金钱所无法替代，恢复实物和原物的原来状态是物权人的根本目的。这时，有必要赋予物权人以非实物和原物不可的决定权，但应严格控制。由法律明确规定需要绝对保护的实物和原物的范围：历史文物是限制流通的独一无二的价值无法估量的物，当列其中；感情寄托物，如祖传物件、定情信物、私人日记之类的，精神价值远远甚于财产价值，应列其中；有特定用途或背景的物，如征调物质、专用器具、配给物品之类的，可列其中。

（3）实物和原物的保护应有利于财产资源的合理利用，不造成财产资源的浪费和损失。绝大多数实物和原物总是处于被利用的状态之中，争议、纠纷和保护不当容易中断、阻碍或改变正常的财产利用，损害财产利用的效益，造成当事人双输的局面。例如，原材料、易腐烂物品和正在销售的产品，如果眼中只有这些实物，动辄查封扣押，可能影响企业生产销售，还可能出现诉讼结束实物和原物严重贬值的情形，不如采取变卖、担保、控制收入和支出等着眼于财产利益的方式。与财产资源的合理利用相比，某一实物和原物的保护，其法律价值相对较轻，这是不言而喻的。

第三，是否允许和如何界定自力救济是物权保护的一个重要因素。物权保护向来有公力救济和自力救济之说。公力救济是指物权人通过民事诉讼或其他法定程序寻求国家强制力保护，自力救济是指物权人以自己的力量维护或恢复物权的自我保护。传统物权理论中，自力救济不甚突出，究其原因,恐怕是自力救济的合法性或必要限度易受怀疑,而实际上,自力救济对物权保护具有特殊意义,不仅应予许可,而且应予提倡和鼓励。物权是支配权,物权标的或利益一直在物权人的直接控制之下,对于任何旨在破坏财产支配状态的企图和行为,物权人予以制止和防范是极其自然的本能反应,而且为社会生活所认可和接受。对闯进家门意欲劫财的只报警或只说要去法院起诉而不作任何反抗的人,是不善于维护自己合法权益的人。财产大大小小,无处不在,根本不可能一一通过公力救济得到保障。家门口被他人围个猪圈之类的事情,很难靠打官司解决。强制执行拆了猪圈,过上三五个月又被他人砌上个牛栏,没完没了,最切实可行的是自力救济,你围我拆,制止于侵害行为之始。自力救济在相当程度上能够预防侵害行为的发生,赋予物权人以自力救济权本身就是一种威慑,侵害人不能不考虑物权人实施自力救济的力度和后果,可能就此打消侵害的念头。自力救济还有控制侵害行为的后果的功能,由于自力救济的实施,许多侵害物权的行为得到及时的制止,从而避免和减少损失。因此,中国物权法,应该对自力救济予以足够的重视。

一般认为,自力救济的基本方式是防御和自助。防御是物权人为了制止物权所面临的损害而依法实施的行为,包括正当防卫和紧急避险;自助是物权人为恢复物权原有状态而采取的自力保全措施,如扣留意欲逃逸的侵害人①或其证件、物品。自力救济虽然是为了保护物权及其财产,但其实施往往针对侵害人的人身和财产。因此在立法上必须慎重,既要充分实现自力救济的目的,又要防止滥用自力救济。除有关正当防卫、紧急避险等构成要件外,还要明确以下几点:

(1)自力救济的主体是物权人及与物权人有利害关系的其他人,如近亲属、合伙人、保安人员等。自力救济不能仅限于物权人。许多情况下,物权人的自力救济能力低下,根本不足以制止侵害行为,总不能说物权人与

① 温世扬:《物权法要论》,武汉大学出版社1997年版,第85页。

侵害人争斗时,其家人只能袖手旁观。同时,还必须考虑法人也应有自力救济的权利。自力救济的主体也不能过于宽泛,不相干的人都来帮物权人自力救济,易扩大事态、引发不稳定的因素。相对而言,与物权人有某种利害关系的人,其施以自力救济的理由较为合理而且易于确认。利害关系的存在意味着物权人所受的财产损害或多或少影响到他们的利益。

(2)自力救济的对象是侵害人的人身或用于侵害的工具。一般情况下,针对侵害人人身的自力救济只能在侵害行为的过程中实施,对尚未发生或已经结束的侵害行为,不应采取针对侵害人人身自由安全的措施,因为这时已起不到财产保护的作用。但是,在特殊情况下,如素不相识的侵害人一旦逃逸可能无处可寻,则可例外。毁坏或扣押用于侵害的工具,既可在侵权行为过程之中,也可在侵权行为即将发生或已经结束之时。前者可以及时制止侵害结果的发生,后者可以作为证据或用于赔偿,如肇事车辆。

(3)自力救济的范围限于公力救济一时不能到达或不能时时到达的场合。自力救济是弥补公力救济之不足或不便而不是代替或并行公力救济。这是自力救济合法性的基点。公力救济有一套程序,在时间上、空间上不能时时或不能及时控制侵权行为,因而需要有自力救济。来不及报警或警察还未到达之前,自力救济是制止侵权行为的唯一手段;在损害较轻却可频频发生的场合,如越界抢种、抢收庄稼,自力救济是制止侵权行为最有效的手段。对于可以及时而且有条件依赖公力救济,或者侵权行为剧烈非自力救济所可制止的,不得进行自力救济。前者没有实施自力救济的理由,后者会使自力救济升级为流血冲突,超出财产保护的自力救济的意义。

(4)自力救济的手段应相对平和,以能够制止侵权行为的发生或保护财产为限。一般的扭打、拦截、扣押或可认为是自力救济。如果是重伤侵害人身体或严重毁坏侵害人的财产,或是刑法意义上的正当防卫、紧急避险,或是违法行为,不能辩以自力救济。自力救济不是为了扩大事态,加剧冲突,而是为了降低控制侵害行为的社会成本,因而必须温和和有限度。

当然，自力救济可能使侵害人的加害行为升级，使得物权人的防卫行为也随之升级，一旦升级到人身侵害和正当防卫，就是一个刑事的问题，不再是自力救济。

第四，如何认识和适用物权保护方法也影响着物权保护。返还原物、恢复原状、排除妨害和确认物权这些方法，具有较为明显的物权特点，因而被认为是物权保护方法，但在学理上一直有不同认识。在罗马法和法国民法中，物权保护方法依诉权的具体形式出现。罗马法中有所有权返还之诉、所有权保全之诉、役权确认之诉、永佃诉权等；法国民法和诉讼法中有返还不动产的诉权、占有之诉、本权诉等规定；德国民法典开始将物权保护方法释之为物上请求权，形成了返还请求权、除去侵害请求权、不作为请求权三大类物上请求权；瑞士民法典规定了基于所有权的请求权和基于占有的请求权；日本民法在判例上和理论上承认物上请求权；中国台湾地区“民法”规定了返还请求权、妨害排除请求权和预防侵害请求权。比较而言，以诉权为内容的物权保护方法直截了当地表明了物权人请求法律救济的具体途径，不像物上请求权那样故弄玄虚，非要将一个本来谁都能明白的事情搞得让专业人士解释半天不可。但是，诉或诉权毕竟是诉讼法意义上的概念，从民法或物权法的意义上，应以诉或诉权的结果，而不是以诉或诉权本身解释物权保护方法，因而，最恰当的依然是返还原物、恢复原状、排除妨害和确认物权这些表明某种物权支配特征的提法。

适用物权保护方法时，有几点需要明确：

(1)物权保护方法适用于物权而不仅仅是所有权。一些学者在论述物权保护方法时总以所有权为基准，称之为所有权的什么请求权，顺带争论一下他物权有无物上请求权和应不应准用所有权的保护方法，误导人们将物权保护等同于所有权保护方法，仿佛返还原物、恢复原状、排除妨害和确权之诉只能由所有权人提出似的。其实，大陆法系物权制度中的占有之诉，从方法论的角度，与所有权之诉并无质的差别，而占有之诉的提出不一定是所有权人。从实际生活出发，当承租人占有的财产被他人(无论是所有权人或一般的非占有人)非法侵害和妨害时,请求返还原物、恢复原状、排除妨害和确认自己的占有权利是自然而然的,不发生法律上的困难。硬要将此称为占有的保护方法,以显示与物权保护方法不同,只能理解为学者和立法的主观意愿。物权保护方法既适用于所有权,也适用于占有权,所要达到的具体目的不同,与方法本身没有什么关系。

(2)物权保护方法没有优先适用的排序。物权保护适用哪种方法,从根本上说取决于所要保护的物权当时所处的状况。返还原物以原物为他人侵占以及原物没有灭失为前提,恢复原状有赖于财产受到损害、移动以及能够恢复原物的实物或价值状态的事实,排除妨害是因为财产虽在物权人占有之下却无法正常行使物权,确认物权的理由来源于物权权属的模糊和争议。一般情况下,物权人没有选择的余地,不可能在财产还在自己手中的情况下提起返还原物之诉或财产已被他人占有了还在提排除妨害之诉。

(3)物权保护方法与赔偿损失无主次之分。赔偿损失一向被认为是债权保护方法,根据物权优先于债权之说,赔偿损失通常被安排在最后适用,即物权保护方法不足以恢复和保障物权利益时,物权人得请求赔偿损失。将赔偿损失定为债权保护方法极其可疑,明明是用来保护物权的,何以非扯上债权不可?如果因为其结果是金钱价值的求偿,那么赔一台新电视机算不算赔偿损失?不算又该归入何种物权保护方法?恢复原状也不妨以价值补偿方式,侵害人支付修理费给物权人,由物权人自己请人修理,是否也该将恢复原状称为债权保护方法?合同法中,返还财产是基本的责任形式之一,没有谁说其是物权保护方法,倒是有学者在费力地论证合同法中的返还财产与物权法中的返还财产的不同。那么,为什么不能说物权的赔偿损失不同于债权的赔偿损失呢?举例而言,一公司年年分红漏掉了某一股东,如果公司还留有红利,股东可主张返还收益;如果公司已经分完红利,股东只能主张赔偿损失。若将赔偿损失认定为债权保护方法,就存在一个诉讼时效问题,公司以股东应该知道公司年年分红为由予以抗辩。公司侵害股东的权益越彻底——不仅分红漏掉股东,而且不剩一分红利,公司就越有理由抗辩受侵害的股东,这显然不利于股东。由此可见,将物权的赔偿损失说成是债权保护方法极其荒谬。事实上,物权的赔偿损失是从一定的财产利益转化而来的金钱价值,是财产的一般等价物,赔偿多少,取决于物权受侵害的财产利益价值。当一台电视机被他人侵害时,返还原物与赔偿损失之间应该是一个等号。严格地说,物权的赔偿损失应该称为价值补偿,也是一种物权保护方法。可为佐证的是,物权的赔偿损失与其他物权保护方法一样不考虑相对人是否有过错,与债权的赔偿损失截然不同。为尊重人们的习惯,可继续将价值补偿称为赔偿损失,但绝不能归之为债权保护方法。

第四章

琢磨财产归属制度

一、所有权定义

所有权有两种基本表述:一为抽象概括式,如“对物最一般的实际主宰或潜在主宰”①;二为具体列举式,如法国民法典第544条:“所有权是对于物有绝对无限制地使用、收益及处分的权利。”这两种方式常被对立起来,具体列举还作为一种主义被贬损,②颇乏道理。抽象概括和具体列举仅系方法之差别,并无势不两立的必然。抽象概括的定义多见于理论研究和教学,具体列举的定义为立法所常用,从更易理解所有权概念的角度上,两者是一种互补关系。应适用哪一种方式并不重要,关键在于定义是否完全揭示了所有权的本质意义。传统物权理论中,所有权定义多紧扣完整性、充分性、绝对性和占有、使用、收益、处分权能,应该说,基本反映了所有权的性质和特点。但也应看到,这些性质和权能免不了具体说明和解释,容易在理解和适用时产生歧义。人们阐述完整性时,总要费力地说明所有权丝

---

① [意]彼德罗·彭梵得:《罗马法教科书》,黄风译,中国政法大学出版社1992年版,第194页。

② 陈华彬:《物权法原理》,国家行政学院出版社1998年版,第186页。

毫不受某一权能欠缺的影响;阐述绝对性时,也总要指出所有权受各种限制的情形;阐述所有权权能时,又不免陷入既说所有权不是四项权能之和又将权能分块切割的矛盾。

简言之,传统的所有权定义粗糙了些。有些定义中的排他性、支配性,其实是一些累赘的文字。有些定义对所有权权能的表述,给人一种占有、使用、收益、处分权能是所有权专利的印象。还有一些定义存在逻辑上的瑕疵,如"所有权,指在法令限制范围内,对于所有物为全面的支配的物权"。① 其中的"支配的物权"大可推敲,难道还有不能支配的物权吗?这不是因为传统物权理论没有把握所有权,事实上,无论哪一种定义,都还在所有权的含义之中,问题出在为什么要对所有权下定义上。所有权是物权的下位概念,排他性、支配性作为物权的基本性质和内容,是物权定义所要或者已经说明了的,不需要或至少不太需要所有权定义再作说明。所有权定义只需要说明所有权是一种什么样的物权,而不是告诉人们是一种什么样的权利。具体地说,传统物权理论中,所有权定义的目的应该是有别于他物权;在物权二元结构物权中,所有权定义的目的是有别于占有权。关于所有权,历史上有许多超出物权法乃至于法律范畴的探索和主张,如神授说、先占说、劳力说、自然权说、社会说、法定说②等,都不能解决物权法的所有权定义问题。物权法中,所有权定义的技术意义远重于所有权的社会和历史意义。

大陆法系的所有权概念起源于罗马法。王利明先生对所有权概念的起源与发展作过较为系统的论述:罗马共和国末期,出现了"dominium"一词,这是一种从家父权转化而来的对物的完全控制权,一般认为是所有权最原始的概念。在公元前2世纪以前,dominium 主要是指"奴隶的所有人、主人",而奴隶在当时是作为物而存在的,在同时代的罗马法学家加多

① 陈华彬:《物权法原理》,国家行政学院出版社 1998 年版,第 188 页。
② 陈华彬:《物权法原理》,国家行政学院出版社 1998 年版,第 195~197 页。

(Cato)的著作中,这个词已被用于指代地主、主人或出租人。到了公元前1世纪,一些法学家如西塞罗(Cicero)和瓦洛(Varco)已习惯于以此作为所有权人的概念,直到后来为proprietas所取代。proprietas已具有明确的所有权内容,即占有、使用和滥用权,因而成为后世所有权概念的起源。[①] 这一历史过程表明,所有权的意义首先集中体现在物或财产的归属上,将一定的物或财产确定于一定主体的名下,建立起物或财产依附于主人的"奴役关系"。这是所有权根本价值所在。由此,一定主体有了按照自己的意志支配一定物或财产的权利,有了不让他人染指一定的物或财产的依据。物主、业主、地主,这些在生活中俯首可拾的词语背后,是一个又一个的财产归属关系和所有权。同时,所有权的意义还集中体现在与其他物权的对比之中,"罗马法的所有权,乃是完全的、绝对的支配物的权利"。[②] 所谓完全的、绝对的,都相对于其他物权而言,他物权被认为是只有一部或部分的支配物的权利,是定限物权。尽管如此区分所有权与其他物权存在很大的局限性,但其逻辑思路是清晰的。无论观念上有多大差异,给所有权下什么样的定义,有两点不变也不应变:所有权是财产归属关系的法律表述,所有权是不同于其他物权的物权。因此,我将所有权定义为:

所有权人对所有物的永久和充分的物权,所有权人以占有、使用、收益、处分或其他任何可能的方式实现的对所有物直接支配的权利。

这与以往的所有权定义没有本质的区别,只是凸显了所有权定义目的。所有物,是指归属于所有权人的财产利益,表明所有权是财产归属的物权。所有是财产归属的事实表述,所有权是财产归属关系的法律表述,而所有物是财产归属关系的客体连接点。所有权定义中指明所有物,较之于笼统地说物或自己的财产,更能体现财产归属的性质。永久和充分的物权,是指所有权存续上没有时间限制和行使上极少限制,表明所有权不同

---

① 王利明:《物权法论》,中国政法大学出版社1998年版,第208~211页。

② 王利明:《物权法论》,中国政法大学出版社1998年版,第210页。

于占有权。归属的意义在于所有物永远是所有权人可以控制和支配的，除非所有物消灭或其他法定原因，所有权总在所有权人手中，随时随地体现所有权人的意志。占有、使用、收益和处分是所有权常见的表现形式，但所有权定义同时应该表明所有权表现形式不限于这四种，以免将所有权当成四项权能的组合而直接支配的权利是物权基本性质的表述，以免所有权过于抽象给一般的人造成理解困难。

所有权无疑具有直接支配性和排他效力，但这仅仅说明所有权是物权，不是债权或其他民事权利，并不体现所有权的自身特性。所有权之所以是所有权，是因为还有传统物权理论的他物权或物权二元结构理论所说的占有权。

（1）所有权是一种一般的控制力、支配力所形成的法律关系。其基本价值和作用在于确立物或财产归属于一定主体，至于财产归属确立后所有权人如何支配物或财产，已非所有权关心的重点。一般而言，所有权人除了遵守或履行一些特定的义务外，可以对物或财产实施任何想做的行为，这就是所谓的“法只以否定的方式界定所有权的内涵，确定对物主宰权的一般约束”。① 所有权不以某种对物或财产的实际控制作为前提或基础，只要物或财产能被识别，即使所有物脱离所有权人很久甚至所有权人不知道所有物的位置，也不影响所有权的存在和效力。被盗的财产能够物归原主，埋藏百年的财富仍然属于祖宗的遗产，除非存在交易安全的限制，所有权人有权从任何非法占有财产的他人处收回所有物。所有权的支配体现的是一种纯法律意义的定位和效力，尽管所有权人可以随时将这种支配落实为具体的、特定的对物的控制。

（2）所有权是一种永久的物权。这不是指所有权永远存在或永远为某一所有权人拥有，所有物常因消费或其他原因而消灭，所有权也会发生移

---

① ［意］彼德罗·彭梵得：《罗马法教科书》，黄风译，中国政法大学出版社 1992 年版，第 194 页。

转或因法定事由而终止,更没有长生不老的所有权人。所有权的永久性是指所有权没有事先确定的存续期限,只要所有物可识别、可控制的特征没有改变,所有权就一直存在,其间或因继承、买卖发生所有权的移转,或因没收、征收而导致原所有权的消灭、新所有权的产生,或因法律规定的取得时效导致占有人取得了所有权。这些都只具有法律技术意义,并没有改变所有权一直存续到所有物消灭的事实。“即使所有人变更(所有权的转让或继承),所有权仍伴随物的存在而存在”。[①] 谁是所有人并不重要,重要的是所有权始终存在于所有物之上。由此可知,若非出于法定的原因或所有权人的意志,所有权不可剥夺、不可改变、不可侵犯,除非是所有物消灭,所有权不会消灭。

(3)所有权的行使充分体现所有权人的意志。一方面,所有权中的法定义务极其有限,主要是要求所有权的行使不违背法律、社会公共利益以及承担相邻义务。这种义务以社会最低的道德要求为基础,是一个公民或法人在社会生活中应有的责任。所有权中的约定义务是所有权人愿意如此的结果,从一定意义上说,正是所有权自由行使的结果,履行约定义务不过是所有权人兑现自己诺言,而信守诺言也是社会的一项基本准则。另一方面,所有权的权利表现几乎不可穷尽,所有物的“潜在的用途是不确定的,而且在经济——社会运动中是变化无穷的,在某一特定时刻也是无法想象的”,[②]因而不能确定所有权人有权做什么,只能确定所有权人不能做什么。这种反向的约束为所有权提供了广阔的活动空间,最大限度地确认了所有权人的意志自由,即使所有权人毫无理由地毁坏自己的财物或实施某种公认的奢侈浪费行为,也不过是所有权的一种具体表现,尽管这可能给所有权人的道德形象带来某种损贬。义务的有限与权利的广泛决定了所有权是最自由、最充分的物权,甚至也是最自由、最充分的

---

① 尹田:《法国物权法》,法律出版社 1998 年版,第 139 页。

② [意]彼德罗·彭梵得:《罗马法教科书》,黄风译,中国政法大学出版社 1992 年版,第 194 页。

民事权利。许多所有权定义中的全面性、绝对性,其实就是在说明这一点。

肯定所有权抽象价值的同时,人们还试图对所有权人所能做的予以相对固定以便具体把握。这就有了所有权的占有、使用、收益和处分权能的表述。所有权权能是传统物权理论的一个亮点,因为这一概念解决了所有权世俗化的问题,使所有权从观念走向了生活。所有权不再是一个抽象的支配力,表现为一个又一个称之为权能的具体权利。这一概念还为所有权权能的分离、所有权派生其他物权提供了一个操作平台,尽管所有权权能与所有权的关系的学说不同,①所有权权能以及占有、使用、收益和处分权能的概念得到了普遍的认同。所有权中,占有权能"指特定的所有人对于标的物为管领的事实,换言之占有为所有权的事实的权能";②使用权能"指依所有物的性能或用途,在不毁损所有物本体或变更其性质的情形下对物加以利用,从而满足生产生活需要的权能";③收益权能"指收取由原物产生出来的新增经济价值的权能";④处分权能"指依法对物进行处置,从而决定物的命运的权能"。⑤ 这些定义表明,所谓所有权权能,其实就是所有权人有权实施某一行为或实施某一行为的情形,是特定行为方式与法律允许的结合。占有是一种行为方式,加上所有权人有权占有,构成占有权能;使用是一种行为方式,加上所有权人有权使用,构成使用权能;取得收益是一种行为方式,加上所有权人有权收益,构成收益权能;处分同样是一种行为方式,加上所有权人有权处分,就是处分权能。这些特定的行为方式都不是法律或观念的产物,而是生活事实,是千百年来人类每天都在

---

① 王利明:《物权法论》,中国政法大学出版社 1998 年版,第 253 页。

② 陈华彬:《物权法原理》,国家行政学院出版社 1998 年版,第 213~214 页。

③ 陈华彬:《物权法原理》,国家行政学院出版社 1998 年版,第 214 页。

④ 陈华彬:《物权法原理》,国家行政学院出版社 1998 年版,第 215 页。

⑤ 陈华彬:《物权法原理》,国家行政学院出版社 1998 年版,第 217 页。陈华彬先生的这些定义较之王利明先生的定义显得拗口,考虑到其与我国台湾地区学者定义较为接轨,故选用之。

进行的占有财产、利用财产、取得收益和处分财产活动的概括和反映，是来自一个农民与一头牛、一个市民与一套房、一个股民与一家公司股票的无数个体行为的相同行为方式。当这些行为方式被纳入了权利范畴，就有了只有权利人才能施行的法律意义，从而成为我们所说的权能。因此，没有必要将权能本身弄得过于复杂，更没有必要讨论收益权能可否为所有权的一项独立权能之类的问题，[①]尊重生活事实是最简单也是最好的选择。

所有权权能首先是特定的行为方式，这一点对于准确认识所有权至关重要。由此可知，可以将所有权解释为所有权人占有、使用、收益和处分的权利，但不能倒过来说有这些权能或这些权能的总和就是所有权。既然权能不过是一种行为方式，那么不仅是所有权，其他物权下也可实施这些行为，非所有权人利用他人财产的过程中，同样可以出现占有、使用、取得收益乃至于处分的行为。当承租人占有和使用他人房屋时，承租人并没有所有权，但其确实有权实施这些从形式上看与所有权占有权能、使用权能殊无二致的行为。这时，只能解释为占有、使用的权能并非所有权所独有。经营权不仅有占有、使用权能，也有收益权能和处分权能，只不过经营权是占有权。经营权的占有、使用、收益和处分权能应该称之为占有权权能，不属于所有权权能。实施相同的某一行为，区别只在于所有权人还是占有权人。有些学者特别强调处分权能，有意无意地流露出只有所有权才有处分权能的观点，认为经营权症结在于“并未有真正意义上的自由的处分权”。[②] 这是一种偏见。占有权表现为处分权能的机会少于所有权，但“少”与“不能”有着原则上的区别，虽少毕竟有，证明处分权能也非所有权之特异性。所有权定义列举占有、使用、收益和处分权能，但不可说所有权就是这四项权能，几乎所有的学者都认为“列举出所有权中固有的全部权

① 陈华彬：《物权法原理》，国家行政学院出版社 1998 年版，第 216 页。
② 陈华彬：《物权法原理》，国家行政学院出版社 1998 年版，第 219 页。

能是不可能的”，[①]有的学者还提出“所有权应当包括使用权、管理权、占有权、收入权、安全权、资本权、转让权、禁止非法使用权、要求强制履行义务权、剩余利益权”。[②] 学者看到了所有权权能的多样性、复杂性、不可穷尽性，却默认传统物权理论：“列举权能确实可以明确所有人所享有的权利，同时可以为权能的分离奠定基础，因为只有明确的所有权的权能，所有人才知道能够转让哪些权能”。[③] 可穷尽是可分离的前提，权能若能分离当然应能全部列举，反之，不能穷尽就不可分离，这是一个简单的逻辑。所有权之所以不止四项权能，不能一一列举，是因为权能不过是一种特定的行为方式，而所有权确认所有权人在支配所有物时可以想其所想，做其可做，无论其方式如何怪异少见，都是所有权的表现形式，所有权的权能。所有权人想做和可做的不可穷尽，所有权权能也不可穷尽。占有、使用、收益和处分权能只是所有权人常想常做的行为，比较普遍、比较稳定，在所有权定义中列举能够起到规范大多数所有权行使的作用，很有必要，但不能因此排斥其他可能出现的所有权权能。应当明确，所有权权能是不可分离的。所有权人想做的和可做的很多，但在一定的时间和空间中，所有权人只能作出一种选择。将房屋租给他人以收取租金意味着所有人自己不能使用房屋，这种无法两全的事实决定了所有权的使用权能和收益权能在同一时空中有此无彼。所有权人自由地决定所有权表现为使用权能或收益权能，一旦作出决定，所有权的价值和作用全都体现在其所选择的权能之中。所有权人自己使用所有物，不能说所有权是不完整或不充分的；所有权人让他人使用财产以取得收益，同样不能说收益权能只是部分地代表所有权。每一种被所有权人选择的权能，都包含了所有权的全部信息。表面看来，房屋租给他人使用是所有权人将使用权能暂时给了承租人，实际上，这不

① 王利明：《物权法论》，中国政法大学出版社 1998 年版，第 254 页。
② 王利明：《物权法论》，中国政法大学出版社 1998 年版，第 254 页。
③ 王利明：《物权法论》，中国政法大学出版社 1998 年版，第 254 页。

过是所有权人选择了收益权能。所有权人不仅放弃了将所有权表现为使用权能的机会,而且对所有权表现为使用权能作了一定的自我限制。这里,所有权人并没有失去所有权,只是暂时失去了以使用方式实现所有权的可能。任何被所有权人排除的实现所有权的可能性都不是所有权的现实内容,因而是不可能分离和转让的。行使所有权的方式不可穷尽,分离和转让四项权能还有其他的权能,如按所有权权能分离论,所有权分离和转让所有权权能将生生不息、永无止境,所有权不成了魔术师的百变箱?所有权可以表现为占有、使用、收益和处分以及其他形式的权能,与所有权同时表现为这些权能有着本质的区别。前者是内容与形式的关系,内容可以表现为多种形式,但具体到一定的场合,只能表现为一种形式;后者是整体与部分的关系,各部分可以同时表现在一个场合。内容与形式不可分离,能分离的只能是整体中的部分。

所有权权能表现了所有权人权利的一面,另一面应是所有权人的义务。提到所有权义务,人们首先想到非所有权人对所有权人的尊重和不干涉义务,所有权关系中的权利义务仿佛截然分属于所有权人和非所有权人。其实,所有权义务也包括所有权人的义务,所有权的享有和行使必须尊重不特定的非所有权人的利益与履行对特定的非所有权人的义务,前者如尊重公共利益,后者如承担相邻义务。罗马法以来,所有权人义务的标准用词是所有权限制,这是一个颇为独特的表述。债权人的义务不叫债权限制,继承人的义务不叫继承权限制,唯有所有权人的义务叫所有权限制。这应与罗马法以及后世民法对所有权的崇拜有关,绝对的权利下似乎很难容纳来自内部的义务,而限制可以理解为是外部加之于所有权的。“所谓所有权之限制,指禁止或限制作为所有权积极权能或消极权能之一面或数面,从而使所有人因此受一定之拘束,并负一定之义务。所有权内容之限制与所有人义务之承担,为互为表里的关系”。① 意思是所有权人原本没

---

① 陈华彬:《物权法原理》,国家行政学院出版社 1998 年版,第 219~220 页。

有义务,是所有权的限制产生了所有权人的义务。这不准确。罗马法的所有权限制产生于相邻利益、公共或社会利益、宗教方面利益和人道主义与道德事宜以及其他原因,①这些是伴随着所有权人享有和行使所有权的义务,从最终意义上说,所有权人违反这些义务所导致的一定的法律责任,并不是所有权受不受限制的问题,而是侵害他人合法权益。

所有权人的义务是一定历史条件和社会条件的产物。法国民法典和德国民法典对权利滥用的理解和认定就大不相同,所谓"所有权的社会化运动",②不过是扩张了所有权人对非所有权人的义务。相邻义务与自然条件有关,但在如何相邻如建筑物之间的采光通风空间该有多大,其确定取决于人们所处时代的生活要求。所有权人在所有权上设置的各种负担,也离不开现实的生产和交换方式,典权和永佃权就不是任何时代、任何社会所有的。因此,与其他民事权利不同,与所有权人的义务相对应的非所有权人的权益,不一定在所有权法律关系之内,相邻的对方是另一物权主体——所有权人或占有人;也不一定在物权法律关系之内,所有权滥用的结果可能是损害他人的身心健康;甚至不一定在民事法律关系之内,土地用途的法律规定体现的主要是一个社会的政治经济上的利益和秩序。从这个意义上说,所有权限制的提法有着自身的合理性。但是,不论所有权人面对的他人权益性质如何,所有权人的义务都在所有权法律关系之内,是享有和行使所有权必须付出的。所有权人面对的非所有权人,一类是基于特定的所有权义务而产生的特定的非所有权人,如相邻关系、合同关系、拆迁关系形成的所有权负担;另一类是基于一般的所有权义务而形成的不特定非所有权人,如尊重公共利益本质上就是所有权人对全部的不特定的非所有权人负有不滥用所有权的义务。与之相随,所有权人履行自己的义务的方式有作为也有不作为,对于特定的非所有权人以作为方式履行义务

---

① 周枏:《罗马法原论》,商务印书馆 1996 年版,第 301~303 页。
② 陈华彬:《物权法原理》,国家行政学院出版社 1998 年版,第 220 页。

居多,对于不特定的非所有权人常以不作为方式履行义务。

具体而言,所有权人的义务主要表现在:

(1)法定的所有权负担。这是由法律规定而产生的应由所有权人负担的民事义务,如担保法中的留置权义务、合同法中的“买卖不破租赁”义务,这些义务基于一定的法律事实而被法律加之于所有权,与所有权不可分离,所有权人必须履行这些义务才能享有和行使所有权。当所有权移转时,这些义务随之移转,对新所有权人有不可抗辩的约束力。所有权人不履行这些义务,将影响所有权人行使所有权或导致民事赔偿责任。

(2)约定的所有权负担。这是由所有权人与他人约定而产生的所有权人应当履行的民事义务,多发生在所有权人将财产交给他人利用的场合,如出借、出租、委托经营,也有如抵押担保之类的情形。基于某种利益或其他原因,所有权人自我限制了所有权的行使,负有尊重财产利用人使用或处分财产的权利义务。与法定的所有权负担一样,约定的所有权负担也伴随着所有权的移转而移转,有所区别的是约定的所有权负担在具体内容上差别颇大,不像法定所有权负担那样由法律统一规定。

(3)不滥用所有权的义务。这是任何所有权人都必须履行的义务,所有权不得滥用为公认的所有权行使准则之一,但缺少具体标准,立法一般只作一些软性约束:所有权的行使不得违反公共利益或损害他人的权益。中国社会历来注重道德约束,所有权的行使若超出了社会主流的价值观念或多数人的道德观念所能接受的程度,客观上有一定败坏社会风气或损害他人利益的后果,行为方式有一定的不法特征,应该认定为滥用所有权,如提供赌资赌具赌博场所、出租房屋给传销组织。

(4)接受征收、征用的义务。这是指所有权人必须接受政府基于公共利益而征收、征用所有物。征收、征用在任何国家都不可避免,1998 年的抗洪救灾中,征收、征用物资用于抗洪起到了十分重要的作用。征收和征用是政府的强制剥夺或限制法人和自然人财产权利的行为,必须严格依据法定条件,严格遵循法定程序,严格予以充分补偿。① 所有权人有权质疑征收、征用是否符合公共利益,有权要求程序合法合规,有权要求合理的补偿,但不能拒绝征收、征用。

(5)遵守行政法规的义务。这是指所有权人必须遵守行政法规对所有权及其行使所作的各种限制。这里所说的行政法规的义务,特指行政管理中那些限制所有权内容的规定,如土地管理法规定农用土地的用途、城市规划法规定建设规划许可、文物保护法规定了一些文物不得买卖等。这些规定是强制性的,所有权人必须遵守。但是,所有权人有权质疑行政法规的正当性,申请行政法规的合宪审查,提请全国人大解决行政法规与法律的冲突。

二、共有权关系

共有是所有权其实也是物权乃至于财产权的共同现象。财产权的享有和行使,并不总是单一民事主体所为,常常由两个或两个以上民事主体共同进行,由此形成了共同拥有一个所有权、债权、知识产权等事实与关系。大陆法系民法一般在物权而且在所有权中规范共有,将其他财产权的共有称之为准共有,准用共有的规定。大陆法系物权制度以一物一权为基础,而一物一权首先是一物只能有一个所有权。面对着现实生活中普遍存在的同一物上有两个或两个以上所有权人如家庭财产上的夫妻或家庭成员的事实,大陆法系物权制度无法认为夫妻或每一个家庭成员对家庭财产各有一个所有权,只能解释为夫妻或家庭成员共同享有一个所有权,否则,一物一权原则就会瓦解并进而瓦解大陆法系的整个物权体系。可以确认夫妻或每一个家庭成员都是所有权人,但不能确认每一个所有权人都有一个所有权,这条底线决定了共有在大陆法系物权制度中的特殊地位和作

---

① 孟勤国、肖楚刚:《土地征收的重大问题和立法建议》,上海政法学院学报 2019 年第 2 期。——本书修订补注

用。共有与所有权的天然联系为共有跻身于所有权提供了充分的理由，因此，共有通常被狭义在所有权的范围之内，“只是所有权的一种形态”。①

共有是两个或两个以上的所有权人就同一物共同享有和行使所有权。共有的一般特征表现为同一物、多个所有权人和一个所有权。同一物是已被法律识别为一物的物，是某一个、某一群、某一家等具有特指意义的财产；多个所有权人形成了共有人群体，但每一个共有人都是同一物上的独立民事主体，共有人群体本身不是所有权人；一个所有权意味着多个所有权人共同占有、使用、收益和处分以及以其他方式支配同一物，每一共有人都不能擅自决定如何行使所有权。由此，共有形成了两个相互关联、相互作用的法律关系：一是共有人与非所有权人之间的关系，二是共有人之间的关系。前者是所有权关系的反映，但由于非所有权人面对的所有权人不止一个，非所有权人与共有人之间的关系因而有了单一所有权关系所没有的复杂性；后者则是单一所有权中根本不存在的关系。共有人之间互负权利义务，非一般的所有权规则所能调整。因此，共有作为将内外关系结合起来调整的法律制度，在所有权中不可或缺，大陆法系民法典无一例外地以较多的条款规定共有。一般认为，共有分为按份共有和共同共有。按份共有来自罗马法的共有，共同共有来自日耳曼法的合有，日耳曼法中还有总有，但“在当代各国民法中，已基本上不存在着作为一项独立的财产权的总有权制度”。② 此外，谢在全先生还提到了“互有”，“即依共有物之性质，共有人无分割请求权之共同共有，例如建筑物区分所有中建筑物共有部分即属此类”。③

按份共有又称为分别共有，指两个或两个以上的所有权人按照各自的份额对共有财产享有和行使所有权。按份共有的基本特征是：“各个共有

① 王利明：《物权法论》，中国政法大学出版社 1998 年版，第 327 页。
② 王利明：《物权法论》，中国政法大学出版社 1998 年版，第 329 页。
③ 谢在全：《民法物权论》，中国政法大学出版社 1999 年版，第 275 页。

人对共有物享有不同的份额。”[①]份额大小是某一共有人享有权利和承担义务的基本依据。但是，不能将份额看成是共有财产所有权的瓜分，“按份共有并不是分别所有，各个共有人的权利不是局限于共有财产的某一具体部分上，或就某一具体部分单独享有所有权，而是及于该财产的全部”。[②]即使共有人转让自己的份额，也不是该份额构成一个所有权，而只是共同处分共有财产的一种形式。其他共有人拥有同等条件下的优先购买权，正是其他共有人参与共有财产份额转让的表现。按份共有人之间的关系以份额为纽带。一般而言，在权利方面，份额越大，就越有发言权，当份额超过一半时，往往能决定共有财产事务；份额越大，收益越多；份额大，共有人在转让、抛弃自己的份额或设定份额上的负担时，所受的限制也少。在义务方面，份额越大，承担的费用和风险也越大，管理费、维修费、税款及保险费等涉及共有财产的开支和因共有财产事务产生的亏损或赔偿责任，也与份额挂钩。份额，体现了共有人对共有财产的支配的自由限度。按份共有通常由共有人的意思成立，因而必须承认和发挥份额在解决按份共有人之间关系中的主导作用，法律应充分尊重按份共有人之间的约定和尽量少限制份额的作用。按份共有人与非所有权人之间的关系则不以份额为必要条件，对非所有权人，任何一个共有人都是所有权人，必须予以同等的尊重，同时也有权要求任何一个共有人不滥用所有权。因此，不应根据共有财产所产生的权利或义务是否可分决定共有人与第三人之间的责任关系，[③]而应根据共有人与第三人之间的关系是基于整个共有财产还是某一共有份额产生的事实加以判断。非所有权人侵害共有财产对全体共有人承担侵权责任，第三人对共有财产所负的债务对全体共有人负履行责任，因共有财产事务而发生的对他人的侵权责任和违约责任由全体共有人承

① 王利明：《物权法论》，中国政法大学出版社 1998 年版，第 333 页。
② 王利明：《物权法论》，中国政法大学出版社 1998 年版，第 333 页。
③ 梁慧星主编：《中国物权法草案建议稿》，社会科学文献出版社 2000 年版，第 425 页。

担连带责任。但是,他人只与某一共有人发生民事关系,只是某一份额,如抵押产生担保的权利义务,与全体共有人无涉,只能产生相应的份额责任。为了防止第三人与某一共有人恶意串通损害共有人的利益,应有视第三人的过错性质和程度与某一共有人共同承担部分或连带责任的制度。

按份共有有三个较为具体的问题。

(1)优先购买权。这是指一共有人转让其份额,其他共有人在同等条件下有优先购买权。据说这是基于限制共有人人数的增加和简化共有关系的考虑。[①] 一般而言,按份共有的成立和存在与共有人之间的相互了解和信任有着直接的关系,份额的转让可能影响共有关系的稳定,从这个意义上说,赋予共有人优先购买权是必要的。但是,这不等于说优先购买权必须是一项强制性规则,如果共有人约定或法律规定不设优先购买权,应该是可以的。现代社会的经济活动有较大的开放性,只要经营利益有足够的吸引力,与谁共有常常不是首要因素。在许多经营形式中如上市公司、开放性基金,允许资本的自由进出本身就是一个基本条件,上市公司是全体股东按份共有,股东买卖上市公司的股票是转让、受让其股票份额,这不能有优先购买权,不然证券市场就得关门。再说,优先购买权的作用也有限,同等条件是一个伸缩性大、易被规避的概念。如果共有人一定要将份额转让给非共有人,非共有人一定要参与共有关系,那么,在同等条件下做些手脚是能够天衣无缝的。优先购买权是共有所有权内容和效力的延伸,对转让份额的共有人,优先购买权是一项共有所有权的负担,对其他共有人,优先购买权是共同所有权表现在份额上的权能。所以,优先购买权不仅约束转让份额的共有人,而且能对抗第三人。如果第三人应知财产上存在共有关系或明知共有人未放弃优先购买权而购买共有财产份额,不适用“物权排他效力止于交易安全”的规则,其他共有人可以主张份额转让行为无效。共有优先购买权的产生、行使和消灭在程序上应有操作上的要求,

① 梁慧星主编:《中国物权法草案建议稿》,社会科学文献出版社 2000 年版,第 425 页。

什么时候以什么方式告知和答复有关优先购买权的事项，是一些极易扯皮的环节，物权法不作具体规定容易引发许多本可避免的争议和纠纷。

（2）持不同意见共有人权益的保护。一般认为，“共有人的约定具有优先效力”，①没有约定而涉及共有财产管理事务的，由共有人投票决定，以超过份额半数为准，涉及共有财产处分事务的，须经全体共有人同意。有约定和没约定，都不免出现少数有时还是多数共有人虽有不同意见但囿于约定或投票结果而不能不服从的情形，这时就有一个他们的权益如何维护的问题。共有关系客观上蕴含着共有整体利益与个别共有人利益的冲突，为了共有整体利益而适度限制个别共有人利益是应该的，共有人对共有财产和其他共有人的义务也体现了这一点，但是，这种限制不应该对个别共有人利益产生实质性的损害。非经营性的按份共有问题或许较少，经营性资产的按份共有，无论是合伙或上市公司，经常出现大股东恶意经营或重大过失损害之类的现象，持不同意见共有人权益相对脆弱，物权法应采取相应的保护措施：一方面约束约定或决议的内容。约定或决议不能排除一般所有权的法定义务，不能违背权利义务一致的原则，不能以损害部分共有人权益为目的，约定和决议违反法律、行政法规、公共利益或显失公平的，共有人有权主张无效或撤销。像郑百文重组以股东大会决议的方式强制股东将50%的股份无偿转让给候任大股东之事，令人不可思议。股份本身是股东的个人财产，而非股东们的共有财产，岂能由股东大会决议处分？② 有一点必须清楚，共有事务不包括处理共有人份额的事情。因此，股东大会以公司重组为名处分股东的股份是越权、侵权。另一方面确立重大过错责任追究制度。大股东操纵上市公司损害广大中小股东利益在中国屡见不鲜。共有人管理、使用和处分共有财产，不过是受全体共有人之托，必须对全体共有人负责，其故意或重大过失造成共有人财产损失或其他共

① 梁慧星主编：《中国物权法草案建议稿》，社会科学文献出版社2000年版，第423页。
② 孟勤国：《郑百文重组与公司法人所有权说》，载《法学评论》2001年第4期。

有人利益受损害，承担侵权责任天经地义。天津广厦敢以极其拙劣的手段造惊世之假，与PT红光的小股东告状无门有没有关系？明摆着不用承担责任，还有什么不敢做的？

(3)共有人约定或决议对继受人的效力。份额由原共有人出售或其他方式转让给共有人以外的人，现有的共有人约定或决议对继受份额的人应有约束力。这是因为继受人接受的份额是一个既含有权利也含有义务的整体，服从约定或决议是份额义务之一，是共同所有权的一项不可分离的负担，继受人不能只接受权利而不接受义务。继受人接受份额，等于是对现有的共有人约定或决议作出了承诺。有的学者认为共有人之间订立共有权的管理和利用合同是债权，不能对抗善意的第三人，[①]这非常不妥。共有物的管理和利用是基于共有关系而产生的约定，是共有人共同支配共有财产的具体表现，就其性质是物权而不是债权。即使是债权，继受人愿意成为共有人，加入这个圈子，也就不再是一个与合同无关的第三人，正如自愿为他人履行合同的人同样继受合同约束一样。当然，继受人只有在份额转让完成之后才受约束，在此以前，继受人还不是共有人。

按份共有广泛存在于社会生活的各个领域，在现代社会中，最为普遍的莫过于股东对股份公司财产的按份共有。股东对股份公司财产拥有所有权，这一直是常识。马克思说："股票只是对这个资本所实现的剩余价值的相应部分的所有权证书。"[②]西方大多数学者认为，股东拥有公司，但由董事会管理。[③] 王利明先生也认为，"从西方社会的现实经济来看，我们所见到的是另外的现象，而这些现象使我们得出的只能是与股东丧失所有权的观点相反的结论"，[④]"无论将来股权会如何分散，都不应改变股东对股

---

① 王利明：《物权法论》，中国政法大学出版社1998年版，第341~342页。
② 《马克思恩格斯全集》第25卷，人民出版社1974年版，第529页。
③ 沈四宝：《西方国家公司法概论》，北京大学出版社1986年版，第113~114页。
④ 王利明：《物权法论》，中国政法大学出版社1998年版，第499页。

份企业的所有权”。[①] 我在1988年与韩志国先生商榷时就坚持股权是所有权的观点，至今没有改变：“股权具有明确的所有权效力，这表现在：(1)股东有权在股东大会上就公司的重大问题进行表决。股东大会，按其实质，就是按份共有人(股东)共同决定共有财产(公司资产)命运的过程。(2)股东有权取得股息和红利，这种收益直接来自于股东的投资财产，与实物所有权中的收益具有相同的性质。(3)股东有权了解公司的经营情况，查阅有关业务资料，从而间接控制公司资产的经营。(4)在公司解散后，股东有权分得公司剩余资产，股权重新恢复到股东对一定货币价值的所有权的一般状态。”[②]

但是，自20世纪80年代末冒出法人所有权说以后，股权是所有权的常识在中国受到挑战。有说股权是债权的，有说股权是社员权的，有说股权就是股权，是独立于物权、债权的民事权利的，但万变不离其宗的是：“股权不是所有权。”这不过是为公司法人所有权鸣锣开道。因为一旦承认股权是所有权，按一物一权原则，公司法人所有权就无从谈起。股权不是所有权的观点虽然时髦，但解释不了一些浅显的问题：一个私人投资的企业当然归私人所有，一个国家投资的企业何以不归国家所有？一个企业不搞股份制归投资者所有，一划分股份何以就变成了企业所有？似乎没有人说比尔·盖茨不是微软公司的老板，何以国家当了股东，公司的所有权就只能属于公司？这里或许需要更广泛一点的常识。股份制只是一种经营形式，其本身没有任何确定财产归属的内容和价值，是公司的资产划分为一定的等份，才有了股票或股份，进而有了股权的说法。这种法律技术手段没有也不可能改变公司资产为投资者所有的基本事实。我们可以说股份制使公司资产所有权表现为股权形态，但不能说股份制将投资者的所有权移转给了公司，因为股份制并无移转所有权的性质和功能。广义上讲，合

① 王利明：《物权法论》，中国政法大学出版社1998年版，第504页。
② 孟勤国：《也论法人所有制》，载《中青年经济论坛》1988年第4期。

伙中也存在股权，为什么合伙财产又不算合伙企业所有？如果是因为合伙企业不具有法人地位，那么，以企业是否为法人作为确立所有权归属的依据则更为荒谬。国有独资企业也是法人，所有权岂不也得归企业不归国家？如果这样，有什么理由让不是所有权人的无限公司股东承担无限责任？法人是一种组织，是拟制的法律人格，与财产所有权毫不相干。公司法、企业法等民事主体组织法与财产法是两个不同的法律范畴，财产所有权的问题只能由财产法解决，说公司法的财产权问题由公司法解决，物权法不管，这不是出于疏忽就是另有所图。必须指出，仅仅说股权不同于所有权，并不能证明股权不是所有权，现在对股权的一些解释非常武断。股权如果是债权，为什么股权能直接或间接支配公司资产并对抗第三人？股权如果就是股权，是否意味着改变整个民法体系，在物权、债权、知识产权、人身权、继承权后加上股权？没有谁解释过这些。

其实，股权是所有权的一种特殊形态，肯定有一些不同于一般所有权或其他所有权的特点，只要基本性质和内容相同，股权依然是所有权。股权当然有自己的特点：(1)不能像实物所有权那样表现为对财产的直接占有和使用权能，它只是对公司资产价值的支配和控制权，具体地说，表现的是表决、收益、取回剩余资产和处分股权的权能；(2)法律关系不像单一所有权那样简单，它体现着股东与非股东之间的外部关系和股东之间的内部关系。公司的章程是股东们依法作出的共同约定，公司的重大决策由股东们投票决定，股份是股东投票票数和分享公司经营利益的依据，股东的出资义务和公司亏损的风险责任按股份分担，他人侵犯公司资产和公司对他人承担民事责任最终都与股东权益有关，股权同样可以转让、设定负担和抛弃，上述这些与按份共有的基本性质和内容不无一致。深入分析股权，在合伙、有限公司、股份有限公司中也有差别。与公认为按份共有的合伙相比，有限类公司制对股权的影响体现在：以有限责任锁定股份上的亏损和风险责任，以章程协议规范共有人协商决策共有事务的程序和方式，以公众组织排除共有人内部的优先购买权，以治理结构分离共有财产的所有和经营。但是,这些差别因共有财产的经营方式和组织形式的不同而产生,并不意味着所有权上有什么本质的变化,从共有所有权的角度看,公司制与合伙没有根本不同,因此,股权不仅是所有权,而且是地地道道的按份共有。

共同共有,我国台湾地区称为公同共有,是两个或两个以上所有权人在共同关系存续期间对共有财产享有和行使所有权。较之于按份共有,共同共有表现了两个基本特征:

(1)存在一个与财产目的不同的共有关系。共同共有不像按份共有那样直接产生财产共有,恰恰相反,是先有一定的共同关系,才有财产共有,而且一定的共同关系不以财产共有为目的。基于婚姻目的产生的夫妻关系,基于继承目的形成的继承关系,基于家庭生活目的形成的家庭关系,这些共同关系的产生、存续和消灭,自有其特定的法律事实。共同关系是财产共同共有的法律事实,一般而言,共有人之间对共有财产的争议不影响共同关系,共同关系却决定着共同共有的存废,如夫妻俩对共有财产的管理或许没有任何分歧,但一旦离婚,财产共有则非瓦解不可。共同关系的建立和消灭,须符合法律规定的种类和要件,实行的是共同关系法定原则,没有法律依据,当事人不得建立和消灭作为共同共有基础的共同关系。订婚不产生共同共有,因为订婚不具备婚姻关系的成立要件;分居不消灭共同共有,因为分居还不是离婚。

(2)无份额可言。共有人没有属于自己可处分的份额,更不存在以份额享受权利承担义务的问题,无论共同关系的形成基于何种事实,无论共有人对共有财产有无贡献、贡献大小,对共有财产支配是同等的。没有共有人的全体同意,哪一个共有人都不能擅自管理和处分共有财产。共有人对共有财产享有平等的占有权、使用权和共同享受收益,同时也平均分担共有财产维护、保管和改良等发生的费用。对外关系上,任何一个共有人都有权向他人主张共有财产的权利,同时,因共有财产产生的债务或对他人的损害,全体共有人承担连带责任。在共同关系存续期间,共有人不得提出分割共有财产的要求，只有在共有关系消灭的前提下，才能按照一定的法律规则分割共有财产。一般而言，共有人之间有协议的，按协议分割；无协议的，按均等原则分割，但法律可以规定多分或少分的情形，如照顾弱小共有人、贡献多的共有人、无过错共有人等。

共同共有的典型形式是夫妻共有、家庭共有和法定继承共有。对建筑物区分所有权中的共有，一直存在性质上的争议。建筑物区分所有权的概念有狭义、广义和最广义三种。[①] 无论哪一种，都认为建筑物中的共有部分，如屋顶、外墙、楼梯、走廊、水塔、自来水管等，为区分所有权人共有，但有的认为是按份共有，有的认为是共同共有，有的认为既可以是按份共有，也可以是共同共有。[②] 区分所有权人对共同部分的权利确有一定的特异性，按《城市异产毗连房屋管理规定》，权利的享有和保护是不论份额的，修缮的费用有的按份额，即一户所有的房屋面积承担，有的在毗连的两户之间分摊，有的则根据建筑物的结构和部分确定责任。但是，从其基本性质出发，区分所有权人的共有权应该是共同共有。首先，区分所有权人之间存在共同使用同一建筑物的关系。由于建筑物的不可分性，尽管建筑物被区分为单元，各单元经登记被识别为一物，区分所有权人对其自有的部分拥有独立的所有权，但基于建筑物功能的需要，区分所有权人无论愿意与否，都必须与建筑物中的其他业主共同使用建筑物的共同部分及设施。事实上共同部分及设施的价款也已分摊到区分所有权人自有部分的房款之中，区分所有权人是因为使用自有房屋而不得不成为共有人，是共同使用关系决定了共有。其次，共同使用关系只有在建筑物的各单元同归一人的情况下才会消灭，因而排除了共有部分及设施分割的可能性。任一区分所有权人都不能要求分割共有部分及设施，如果无法忍受，唯一的选择只能是退出共同使用关系。某些共同部分或可由区分所有权人依照法律和协

---

① 王利明：《物权法论》，中国政法大学出版社 1998 年版，第 357~362 页。
② 王利明：《物权法论》，中国政法大学出版社 1998 年版，第 388~389 页。

议确定给某一区分所有权人管理、使用，但这不是分割，因为所有权仍是全体区分所有权人的。再次，共同部分的权利不能为某一区分所有权人转让、设定负担或抛弃，也不存在优先购买权。区分所有权人只能处分自有部分之所有权，不能对共同部分及设施作任何处分的意思表示。受让人取得区分所有权后，当然成为共有人，正如结婚后夫妻当然成为夫妻财产的共有人。共有部分及设施的义务承担要依据自有部分的比例，但绝不意味着自有部分的比例就是共有权利的份额，谁也不能说自有部分比例小者就该少用几次共有的楼梯、走廊及设施，无论自有部分的大小如何，区分所有权人对共有部分及设施的权利都是平等的。最后，共同使用关系的内容和条件也是法定的。建筑物如何管理和使用，英美法系、大陆法系各国普遍制定了强制性规范，当事人很少有自行其是的余地。① 确定区分所有权人共有权性质，不过是建筑物区分所有权立法的一个前提。按份共有或共同共有可以形成不同的价值取向，前者将使立法倾向于尊重区分所有权人的个别意志，后者将使立法倾向于突出区分所有权人的共同利益，由此产生的法律规则也将大不相同。现时的法国、德国、英国、美国关于建筑物区分所有权的规定都比较强调区分所有权人的团体利益，如果中国物权法也这样做，只有共同共有才能与之相吻合。

与共同共有相当接近的总有，“在当代各国民法中，已基本上不存在”，②因为“随着社会经济的发展，总有权形式已经转化为法人的独立财产权”，③因此，传统物权理论一般不将总有作为共有的内容。这种各国不用中国也不用的思路与各国有中国也得有同出一辙，如果能够解决中国的一些财产问题，为什么不用？总有，“指由一定的团体对标的物享有管理权能，而由其成员享有标的物的收益权能”，④其特点是团体行使管理和处分

① 王利明：《物权法论》，中国政法大学出版社 1998 年版，第 367~371 页。
② 王利明：《物权法论》，中国政法大学出版社 1998 年版，第 329 页。
③ 王利明：《物权法论》，中国政法大学出版社 1998 年版，第 328~329 页。
④ 王利明：《物权法论》，中国政法大学出版社 1998 年版，第 328 页。

权能,团体成员行使使用和收益权能;团体成员脱离团体丧失团体成员的身份,即自然失去使用、收益等权利;团体成员人数较多,以一定的团体规则加以约束,团体对团体成员的不当使用和收益的行为,有权主张物权之诉。上述总有的含义和特点对中国物权立法应该说很有启示意义。中国社会广泛存在集体所有制组织,其中绝大部分是农村集体经济组织。这是一种以村、乡区域为基础的共同体。村民、乡民,从出生之时起就是当然的集体经济组织成员,即使长期不耕作,只要户籍登记没有改变,依然是共同体的一分子,因高考、婚嫁、参军等原因迁出户口,即失去集体经济组织成员的身份,同时也失去其在集体经济组织中可能享有的一切财产权利。土地是集体所有,但家庭联产承包责任制确定了集体经济组织成员以户为单位的土地使用权和收益权,这是宪法规定的不可剥夺的权利。集体经济组织的土地所有权仅仅体现为管理和特定条件下的处分权如国家征收。承包合同和法律法规以及乡规民约规范着家家户户,当出现违反承包合同等纠纷时,集体经济组织能将村民、乡民告上法庭。如将集体经济组织指代为团体,村民、乡民指代为团体成员,那么,所谓的农村集体所有,从各方面看,与总有的特点吻合。目前,对集体所有权认识不一,我们或可借助于总有平息争议。

一般认为,集体所有权是公有制的一种表现,公有财产的主体是单一的,而总有是广义的共同共有,有多个所有人,主体是复数,两者不能相通。这恐怕有些先入为主。集体财产属于某一集体组织所有,不等于集体财产可以脱离集体组织成员而存在。没有个人,何来集体?集体经济组织是由集体组织成员组成的,集体经济组织所有在某种意义上可认为是集体组织成员共同所有,因为任何一个集体组织成员与集体财产都有着不可分离的利益关系,集体经济组织财产的占有和支配,最终是集体组织成员的共同行为,集体所有权与集体组织成员的权利义务不可分割,因此,不能将集体经济组织与个人割裂开来。再说,为何非将公有财产的所有权主体解释为单一不可?如果将公有财产的所有权解释为成员权,公有财产的所有权主体就是多元的。这只不过是一个如何解释的问题。其实,认可集体组织成员是集体经济组织的所有权人,只要将他们框在总有的范围内,并无政治风险。如真有风险,也不是坚持公有财产所有权主体单一所能排除的。怎么看待集体经济组织与集体组织成员之间的关系属于主观范畴,“共有和公有是不同的。前者属于法律上的所有权范畴,后者属于经济上的所有制范畴,两者之间是不能比较的”。① 既然如此,就不能说公有财产的所有权人只能有一个,逻辑上,公有和共有不是非此即彼的关系,完全可能出现既是公有又是共有的情形,集体所有制是公有制,集体所有权是共有(总有),这里并无冲突。或有人说,团体不是法人,集体经济组织是法人,两者性质不同。但是,为什么非要坚持总有团体不能是法人或者集体经济组织必须是法人?总有是一种所有权形态,着力反映所有权内部关系,法人是一种民事主体,是对外民事活动的身份,两者不是同一层面的问题。总有在历史上被限于非法人的团体内,是因为日耳曼法总有制度中断于近代法人制度确立之前,没有机会表现为法人团体所有。实际上,总有团体成员“对所有物无应有部分存在,不能请求分割”,②丧失团体成员资格即失去任何对总有财产的权利,这与集体法人所有权差不多。在日耳曼法中,村落共同体不是法人,现代中国的村、乡共同体是法人,但作为以区域性、身份性为特征的团体,它们的基础结构和功能是相同的,只是法律赋予的主体地位有所不同。如果法律认定总有团体具有法人地位,总有权是总有团体法人所有权,问题不就解决了吗?在集体经济组织是法人的前提下,从外部辨识集体财产,总有表现为集体经济组织法人所有权;从内部辨识集体财产,集体经济组织法人所有权也就是总有权。如果一定要坚持总有不能是法人所有,那么,也可以放弃集体经济组织的法人名分,集体经济组织的法人

---

① 王利明:《物权法论》,中国政法大学出版社 1998 年版,第 330 页。

② 谢在全:《民法物权论》,中国政法大学出版社 1999 年版,第 274 页。

地位对于集体组织而言并无多大实际意义。① 只要法律规定总有团体对外承担责任以总有财产为限,团体成员不对团体债务承担无限连带责任,有没有法人的名分无甚紧要。集体经济组织与一般法人确有不同,其形成或基于历史的原因,或基于自然的原因,与社团法人、财团法人都不一样。其存在和发展,也不取决于财产因素,农村集体经济组织即使欠下巨额债务,也不存在破产清偿问题。由此可见,将集体所有权理解为总有,在法律技术上并无障碍。

以总有规制目前中国社会的集体所有权,具有下列现实意义:

(1)廓清集体经济组织上的混乱局面,还集体经济组织以本来的面目。改革开放以后,由于各种原因,许多私人合伙、股份合作乃至于个体户因挂靠一些集体经济主管部门而成了集体组织。这种名为集体实为个体、名为集体实为合伙的情况,混淆了劳动群众集体所有制的社会价值和基本内容。按总有的规则,不是几个人合在一起就能成集体组织的。集体组织必须是那些具有特定成员标志而且团体成员与团体的权利义务相互交融的团体。具体而言,中国社会只有两类集体组织:一是以村落共同体为基本形式的农村集体经济组织;二是20世纪50年代社会主义改造形成并延续下来的集体所有制企业。前者以村民、乡民身份为标志,以共同生产和生活的利益为内容。后者以集体企业职工身份为标志,以共同生产的利益为内容。需要指出的是,集体所有制企业经过几十年的公有化实践,已不存在任何投资者或股东,已是一个企业职工共同占有和支配一定的集体财产的共同体,企业职工是共同体内的平等一员,没有谁拥有财产份额,集体财产因而是公有财产。有些地方将集体所有制企业改制为职工持股,是对集体所有制性质的根本改变,有了股份自然有了处分、继承和抛弃等权利,与一般的股份制企业就没有区别。集体所有制是中国社会的一个不可改变

① 《民法总则》第96条将农村集体经济组织归入特别法人足以说明这一点。——本书修订补注

的现实，对集体所有权予以准确的界定，有助于稳定中国的社会关系，避免社会动荡不安。

（2）加强集体财产管理，防止集体资产流失。目前集体资产的流失相当严重。农村的征地款时常被一些乡村干部非法侵占、挪用和浪费；许多集体企业如国有企业一样，出现了穷庙富方丈的现象。这与集体所有权性质不明、主体虚化分不开。集体组织的负责人不是所有权人，也没有所有权人监督，集体资产的命运不免如此。按总有的规则，集体财产为全体集体组织成员共同所有，谁管理、如何管理事关集体组织成员的切身利益和共同利益，必须由全体成员共同决策、民主管理，不能任由某些部门和个人越俎代庖、独断专行。目前在中国农村推行的财务公开，与其说是村民自治，不如说是村民总有权的行使，因为其内容集中体现在经济利益上。集体所有制企业也应该像村务公开一样实行企务公开。集体组织成员有权关注和主张集体财产的管理和经营，这是民主决策的先决条件，是防止集体财产流失的首要措施。总有解释和提供了集体组织成员权利的基础、性质和内容。或许有人担心民主决策会导致集体组织成员分光集体财产，这种担心在总有中是不必要的，因为总有不允许集体组织成员将集体财产划分为个人股份，不允许分割集体财产，如果出现个别事件，国家和社会有权予以干预。

（3）维护集体组织成员的权益，促进集体经济的发展。在集体所有权主体中排除集体组织成员，客观上会将集体组织成员与集体组织对立起来，容易产生集体组织管理机关漠视和损害集体组织成员的合法权益，挫伤集体组织成员积极性的情况。农村所发生的侵害农民利益的事件，相当一些以村、乡集体组织的名义进行，甚至常常被认为是集体组织行使所有权，如随便找个理由变更、撕毁土地承包经营合同。集体所有制企业中，将企业职工当成雇佣工人的现象相当普遍，企业职工的主人翁地位和劳动与生活保障得不到应有的落实。按总有的规则，集体组织成员是集体所有权的真正主体，[1]他们共同行使集体所有权。依据共同的决议和规则，单个成员可以拥有管理部分集体财产和取得收益的权利，这种权利是基于团体成员与团体之间的共同利益所产生的，与集体所有权有着千丝万缕的联系，从某种意义上说，侵害这些权利也是侵害集体所有权。总有赋予单个成员对集体财产的占有、使用和收益的正当性，将个人利益与团体利益结合起来，对于合理利用集体财产和提高集体资产的效益，有着积极的作用。

总有意义上的集体所有权不同于法人所有权，即使是将集体组织作为一个法人，也只能称为集体组织法人所有权，以区别于财团性的法人所有权。集体所有权是具有特定成员标志的团体所有权，其团体组织的存在不基于财产结合的事实，而是自然人以一定身份的结合，是为了实现一定的共同生产和生活的目的。财团性法人所有权是财产的结合，与任何自然人没有关系，是为了实现特定的事业目的。集体所有权的享有和行使虽以团体的名义进行，实际上是全体成员的共同行为，团体成员与集体所有权有着不可分离的利益关系。财团法人由独立的理事会按章程和事业目的行使所有权，理事会成员与财团法人没有任何财产上的利益牵连。集体所有权原则上是不可消灭的，因为集体组织作为一个共同体所复合的社会职能决定了其不因财产债务而破产或因集体组织成员的决议而解散。财团法人可以在完成事业目的后或因财务、债务危机而消灭。当然，集体所有权更不同于有些学者心目中的公司法人所有权。

三、相邻人关系

相邻关系是不动产相邻关系的简称，准确地说，相邻关系应特指土地和建筑物相邻关系。这是一种以土地和建筑物地理位置毗邻事实为基础，以不同所有权人或占有人相互提供便利或避免妨碍为内容，以法定义务为

---

① 孟勤国：《论新时代的农村产权制度》，甘肃政法管理学院学报 2018 年第 1 期。——本书修订补注

主要形式的权利义务关系。地理位置毗邻首先指土地或建筑物的相互邻接，所谓的袋地、准袋地就是指一块土地四周不通或难通公共道路须借助于他人土地通行的邻接状态。同时也指土地和建筑物权利的行使涉及相互邻接的范围，如上游排水所涉及的不仅仅是邻接的相邻人，在排水下游范围内的都是相邻人。地理位置毗邻的法律意义在于土地或建筑物权属不同，无此前提，土地和建筑物的相邻仅仅是一个自然事实。相邻关系不是为了说明地理位置相邻的事实，而是为了解决不同所有权人或占有人在土地和建筑物利用中如何相处的问题。“土地所有权是相邻关系中的责任和诉讼的基础”。[①] 不同所有权人或占有人毗邻而居，不可避免地发生一些相互依赖和相互冲突的情形，为了相安无事，互相提供便利以满足互相依赖的需要，互相避免妨碍以消弭相互冲突的可能，成为社会和个人的共同选择。由于相邻关系广泛存在，形式多样，当事人多不能自由选择相邻人，相互提供便利和避免妨碍难由当事人自行协调，只能由法律作出统一规定，因而相邻关系的内容主要表现为法定义务。法定义务约束着相邻人，使任何一个准备入主土地和建筑物的人，不必首先考虑邻居是否和善的问题，再怎么横蛮的邻居也得履行法定义务。相邻关系解决了土地和建筑物权利的享有和行使中与他人利益的冲突和协调问题，是物权制度中不可或缺的部分。

相邻关系的权利义务性质使得大多数学者倾向于将其称为相邻权，“相邻权亦称相邻关系，谓相邻接不动产之所有人间，一方所有人之自由支配力与他方所有人之自由排他力相互冲突时，为调和其冲突，以谋共同之利益，依法律之规定直接所认权利之总称”，[②]但也有学者认为，“鉴于相邻关系制度之机能在于谋求实现不动产相邻各方‘冲突之际的利害的衡平调整’，因而舍弃相邻权的称谓而迳称‘相邻关系’，似能更准确地诠释相邻

---

① ［意］彼德罗·彭梵得：《罗马法教科书》，黄风译，中国政法大学出版社 1992 年版，第 235 页。

② 史尚宽：《物权法论》，荣泰印书馆股份有限公司 1957 年版，第 79 页。

关系制度之本旨”。[1] 这两种说法均有不足。所谓相邻权，确与相邻关系的本质和功能相去甚远。相邻权公认是“其性质为所有权之法律上限制”，[2]“对所有权的限制和延伸……并不是一种独立的物权，而是所有权的内容”。[3] 从本质上说，相邻权是所有权人对相邻人承担的义务，土地所有权人或占有人必须同意袋地的相邻人借地通行，因而限制了土地所有权或占有权。从相邻人一方看，相邻的权益不构成独立的民事权利，通行不过是相邻人的土地所有权或占有权在一种特定条件下的实现方式，通行权不过是相邻人所有权或使用权的延伸或表现。相邻权正如民法通则的监护权一样，有名无实。但如果只讲相邻关系，存在不能直接体现相邻义务与权利，尤其是所有权限制的性质和内容的问题，而且与民法的法律关系的习惯表达不合，民法的所有权关系、债权关系、人身权关系等都以权利义务为连接点。考察相邻关系，可以看到，相邻关系主要是一种义务。相邻关系约束土地和建筑物的所有权人或占有人，要求其为相邻人提供必要的便利和禁止其损害相邻人权益，只有在其不履行这些义务时，才会引出相邻人的特定的权利主张。如果不是土地所有权人或占有人旱时堵水、涝时决水，相邻人与土地所有权人或占有人或许一辈子都不相识。相邻人的相邻权益不需要登记，自然包含在其土地和建筑物的所有权或占有权中，当然也不存在转让相邻权益的可能。由此，相邻关系应该称为相邻义务以突出相邻关系作为所有权负担的一面。相邻义务是土地和建筑物上的一项法定负担，是土地和建筑物的所有权人或占有人基于共同利益而对相邻人承担的最低限度的法定义务。

这须从四个方面加以理解：

(1)相邻义务系土地和建筑物所有权或占有权的一项特定义务。相邻

---

① 陈华彬：《物权法原理》，国家行政学院出版社 1998 年版，第 356 页。

② 史尚宽：《物权法论》，荣泰印书馆股份有限公司 1957 年版，第 80 页。

③ 余能斌、马俊驹：《现代民法学》，武汉大学出版社 1995 年版，第 647 页。

关系或相邻权不是独立的物权类型，而是所有权中的一个问题，这是德国、日本、瑞士民法典的共同立场，也是大多数学者的观点。传统物权理论一般不讲所有权本身的义务，因而相邻关系被表述为一种所有权的限制。但所有权的限制其实就是所有权人的义务，相邻关系既然被包括在所有权中，意味着所有权人享有和行使土地建筑物所有权时应当履行一定的相邻义务，正如所有权的享有和行使不得损害公共利益一样。与所有权不得滥用不同，相邻义务面对的是特定的非所有权人（相邻人）。对不特定的非所有权人，所有权人不负有相邻义务。土地和建筑物的相邻义务不仅存在于所有权之中，而且也存在于占有权中，当土地和建筑物由非所有权人占有时，相邻关系由占有人与相邻人实际操作，许多因排污、施工、防险而发生的相邻义务，得由占有人履行，因此，学者们总是说“相邻不动产的所有人或使用人”，[①]而不仅仅说相邻不动产的所有权人。

（2）相邻义务的客体系土地和建筑物。地理位置毗邻是相邻关系的基础，谁是土地和建筑物之所有权人或占有人并不重要，重要的是，只要特定的土地和建筑物存在，总有一定的相邻关系。土地和建筑物的所有权或占有权的移转，只是改变所有权人或占有人，谁接手土地和建筑物，谁就当然成为相邻义务主体。相邻义务作为所有权或占有权的一项内容，随所有权或占有权移转而移转。因此，相邻义务的客体是也只能是土地和建筑物。认为相邻关系的客体是不动产权益或相邻实施行为，[②]混淆了相邻关系的内容和相邻关系的客体。土地和建筑物所有权人或占有人的相邻义务就是相邻人的权益和行为，一方的义务为另一方的权利组合成相邻法律关系，是权利义务相对性的表现，与权利义务的客体不是一回事。债务相对债权，没有谁说债务的客体是债权。客体是权利义务共同指向的对象，相邻义务因土地和建筑物而生，相邻人的权益和行为实现在土地和建筑物的

① 王利明：《物权法论》，中国政法大学出版社 1998 年版，第 418 页。
② 王利明：《物权法论》，中国政法大学出版社 1998 年版，第 419 页。

利用之中，是土地和建筑物将两者连接在一起。

(3)相邻义务涉及相邻人权益，包括财产权益和人身权益。相邻义务是所有权或占有权本身的义务，所有权人或占有人对相邻人履行相邻义务和承担不履行相邻义务的民事责任，属于所有权或占有权的范畴，但不能因此认为相邻人要求所有权人或占有人提供方便或避免妨碍的权利也是所有权或占有权的问题。相邻关系不是独立的物权关系，意味着相邻人的权益不具有独立性，只是相邻人的某一民事权利的具体体现。大多数情况下是物权，如截水、排水、通行、通风、采光等相邻关系中，履行相邻义务是为了相邻人能够合理地实现对其财产的占有和利用。但在某些情况下，相邻义务与相邻人的人身利益有直接的关系，如从土地和建筑物产生的尘土、噪声、异味、辐射、强光等持续地存在，对一定范围内相邻人的人身健康造成损害。这些侵权结果直接来自土地和建筑物，是土地和建筑物所有权人或占有人不履行相邻义务所造成的，但土地和建筑物的所有权人或占有人不控制土地和建筑物产生的有害物质，与一般的侵权行为有明显的区别，因此，可以说相邻义务是物权义务，但不能说相邻权益是物权权利。这也是物权法不应使用相邻权提法的一个原因。对于不履行相邻义务致使相邻人人身损害，德国法学界有相邻关系说和人格权侵害说的分歧，[①]中国的司法实践中也有类似的不同意见。[②] 显而易见，这是将相邻关系局限于财产权益而产生的分歧，没有必要。相邻人的权益本身就包含人身利益，因相邻关系而产生的人格权侵害，当然属于相邻关系的范围。

(4)相邻义务系最低限度的法定义务。相邻义务一般由法律直接规定。众多的相邻人同时也是土地和建筑物的所有权人或占有人，其利益的相互排斥和冲突不易由当事人自行协调，非法律规定不足以确立和维护相邻秩序。而且相邻义务只能给相邻人以基本的便利和尊重，所有权或占有

① 王利明:《物权法论》，中国政法大学出版社 1998 年版，第 443 页。

② 王利明:《物权法论》，中国政法大学出版社 1998 年版，第 442 页。

权的保护毕竟是第一位的,确立相邻义务也是为了相邻人之间的所有权或占有权能得到平等、有效的保护,对相邻权益的保护必须控制在所有权或占有权所能承受的范围之内。因此,相邻义务应以不对土地和建筑物的所有权或占有权造成实质性损害为限度。相邻关系具有强制性,因而也不能随便扩张相邻义务。相邻义务只能是维持相邻秩序所必需的那些义务,相邻人之间如要相互提供更多的便利,可协商设定占有权如传统用益物权中的地役权。

一般认为,相邻义务的理论基础是所有权的社会化,但所有权的社会化源于19世纪末德国潘德克顿法学,两者显然不能扯在一起。土地和建筑物相互毗邻是一个亘古不变的自然现象,从土地和建筑物成为权利标识的那一天起,相邻义务就已存在。罗马法的排放雨水之诉、潜在损害保证金、防止暴力和欺瞒令状以及关于砍树的令状,就用于处理相邻关系。法国民法典的绝对所有权理念也没有影响其规定相邻义务,第640条关于低地承受高地的自然流水的义务与所有权社会化的瑞士、日本民法典的相关规定没有什么不同。说“相邻关系实为所有权社会化之具体表现,其基本理论乃在利用利益衡量之原理,使权利行使间之相互调和”,①未免牵强。如果这是想说明相邻关系的种类和内容与所有权社会化有关或许还沾点边,因为所有权社会化可理解为财产利用关系的发达导致了对所有权人限制的扩大。相邻义务的原因是土地和建筑物的地理位置毗邻,但种类和内容随着人类对财产利用的深度和广度的开拓而变化发展。19世纪以前,“社会经济以农牧业为中心,人类对于土地的利用以平面利用为主”,②而且以天然动力为基本手段,相邻义务的种类和内容比较简单。但现代社会,土地和建筑物的利用不仅是立体的和多层面的,而且是人为改造客观环境的过程,相邻关系的种类和内容也就复杂多样,如所谓不可称量物侵

① 谢在全:《民法物权论》,中国政法大学出版社1999年版,第172页。
② 陈华彬:《物权法原理》,国家行政学院出版社1998年版,第362页。

入的禁止，典型地表现了因煤气、蒸气、热气、烟气、灰尘、喧嚣、无线电波、光、振动及其他相类似者而生的相邻义务的时代特点。相邻义务本质上是财产利用中所有权人或占有人对特定的非所有权人所负的义务，这可以解释相邻人何以包括了土地和建筑物的所有权人和占有人，他们处于一个共同的生活圈子之中。相邻义务与财产利用的方式紧密结合在一起，财产利用方式的复杂、多样影响着相邻义务的种类和内容，使不同的相邻义务在现代社会中呈现出深刻的差异。民法通则规定了处理相邻关系的十六字原则，即“有利生产、方便生活、团结互助、公平合理”，将相邻义务抽象为一般规则。这一做法可取之处不多，除了公平合理对相邻义务有一定意义外，其他几条都充满理想状态。有利生产、方便生活，是从相邻人的需要出发的，是土地和建筑物所有权人或占有人牺牲自身利益而得的团结互助。理论上，土地和建筑物的所有权人或占有人也是相邻人的相邻人，相邻权益似乎是一种互助，而事实上，相邻义务往往是单向的，如在袋地的相邻关系中，享有相邻权益的总是袋地所有权人或占有人，履行相邻义务的总是给袋地提供出入通道的土地所有权人或占有人。因此，相邻关系的处理不能原则化，必须由法律根据实际生活的需要作出具体规定，以强制土地和建筑物所有权人或占有人履行最低限度的相邻义务。

提供便利的相邻义务主要有：

(1)提供必要通道。袋地或准袋地的所有权人或占有人必须在他人土地上占有一条通道以供出入。建筑物内外通道既可能是祖祖辈辈留下来的，也可能是基于产权变动或环境变迁开辟的，如江南许多独门独户的深宅大院在私房改造后成了十家八家的大杂院。历史的通道是祖辈之间的一种承诺，随着岁月的流逝演化为一条惯例、一种秩序、一个邻里和睦共处的标志，即使过窄过宽，除非出于公共利益的需要，不得由当事人加以改变。新开的通道若非当事人协商确定，依一般生活和生产的最低需要为标准，如居家生活的出入通道也就是一米左右的宽度，若想轿车出入只能与土地和建筑物的所有权人或占有人协商设定占有权。通道一经形成，具有公共性质，出入者不以也不可能以相邻人为限。主张享有通行权的人须为土地或建筑物的所有权人或使用人，①这种表述至少是不够确切。

（2）允许管线安设。现代社会是由管线架设起来的，水电、煤气、通信等各种各样的管道线路必须经过不同所有权人或占有人的土地或建筑物，容忍管线在自己的土地或建筑物上的安设和维护，是当然的相邻义务。但土地和建筑物所有权人或占有人有权要求充分说明管线的安设和维护非经其地不可或在此安设最为经济，有权要求管线的安设和维护以损害最少、影响最小的方式和位置进行，有权要求管线的安设和维护有足够的安全保证和环保水平，也有权要求管线安设和维护对自己生产和生活影响的损害补偿。

（3）临时供地使用。生产和生活中难免需要临时占有或进入他人土地。相邻人修房建屋可能在他人的土地上堆放材料工具，相邻人红白喜事或许在他人的地头屋后停放宾客车辆，相邻人的鸡鸭也许进入了他人的地界，相邻人在未设围障的他人田地、牧场、山林割草采菇，这些情形都符合生活常理。因而，对临时性占用或进入他人土地的相邻人，土地和建筑物的所有权人或占有人应予容忍，但有权要求相邻人充分说明理由，如周围无停车或堆放材料的空地；有权要求相邻人以恰当的方式、确定的期限和正当的用途占用或进入土地；有权要求相邻人在占用完毕后清理现场、恢复原状或进入时爱护草木。

（4）合理利用水源。水是人类社会的血液，水源的合理利用是相邻关系中最重要的问题，自古至今一直如此。水源的合理利用包括用水、蓄水、排水、承水。水源地、井、沟渠及其他水源地的所有权人或占有人有权使用自然源水，同时负有合理用水和与他人共享自然源水的义务。自然源水为社会共同利益的资源，土地权利不能作为垄断自然源水利益的依据，土地所有权人和占有人不能过度用水或拒绝相邻人依习惯取水、用水。所谓

---

① 梁慧星主编：《中国物权法草案建议稿》，社会科学文献出版社2000年版，第334页。

"使用邻地余水的用水权"①或可指人工蓄水,自然源水绝不应有余水的概念。土地所有权人和占有人可利用天然地形或筑坝设堰蓄水,但蓄水必须基于共同利益目的,须经全部相邻人协商一致或由国家依据公共利益决定,不得由土地所有权人或占有人单独为之。因为蓄水所引起下游水量和水势的变化,直接影响到相邻人的生存利益,不仅是水本身,有时还涉及环境的保护问题。蓄水后,土地所有权人和占有人应该承担维护坝堰的责任与费用,作为蓄水工程的对价,可对相邻人取用蓄水收取合理的费用。自然源水的排放和承受是相邻人之间的对等义务,自然排水产生了一方的承水义务,承水一方不得堵塞或妨碍基于自然原因,如高水低地、山洪暴发等产生的水流,以免排水一方的土地积涝成灾。同时,排水一方必须以自然的方式排水,不得人为改变水流的宽度、高度、流向,并应随时疏通水流,维护自然流水的状态,以免给承受方带来承水困难或损害。人工排水应与承水一方商量,对理由正当者,承水一方应予允许,双方并就人工排水的方式、流量、流向、时间、补偿作出安排。

关于提供便利的相邻义务须注意两点:

(1)相邻义务的产生和履行取决于自然条件。一定的地理位置和结构加上权属不同,形成了提供种种便利的自然需要,对于土地和建筑物所有权人或占有人而言,既无法避免还必须履行,没有任何选择的余地,即使相邻人不肯为所得便利支付补偿金,土地所有权人和占有人也不能中止提供便利。由此而言,提供便利的相邻义务只能以自然需求为依据,才能让土地和建筑物所有权人或占有人感到是自然条件所致而非立法武断,从而自觉履行相邻义务。从合理性上分析,既然提供便利与否不由土地和建筑物所有权人或占有人决定,那么,这一类相邻义务也只有严格限于自然需求之中,才能避免土地和建筑物所有权人或占有人的合法权益受到侵害。因此,土地和建筑物所有权人或占有人只能提供自然条件所产生的便利,不

① 梁慧星:《中国物权法草案建议稿》,社会科学文献出版社2000年版,第328页。

负有改善自然条件以利相邻人的义务。不能说提供了通道还得铺上水泥，允许停车还得平整场地，大旱之年水流干涸还须寻找水源保证有向下游的水流。只要其没有改变自然条件，因自然条件的变化和限制无法产生便利不属于不履行相邻义务。同时，相邻人只有在别无选择的情况下，才能要求土地和建筑物所有权人或占有人提供便利，如另有通道场地、非生产生活所需之管线、无正当理由进入他人土地和要求改变自然源水的流向或水量，就不能主张便利权利。相邻人也不能只享有便利，不承受便利所带来的副作用乃至于损害，如平常取用自然流水心安理得，洪水来了就责怪上游的土地所有权人或占有人没有筑坝防洪，这显然不合情理。简言之，自然条件及其需求是处理这一类相邻关系的价值取向和基本尺度。

（2）相邻义务直接影响到土地和建筑物所有权人或占有人的利益。提供了土地或场所，意味着所有权人或占有人实际占有土地面积的缩小或独占权利受到影响，如排水与承水意味着相邻一方经常不得不分担原本与其无关的旱涝灾害损害，由此产生了是否补偿、如何补偿提供便利一方的利益损害的问题。“于相邻关系中设立补偿金制度，为近现代各国民事立法之普遍做法”，①“包括两类，即对价性质的补偿金条款与补偿性质的补偿金条款”，②陈华彬先生主张仿而效之，这值得商榷。提供便利为法定义务，接受便利是相邻人的一种法定利益，两者之间并不存在对价关系，也没有形成对价的合同基础。相邻利益素有相邻人所有权、占有权延伸之称，就其本质，不过是相邻人民事权利的内容之一，为自己的权益而且是天然存在的权益支付对价，不符合法理。从理论上说，相邻义务是双向的，现在你给我提供便利，以后或许我给你提供便利，若要一一支付对价，相邻人仅是协商和确立对价就能生出许多事端。确定通道所占土地的租金，或许不是难事，进入他人山地寻找走失的牲畜，该如何支付对价？因此，相邻关系

① 陈华彬：《物权法原理》，国家行政学院出版社 1998 年版，第 365 页。
② 陈华彬：《物权法原理》，国家行政学院出版社 1998 年版，第 366 页。

应实现法定便利无对价的原则。土地和建筑物所有权人或占有人必须而且只需提供最低限度的便利,这是附属于土地和建筑物所有权或占有权的义务,是土地所有权或占有权行使的先决条件,不存在向特定的相邻人主张利益补偿的问题。对土地和建筑物所有权人或占有人的利益保护,主要体现在将提供便利控制在最低限度,不扩张相邻人得到便利的权利。如果最低限度的便利不足以满足相邻人的需要,相邻人可与土地所有权人或占有人协商设定占有权并支付对价,如果相邻人擅自扩张相邻利益或不以损害最少的方式行使便利,则须承担损害赔偿的责任。至于提供便利所需费用,当然应由相邻人支付,与补偿金不是同一概念。

避免妨碍的相邻义务主要有:

(1)不影响相邻人的通风、采光。现代社会的经济功利目的不断压缩通风、采光的自然需求,但作为人类生活的基本需求之一,它们不能被无限制地压缩。建造房屋或其他定着物,必须在距离和高度上充分考虑相邻人建筑物或其他定着物通风、采光的最低需求,一般而言,通风、采光标准在城市应由城建规划确定,在农村依村规民约或习惯,梁慧星先生主张的冬至当天四小时日照时间①也是一个标准,只是日本的地理环境和生活习惯恐怕与中国大有不同。建筑物及其他定着物阻风挡光导致相邻的建筑物及定着物通风、采光不足,低于应有标准,应视为相邻义务的违反。

(2)防止危及相邻人的地基及建筑物。所有权人或占有人在自己的土地和建筑物上施工或安装物件,须充分考虑是否危及相邻人的地基及建筑物。实践中经常发生一方施工导致相邻人地基和建筑物动摇、开裂乃至于塌陷的事件,也有因设置屋檐或其他物件导致雨水或其他液体倾注相邻人建筑物的情形。

(3)严格控制不可称量物。不可称量物是指"煤气、蒸汽、热气、臭气、

① 梁慧星:《中国物权法草案建议稿》,社会科学文献出版社2000年版,第361页。

烟气、灰屑、喧嚣、无线电波、光、振动及其他相类者”。[①] 在生产和生活中，难免产生不可称量物，它们会弥散到相邻人的土地和建筑物中，而不可称量物在性质上有损于人身和财产，达到一定量度和频率时会产生实质性的损害后果。因此，土地和建筑物所有权人或占有人必须将不可称量物控制在不损害相邻人的财产和身心健康的技术标准之下。

(4)允许相邻人处置越界植物的根枝叶实。植物根枝经常伸向相邻人的土地或建筑物，无论是否对相邻人构成损害，相邻人应有权处置越界部分的根枝叶实，土地和建筑物所有权人或占有人不应提出异议。梁慧星先生主张越界植物的根枝对于邻地之利用并无妨害时，相邻人不得处置。[②] 此说不妥。或许人人都爱夹竹桃，偏偏相邻人见之心烦、闻之嫌臭，这算不算妨碍？一定要有妨碍的理由，也只能以相邻人的体验为准。邻里关系和睦，即便有所妨碍也未必有异议，不然，相邻人可以找出一百个刈除的理由，只要其想刈除越界植物的根枝。法律没有必要揽上这类扯不清且实际意义甚微的事。

关于避免妨碍的义务，须注意三点：

(1)相邻义务一般产生于行为之中，没有施工或发出不可称量物，不可能妨碍相邻人。这与提供便利的相邻义务直接产生于自然条件及需要有所不同。避免妨碍的相邻义务并不总是发生，也不是不可避免，土地和建筑物所有权人或占有人以什么心态、什么方式从事一定的行为，直接决定着相邻义务的内容和形式。越有可能妨碍相邻人，妨碍越大，土地和建筑物所有权人或占有人的相邻义务和责任也就越重。妨碍是一个抽象的概念，具体内容总是有待于具体行为和妨碍事实，有时还须借助于一定的习惯或技术标准。喜庆之日燃放鞭炮，响声振天，灰屑飞扬，一般不会被认为是妨碍相邻人，但天天如此肯定不行。排放污水给相邻人带来的或许只是

---

① 梁慧星:《中国物权法草案建议稿》,社会科学文献出版社 2000 年版,第 345 页。
② 梁慧星:《中国物权法草案建议稿》,社会科学文献出版社 2000 年版,第 357 页。

污水横流引起的出入不便，但也可能是污水有毒成分引起的人畜污染，后果大不一样。相邻义务的限度与责任应以土地和建筑物所有权人或占有人的行为内容和方式为判别依据。此外，应充分注意不提供或没有恰当提供便利所导致的对相邻人的妨碍与避免妨碍的相邻义务之间的区别，如土地所有权人堵住流水的本质是不给相邻人用水的便利。

(2)相邻义务的前提是权利的正当行使，如果土地和建筑物所有权人或占有人滥用权利，不属相邻义务的问题。在自己的土地和建筑物上施工，目的通常是正当的，是所有权人或占有人行使和实现物权的一种表现，但相邻义务要求所有权人和占有人考虑到正当的行为是否也会产生妨碍相邻人的后果。如果施工的目的就是挖倒相邻的建筑物，性质则完全不同。在生产和生活中弄出一些声响或异味是难免的，但违反环保规定制造和排放废气、污水或噪声，则是另一回事。植物越界是自然事实，不能归咎于土地所有权人或占有人，但扔石头到相邻人的房上、园内，只能以侵权论之。正当与否，虽然以行为人的主观心态为基础，但终归要反映到行为之中，如是少量的还是大量的、偶尔的还是持续的、有所节制的还是无所顾忌的、合法合理的还是违法违规的，因而是可以判断的。相邻责任不是一种独立的民事责任，广义上也是一种侵权责任，但区别两者还是有必要的。基于相邻义务而产生的责任在内容和方式上倾向于和为贵，以消除妨碍为基本目的，不搞惩罚性赔偿，也不一定要恢复原状。

(3)相邻义务与物权支配行为不可分离。相邻关系以土地和建筑物为客体，意味着产生避免妨碍相邻义务的只能是那些对土地和建筑物的占有和使用或其他形式的支配行为。如果行为与土地和建筑物的支配无关，妨碍了相邻人，则属于侵权行为。"因采矿导致沙石飞扬、因盖房导致尘土四散等，显然与不动产权利行使有关"，[①]"甲在凌晨四点起床，因洗漱、关门、上下楼梯而产生不合理噪音，完全是人为的行为，与行使不动产权利无关，

---

① 王利明：《物权法论》，中国政法大学出版社 1998 年版，第 444 页。

所以,不能作为相邻关系案件处理”,①王利明先生举的这两个例子可资参考。但是,不能由此认为,妨碍也只限于相邻人对土地和建筑物的占有和利用。噪声影响相邻人的休息,尘屑损害相邻人的健康,对相邻人,严格地说是在相邻土地和建筑物上生产和生活的人,土地和建筑物的所有权人或占有人同样负有避免妨碍他人身心健康的义务。

相邻义务本质上决定于三个因素:一是自然条件、自然需要。提供便利的相邻义务直接源于自然条件、自然需求,这几乎是一种对应关系。避免妨碍的相邻义务取决于一定的行为,但由于行为内容为支配土地和建筑物,最终也受制于自然条件、自然需要。通风、采光、施工和控制不可称量物,要在一定的自然环境下进行,以一定的自然需求为基准,因此,避免妨碍说到底就是要满足相邻人的自然需要。自然条件、自然需要,决定着邻里之间和睦相处的基本内容和结构,自然条件、自然需要越突出,这种关系就越清晰越直接。二是历史与现状。自然条件、自然需要非一朝一夕所能形成,是人与自然的长期互动才有特定的自然环境,几十年、几百年乃至更久远的共同生活造就了人们对相邻关系的独特理解。相邻关系的历史和现状是前人留给我们的遗产,蕴含着前人对相邻关系的承诺和经验,前人能和睦地生活下来,后人没有理由不认同、不承诺这种相邻关系。因而,尊重历史与现状,对于相邻关系有着特定的意义,除非确有重大理由,不应改变相邻关系的现状。三是公德意义上的合理性。共同生活关系的命脉是互助互让,相邻关系也不例外,不能以商品交易的公平合理衡量相邻人利益的得失。互助互让,本质上是一种不以对价为目的的付出,一种为实现共同利益需要而作出的牺牲,只能以长期共同生活形成共同价值取向和标准作为合理性的标准。共同的价值取向和标准是以一定的认识、文化、习惯、惯例表现出来的带有倾向性的认知,是道德范畴的东西,但可以衡量这样做合适,那样做过分或不道德。提供便利不能以索取利益为前提,行使

① 王利明:《物权法论》,中国政法大学出版社 1998 年版,第 444 页。

相邻权益应以最小损害方式为之,这些都是以一定的道德观念和准则为基础的合理性。上述三点不是相邻义务的具体内容,而是说明和解释相邻义务的社会生活条件,相邻义务只有扎根于这些因素之中,才是科学的、正当的、合理的。

对相邻义务作准确的把握,有助于澄清一些是非。王利明先生的下列观点应该得到重视:一是不能将地界不明、产权不清的纠纷当成相邻关系纠纷。① 中国的山林、土地纠纷绝大部分是权属纠纷,按相邻关系处理颇为不当,其结果总是毫无原则地和稀泥。相邻义务以地界清楚、产权明晰为前提,只有明确产权、地界,才有相邻人和相邻义务可言。产权争议应按确权原则解决,该是谁的就是谁的,绝不能以所谓的有利生产、方便生活为由调整产权关系,剥夺一方的所有权或占有权。产权问题解决后,始有相邻义务。二是不能将共有权纠纷包括建筑物区分所有权纠纷当成相邻关系纠纷。② 共有权纠纷是同一物权内部的纠纷,相邻纠纷是不同物权之间的纠纷,两者性质完全不同,所涉及的利益和处理原则也大相径庭。一个共有人总要关心共有财产的现状和命运,而一个相邻人绝对不能对相邻一方的土地和建筑物所有权或占有权说三道四。一堵墙是共有的和一堵墙是我的但须给相邻人提供一定的便利之间无共同之处。三是不能将地役权纠纷当成相邻关系纠纷。③ 法国民法典以地役权规制相邻关系,一直受到普遍的批评,德国民法典将地役权与相邻关系区别开来,但思路不甚清晰。这是因为,它们没有将相邻义务限定在法定的最低限度义务之上。相邻义务所能提供的便利不能满足相邻人的需求,当事人之间约定占用一方土地,是一种设定于他人土地之上的占有权,属于交易的范畴,其内容与相邻义务截然有别。

---

① 王利明:《物权法论》,中国政法大学出版社 1998 年版,第 425 页。
② 王利明:《物权法论》,中国政法大学出版社 1998 年版,第 426~427 页。
③ 王利明:《物权法论》,中国政法大学出版社 1998 年版,第 438 页。

四、所有权类别

所有权概括和抽象了财产归属权利,表述了一切财产归属权利的共同本质。但在理论与实践中,所有权常被前缀特定的名词以指代某一具体的所有权,如土地所有权、集体所有权、共同所有权等。这不是因为所有权必须作这样的划分,而是为了反映和说明所有权在特定条件下的某些特性,以便物权法作针对性的规定。所有权总是与一定的主体、客体和法律事实联系在一起,主体、客体和法律事实的特点或多或少影响所有权,使所有权的内容和行使呈现自身的个性,其中有些个性无关紧要,有些个性不能忽略不计。以土地所有权为例,其所有权的权能形式与一般所有权有很大区别,在公法的压力下,土地所有权几乎没有什么自由处分空间,这种情形是基于什么原因发生的,合理性如何,怎么解释和处理,需要特别关注和研究,因此,就有了下列具有重要的理论价值和实践意义的所有权:

1. 不动产所有权。这是基于物权客体的特性而命名的所有权。动产与不动产分类在物权法中的重要地位,决定了动产所有权和不动产所有权概念的价值。按照本书以应否登记作为划分动产不动产标准的定义,[①]不动产是土地、房屋、车辆、船舶、航空器、部分有价证券等依法须经登记的物,是为社会所确认须纳入登记管理的重要财产。不动产的重要性由不动产自身的性质和功能所决定,而不动产的自然与社会作用各不相同,因而,不动产所有权在主体、内容以及其他方面明显受制于不动产性质与特点。土地所有权只能归国家和农村集体经济组织所有,其他法人和个人只能成为土地占有权的主体;车辆的占有和使用必须符合特定的用途和技术标准,轿车、货车的用途和性能由不得车辆所有人改变;上市公司股票的取得与让与有严格的程序要求,非经交易所的确认和过户不发生法律效力。表面看来,这些是因为不动产所有权受到了公法或公共利益的限制,其实,公

---

① 详见本书第三章"四、物权客体与登记"部分。——本书修订补注

法或公共利益之所以介入，正是因为每一种不动产对社会都有着特定的重要性。不动产所有权的享有和行使须受诸多规则的约束，不仅包括不动产登记和公示等，而且还有针对特定不动产的规则。物权法中，通常要对土地所有权、矿产资源所有权、建筑物区分所有权作出特别规定。

土地是一切生产和一切存在的源泉，在中国社会主义公有制条件下，土地所有权受到极其严格的限制。这些限制：

(1)土地所有权主体只能是国家或农村集体经济组织。除了确认给集体所有的土地外，一切土地归国家所有。这是由宪法而不是民法规定的，没有任何商量的余地，可以探讨的仅仅是谁代表国家和集体。国有土地的所有权以国家的名义行使，但按行政区域实行分级管理。法律授权特定的行政管理机关管理国有土地，这一现行模式目前看来没有其他选择。集体土地所有权的主体，在民法通则和土地管理法中有多种提法。王利明先生认为“农民集体经济组织”的提法应比“农民集体所有”的提法更为科学，[①]这恐怕得看物权法如何给集体所有权定性，如采总有说，村、乡农民集体所有的提法较能反映村、乡共同体内的居民均为集体成员的特征，如采法人之说，则村、乡农民集体经济组织的提法较能反映经济活动的组织体特征。即使采用集体经济组织的提法，也应理解为全体村民、乡民组成的集体组织，而非一般意义上的法人。这个集体组织是不能破产的，其所有的土地也不能用于债务清偿或强制执行。中国绝大多数农村尚在人均耕作0.8亩的生存线以下，事关农民的生存利益，没有任何理由剥夺用于生存的土地或排斥村民、乡民为集体组织的成员。

(2)土地所有权一般只表现为收益权能和管理权能。土地管理法及其相关法规对土地利用所作的严密规定，基本上排除了土地所有权人占有、使用和自行处分的可能。国家不可能直接占有和使用土地，国有土地的利用是在设定国有土地使用权并依法出让或划拨以后。集体土地在家庭联

---

① 王利明：《物权法论》，中国政法大学出版社1998年版，第529页。

产承包制下由农户承包经营，一般也不由农村集体组织占有和使用。无论是各级政府部门还是乡、村集体组织，都不能自由处分土地，国有土地所有权永远属于国家，集体土地所有权只因国家征收而消灭。土地所有权不存在转让的问题，能转让的仅仅是土地占有权，而且转让的条件和程序由政策法规明文规定，没有多少土地所有权人的自由意志。土地所有权人所能行使的，是在国有土地上收取一定的土地使用权出让金或作出划拨土地的决定，在集体土地上是合理分配承包土地和农村宅基地以及在土地被国家征收时取得征地补偿。土地所有权怎么也套不上传统物权理论所说的最完整、最充分、最全面的所有权概念，但仍是货真价实的所有权，只不过其所有权的价值和意义表现为收益权能和管理权能而已。有学者说这是“所有权向土地用益权之让步”。① 这不是让不让步的问题，而是土地所有权在土地利用的自然和社会需求下没有表现为占有、使用和处分的机会，正如水分子在常温下没有机会呈现气态和固态一样，是客观条件之使然。中国人多地少，土地资源短缺，生存利益高于一切，根本不能允许土地所有权像一般所有权那样可以自由支配。中国历史上之所以从来没有真正的土地个人所有，就是因为中国的自然条件和社会状况决定了土地不能是自由流通的财产。

(3)土地所有权的范围只及于以地面为基础的土地。土地分地上、地下和地面三部分，一般认为土地所有权及于地上和地下，但同时以利益存在限度即土地所有权利益所及的范围作为限制。“依一般社会观念，土地所有人之力量所能支配的上空及地下，如无法律限制，即应认为属于其‘行使有利益的范围’之内”。② 这是以土地私有为价值取向的主张，是以土地所有权人能够自由支配土地为出发点的。事实上，在土地公有制的条件下，法律完全固定了土地所有权内容，土地所有权人做什么都得有法律依

① 陈华彬：《物权法原理》，国家行政学院出版社 1998 年版，第 267 页。
② 陈华彬：《物权法原理》，国家行政学院出版社 1998 年版，第 261 页。

据,已不存在土地所有权人支配力能不能达到的问题,可以说,在土地权利上,没有什么不受法律限制。土地由所属的平面面积为准,但基于不及于空中和地下"则土地几无法利用"①的自然原因,以平面的土地为标志的土地权利必须对地上和地下有所延伸。这是准确把握土地所有权范围的关键。既然土地以地面为基础,对地上或地下的相对延伸是基于地面土地利用之必需,那么,与地面利用必需无关的地上和地下,就不在土地所有权范围之内。19 世纪"上达天宇、下达地心"的土地所有权观念本来就过分,现代社会空间权利的形成和发展只不过是矫正了一个错误。土地所有权及于地上和地下享有的范围,须以土地所有权人能够证明地面合法利用之必需为限,而不应像陈华彬先生所说的那样,无法律限制的地上、地下均可在土地所有权范围内。

矿产资源系不可再生和耗竭性的自然资源。现代社会对矿产资源的依赖为以往任何时代所不及,因此,许多国家的法律明定矿产资源属于国家所有。中国的宪法和矿产资源法也作了同样的规定,但缺乏物权法上的规范。以矿产资源的重要性和特殊性及目前中国矿产资源开发利用的混乱状况,物权法不能不予以重视。矿产资源所有权具有类似于国有土地所有权的特点:矿产资源所有权的主体只能是国家,其他民事主体不能拥有矿产资源的所有权。土地可以是集体所有,但土地下面的矿产资源不归集体所有,不得以集体土地所有权拒绝和阻碍国有矿产资源的开发和利用。矿产资源的管理,由国家授权特别的行政管理机关进行。矿产资源所有权只能表现为管理权能和收益权能。矿产资源的开发和利用,以国家许可的方式进行,法人和自然人经矿产资源管理部门的规划和批准,取得采矿权,并向国家交纳一定的矿产资源费。矿产资源所有权集中表现为国家矿产资源管理部门的管理权和收益权。

同一建筑物分割为不同部分而为众多的住户所有,是现代社会生活的

① 陈华彬:《物权法原理》,国家行政学院出版社 1998 年版,第 260 页。

一个特征，由此产生了建筑物区分所有权。这一名词不如德国的住宅所有权、法国的住宅分层所有权、瑞士的楼层所有权、英美法的公寓所有权通俗易懂，但显学问状，而且来自日本民法和中国台湾地区“民法”，看来是不能不用的了。建筑物区分所有权的特点在于：

(1)同一建筑物为不同的区分所有权人所有，但又不同于一般的共有。建筑物区分所有权有狭义、广义和最广义之说。狭义说认为区分所有权专指建筑物中区分所有权人的专有部分；[①]广义说认为，区分所有权是由专有部分所有权与共有部分所有权共同组合而成的一种复合物权；[②]最广义说认为，区分所有权应由专有部分所有权、共有部分的权利以及因共同关系所产生的成员的权利等三要素构成。[③] 不管采哪一种说法，区分所有权人对专有部分拥有所有权并有权使用公用部分，这是一个不争的事实。专有部分已构成独立的物，但专有部分的占有、使用、收益和处分与共有部分不可分离，专有所有权中附属着共有权利与义务，由此产生的法律关系不像所有或共同所有那样简单。

(2)区分所有权主要用于处理区分所有权人之间的内部关系。区分所有权对外与一般所有权几无差异，但在区分所有权人内部，所涉及的问题和关系相当复杂。区分所有权人之间不存在相互选择的可能，专有部分的出售或转让完全是区分所有权人的独立行为，不受其他区分所有权人的干预，受让人在取得专有部分所有权后当然对共有部分享有权利和承担义务。区分所有权人之间的权利义务不存在对等的条件，共有部分的权利义务与专有部分在建筑物中的比例有关，又不仅限于此。共有部分的使用、维护、修缮等含有相邻关系的因素，不能论之以等价有偿原则。区分所有权人之间还包括一些卫生、安全、形象上的权利义务，无论是专有部分还是共有部分的占有和使用，都有一个维护整个建筑物的功能问题。在区分所

---

① 王利明：《物权法论》，中国政法大学出版社 1998 年版，第 357 页。

② 王利明：《物权法论》，中国政法大学出版社 1998 年版，第 360 页。

③ 王利明：《物权法论》，中国政法大学出版社 1998 年版，第 362 页。

有权人将专有部分出租、借用给其他人时,承租人、借用人也同样受区分所有权的约束。这些都需要区分所有权以一种不同于一般所有权和一般共有的规则和方式加以解决。

(3)区分所有权的行使具有团体性。区分所有权人对同一建筑物具有共同的利害关系,但区分所有权人之间常常缺乏了解和信任的基础,建筑物的共有事务客观上不能时时依赖于区分所有权人的约定。因此,成立一个业主管理委员会或指定管理人并以管理章程约束区分所有权人,成为区分建筑物管理的常规形式。管委会或管理人为全体区分所有权人的共同利益管理建筑物,具有代表全体区分所有权人的资格。由全体区分所有权人按多数原则决议通过的管理章程确定建筑物管理的基本内容、方式和权利义务。管委会或管理人以及全体区分共有人必须承认和尊重章程中一切不违反法律和法规的条款。区分所有权人在共有部分上的权利义务以及专有部分所有权的正当行使离不开管委会或管理人,离不开管理章程。交纳费用或投诉相邻区分所有权人违反管理章程,都可到管委会或管理人那里解决,都得依管理章程作为是非标准。从这个意义上,区分所有权的行使不是区分所有权人的单独行为,是全体区分所有权人的共同意志的体现。

2. 动产所有权。相对于不动产,客体是无须登记的财产。与不动产所有权比较,动产所有权以占有为公示方式,其取得、移转和行使受法律、公共利益或其他方面的限制较少,能较为充分地体现所有权人的自由意志。动产所有权所立足的“一物”需以多种方式识别。固体、气体、液体,都必须以一定的方法识别为“一物”后才有特定的动产所有权可言。一把椅子或一套家具,一件设备或一个企业资产,都能成为动产所有权之一物,而且不甚固定,卖掉一把椅子,意味着这把椅子脱离整套桌椅成为“一物”。这不像不动产那样,登记“一物”者为“一物”,别无他解。动产所有权取得方式多样,有些为动产所有权所特有,因而传统物权理论将先占、善意取得、埋藏物的发现、遗失物之拾得等放在动产所有权中。动产所有权没有不动产所有权那样重要和复杂,但也有些特殊的问题,这主要是动产客体本身的特殊性所致,一般包括遗失物、埋藏物、货币、有价证券、数据信息[①]等。

遗失物是所有权人或占有人不慎丢失的动产。[②] 一般认为,遗失物的构成要件有二:一是所有权人或占有人因自己的行为失去对物的占有;二是所有权人或占有人丧失对物的占有非出于本意。遗失物的问题不在于所有权人或占有人遗失行为本身,而在于有人拾得遗失物后如何处理。按民法通则规定,遗失物应当归还失主,而支出的费用由失主承担。有学者认为,这是采罗马法的不取得所有权主义,[③]而德国、法国、瑞士、日本民法和中国台湾地区的"民法"均采有条件的取得所有权主义,"拾得人于履行一定程序——尽相应的义务后,即可取得遗失物之所有权或享其他权利"。[④] 梁慧星先生的物权法草案对遗失物的规定采纳了多数国家的法例,拾得人负有通知义务、报告义务、保管义务和返还义务,同时拥有费用补偿请求权、报酬请求权、留置权和有条件的遗失物所有权取得权。这些都甚为合理。所有权人或占有人遗失其物本来就有过失,却不损丝毫利益,拾得人不仅毫无利益而且还负返还或报告义务,民法通则的这种规定确实过于偏心所有权。但梁慧星先生的建议也有可推敲之处。首先,日常价值微小的遗失物,有无必要归入法定程序和拾得人义务之中?几分钱、一支铅笔,往往连所有权人或占有人都不在意,却要拾得人一丝不苟地走完程序和履行义务,这是浪费法律资源。对遗失物应有一个价值人民币如10元、20元或50元的起点,起点以下允许拾得人即时取得拾得物的所有权。其次,保存机关的新闻媒体公告义务是否有可操作性?报刊、广播或电视发布新闻公告涉及费用与效果性能问题,在连法院的公告送达都很少使用新闻媒体的条件下,要求保存机关如此公告过于超前。物的遗失通常

---

① 数据信息在信息时代已成为重要的动产。——本书修订补注

② 王利明:《物权法论》,中国政法大学出版社1998年版,第312页。

③ 陈华彬:《物权法原理》,国家行政学院出版社1998年版,第440页。

④ 陈华彬:《物权法原理》,国家行政学院出版社1998年版,第442页。

是有范围的，遗失人自己可去保存机关或固定的广告招贴栏查寻，只有价值重大或物品特别重要时，保存机关才应该去新闻媒体公告。再次，拾得人权利的丧失是否过于苛刻？拾得人侵占遗失物丧失权利是合理的，但其他义务的违反也丧失权利，在目前公民法律知识水平偏低的情况下颇不公平。拾得人等了十多天不见失主才将遗失物交给保存机关，便以超过法定的10日期限为由剥夺其权利，这是将拾得人当成了法律专家。其实，只要拾得人最终将遗失物交给保存机关，就应有相应的权利。最后，拾得人的酬金比例是否一律法定？规定一个酬金比例以免遗失人不愿支付报酬是应该的，但不能因此排除当事人对酬金的约定，如果失主愿意多给一些或拾得人只要那么一点，有何不可？特别是在遗失物不易确定为一定的市场价格的情况下，当事人约定酬金是最经济、最简单的处理方式。

埋藏物是“埋藏于土地及他物中，其所有权归谁所属不能判明之动产”。[①] 一般认为，埋藏物须较长时间隐匿于某处固定的位置，如土地、建筑物、洞穴或物品夹层内，已不清楚何年何月由谁埋藏，也无法判明谁是物的原所有人。如系遗失物或某一案件中被窃、被抢物品被藏于某处，或从物之特点判断出新近所埋，应按遗失物、赃物或无主财产处理。能够判别出物之原所有权人的也非埋藏物。中国近代社会变革剧烈，为子孙计而埋藏财物的情形甚多，若有祖辈留下的文字、信物、可资证明或上代居住的老宅中发现的隐匿财物，应由埋藏人的后代继承。对埋藏物的处理，法国、德国、日本民法采发现人取得所有权主义，中国民法通则则规定埋藏物归国家所有。梁慧星先生的物权法草案对埋藏物所有权的取得作了不同的规定，应属合理，但要求发现人于发现之日起10日内通过新闻媒体发布公告，是否切实可行不无疑问。在已规定了具有重要的考古、艺术、文化价值的埋藏物归国家所有的条件下，能为发现人所有的埋藏物在范围上、价值上已相当有限，不如采用与遗失物同样的简单一些的程序。

---

① 陈华彬：《物权法原理》，国家行政学院出版社1998年版，第446页。

货币是一般等价物，直接标明一定金钱价值的动产。一般认为，货币所有权具有所有与占有一致的法律性质，[①]即货币的持有者即为所有权人，“货币被盗时，被害者之货币所有权丧失，盗窃者取得货币之所有权”。[②]这过于绝对，诚如郑玉波先生所分析，货币的固有本质、价值所在和交易需要要求货币的所有与占有一致，[③]但不等于说不能有例外，如果确有证据证明持有人手中的货币是赃款，不应认定持有人拥有货币所有权。所有权不产生于违法手段是民法的一贯立场和基本原则，因客体本身的原因就承认所有权的违法取得与理不通。货币可以如此，其他种类物如大米有何不可？只要赃物不具有特定物的特征，都应能仿而效之。必须指出，动产是以占有推定所有，而不是将占有等同于所有。推定所有意味着有相反的证据，不能以占有为所有。以占有推定所有，不违反民法和物权法的立场，以占有等同于所有，无异于给巧取豪夺以合法地位。从实务上看，货币所有权归了窃贼，被害者只能向窃贼主张“基于侵权行为的损害赔偿请求”。[④]据此，如果窃贼另有若干债务，赃款将被用于窃贼的债务清偿，被害者的侵权损害赔偿也不过是债权，只能与窃贼的其他债权人按比例受偿。窃贼逮住了，赃款也在，却眼睁睁地看着自己被窃的钱替窃贼偿还债务，这种情形岂不荒唐？明明知道某人的存款是贪污所得，承认其拥有赃款的所有权有何意义？货币的特殊性在于其交换价值，交换给第三人了，基于交易安全的理由，必须承认第三人对货币拥有所有权，其他动产也一样，因为“物权的排他效力止于交易安全”。货币还在窃贼手中，绝无承认窃贼有所有权之理，在货币的持有上，不能将窃贼和第三人混为一谈。

3. 国家所有权。这是依所有权主体的特点命名的所有权。自人类有了国家以来，国家一直是国有财产的所有权人，这是一个众所周知的事实。

---

① 陈华彬：《物权法原理》，国家行政学院出版社 1998 年版，第 446 页。

② 梁慧星：《中国物权法草案建议稿》，社会科学文献出版社 2000 年版，第 414 页。

③ 郑玉波：《民法物权》，三民书局股份有限公司 2007 年版，第 417～418 页。

④ 陈华彬：《物权法原理》，国家行政学院出版社 1998 年版，第 468 页。

但近来许多学者刻意回避国家所有权问题。陈华彬先生的《物权法原理》共823页,国家所有权无一席之地。梁慧星先生的物权法草案有434条,也没有一条是专门规定国家所有权的。据说依主体划分所有权有可能导致所有权之间的不平等,因为苏联的国家所有权中有种种特殊保护的特权。这是一种因噎废食的处理方式。主体的性质和特点对所有权的内容和行使的影响显而易见,依主体划分命名所有权,可确切地反映所有权某一方面的特性,有利于正确认识和规定所有权。法人所有权、宗教财产不也是特定主体的所有权？为什么又能得到张扬呢？平等不是无差异、无区别、整齐划一,恰恰是个性的存在才有平等的问题。承认国家所有权的特殊性并作出一些特有的规定与不同所有权的法律地位平等是两个问题。其他所有权也可以有自己的一些特有规定,只要不因此损害别的所有权的利益,就谈不上不平等。梁慧星先生的物权法草案中就有关于公有物与公用物的特别规定,“不得转让,不得作为取得时效的客体”①,这无疑是给公有物和公用物以特殊保护,但并不能由此得出结论,梁慧星先生主张所有权之间不平等。国家所有权的最大特点在于国家是一个抽象或集合的主体,虽有政治权利和财产权利,却不能像公民那样亲自为之,必须通过一定的机关或法人的活动才能实现国家所有权。国家所有,但由国家授权的机关或法人管理,因而成为不可避免的所有权行使模式,而双重权利主体的特点,又决定了国家所有权中或多或少地掺有政治的因素。不论是罗马时代还是现代社会,不论是资本主义还是社会主义,国有财产都存在一个同样的问题:国家机关或法人管理国有财产,能否恪尽职守、全力维护国家所有权的合法权益？国家所有权的一些特殊保护措施就来自这个问题,就为了解决这个问题。

国有财产依其用途和目的,可分为非经营性国有财产和经营性国有财产。非经营性国有财产用于国家公务活动或提供给公众使用。以公务为

① 梁慧星:《中国物权法草案建议稿》,社会科学文献出版社2000年版,第218页。

目的的国有财产，一般称为公有物，但从梁慧星先生对公有物的解释①中可以看出，公有物不仅有广义狭义之分，而且公有物和公用物也易混淆，不如称之为公务物。公务物系国家机关为履行公务活动而占有、使用的国有财产，包括国家机关的建筑物、车辆、办公用品、预算内经费等。以公众使用为目的的国有财产一般称为公用物，系国家所有但一般公众均可依法使用的财产，如公用图书馆、公共道路等。公务物和公用物“性质上属于禁止流通物或不融通物，不得流通，私人也不能通过时效取得它们的所有权”。②之所以如此，无非是因为公务物是国家机关正常运转的物质条件，公用物是公共利益的集中体现，如果允许公务物、公用物流通，有可能因管理公务物、公用物的单位或个人的不当行为导致国家的政治权力和社会公共利益受到损害。由此可见，禁止公务物、公用物流通是一项特殊的保护措施。法律明文规定不得流通，任何法人或个人就不能以正当交易为由对公务物、公用物设定或主张权利。以公务物、公用物作为抵押或质押的，不仅担保关系无效，而且担保人不应承担任何民事责任。公务物、公用物不得作为强制执行的标的，现在一些地方法院动辄查封相关政府机关的办公大楼、公务用车，是将禁止流通物当成流通物处理，应予禁止。

经营性国有财产用于营利或有营利因素的活动。资本主义国家同样存在为数不少的国有企业，说明国家参与一定的商品生产和交换并不是中国所特有的。经营性国有财产由国有公司和其他形式的企业经营管理。一般认为，对这部分国有财产，不存在任何特殊保护的问题。因此，梁慧星先生的物权法草案对此没有任何表示。进入市场的财产不能有任何特权，这是毫无疑问的。以前的民法理论主张国家财产不受强制执行，将经营性国有财产也包括在内，显属不当。但是，当进入市场的财产具有某种固有缺陷或弱点以至于其在市场上处于天然劣势时，采取一些弥补性措施以求

---

① 梁慧星：《中国物权法草案建议稿》，社会科学文献出版社 2000 年版，第 218~219 页。
② 梁慧星：《中国物权法草案建议稿》，社会科学文献出版社 2000 年版，第 218 页。

竞争的平等并无不可。经营性国有财产的天然劣势在于,经营管理国有财产的国有企业和个人极易玩忽职守或内外勾结侵占或损害国有资产的利益,而且往往长期不被发现。贪污、挪用是犯罪行为,容易处理,最危险的是那些利用了合法手段的侵占,明知道中间有猫腻,就是没有证据,只能眼看国有资产流失。国有企业给私人企业作担保承担连带债务清偿责任,国有银行给个体户的贷款超过了诉讼时效,国有股权以极低的评估价值转给了美籍华人,诸如此类的现象在中国很多。难道仅仅是因为疏忽、管理混乱或侵占者的狡猾?中国的法律难道没有责任?为什么不限制国有企业给他人提供担保的范围和条件?为什么不延长国有财产的诉讼时效?为什么对国有资产的评估不规定一些法律责任?无所作为看上去是将国有财产与其他财产置于平等地位,其实是歧视国有财产。骗了就跑的算不上骗子,骗了还让受害人输了官司才是真正的骗子,法律上的每一个失误,都蕴藏着这种极为严重的后果。因此,物权法对经营性国有财产不能没有一些特别的规定,至少应有三条:一是任何法人或自然人不得以不支付对价或支付显属过低的对价取得国有财产,法律有特别规定者除外,如经国资局批准的赞助;二是重大的国有财产的处置包括担保须经国有资产管理部门的批准或备案,并经法定程序进行经营风险评估;三是国有财产的诉讼时效延长至5年,并规定国有财产因超过诉讼时效受到损失时必须对责任人追究民事责任。这几条都不损害集体财产或个人财产利益,只不过是管紧了国有财产,是国有财产的自我保护措施。民营企业的老板可自己决定不给任何人提供担保,而国有企业得由法律规定不随便提供担保,这是经营性国有财产特殊保护的真正含义。

4. 集体所有权和法人所有权。集体所有权与国家所有权、个人所有权共同构成中国现行法律中重要的所有权分类。集体所有权直接反映集体所有制。自从民法通则确立法人制度后,集体组织通常被认为是一个法人,因而有与法人所有权混同的倾向。法人所有权、国家所有权和个人所有权也是一种分类,两种分类的不同直接表现在集体所有权不一定是法人所有权，法人所有权也不一定是集体所有权。具体而言，集体组织不一定具有法人人格，对于农村以土地所有权为基础的集体经济组织，法人人格没有现实意义，其所有权处于总有状态远远合理于单一的法人所有权；乡镇企业和城市中的集体所有制企业，作为商品经营者、生产者，需要法人人格以承担经营风险，这里的集体所有权同时也是法人所有权。财团法人由一定的财产组合而成，与任何人没有法律上的牵连，其财产的支配由财团法人代表机关依章程确定的事业目的进行，这是法人所有权。以基金会为例，出资者一旦完成捐款或出资行为，就不再对出资或捐出的财产拥有任何权利，这与社团法人是社员的结合有根本的区别。社团法人财产不过是社员带入社团的财产的集合，对财产的支配，最终意义上是出资者共同意志的结果，因而绝无法人所有权可言。对集体所有权与法人所有权这两个概念，一直存在诸多误解，有必要予以辨析。

集体所有权与集体组织成员的生存利益直接相关。农村村、乡集体经济组织本质上是一个共同体，是基于生存需要自然形成的团体，在土地资源连维持团体成员的基本生存需要尚嫌不足的地方，集体财产的支配不能不围绕生存的目的而展开。从某种意义上说，集体所有权不过是一种生存的权利。乡镇企业和城市集体所有制企业也或多或少地存在历史形成的生存利益，许多乡镇企业其实是失去土地或基本失去土地的农民的另一家园，而对从集体所有制企业退休者，在社会保障还不完善的情况下，企业依然是他们生存的依托。集体所有权不是一个概念性的产物，而是维系中国几亿人生存发展的社会制度的反映，无论是过去、现在还是将来，集体所有权都是中国社会重大的政治和法律问题，物权法若予忽略，将是一个不可饶恕的历史错误。法人所有权的概念不能取代集体所有权，因为集体所有权基于生存利益理由而具有不可剥夺的性质和意义，破产不可夺走债务人的最后一件衣服。集体所有权所涉及的生存利益不能以任何理由包括正当交易加以剥夺，集体所有的土地不可强制执行，集体所有制企业未解决企业职工生存问题时不能破产，物权法对集体所有权应给予这样一些特殊保护。这不是让集体所有权高于其他所有权,而是为了保障人的生存权。这也不是牺牲其他所有权的利益,而是提示其他所有人充分衡量集体所有权所能承担的民事责任的限度。如果以为农村集体经济组织有土地可供债务清偿而随意投资,其过错之大该由投资人承担由此产生的经营风险,从过错与民事责任关系上看,这也是一种公平。物权法也需要规范集体所有权,以免特殊保护被人为滥用,只有村落共同体性质的农村集体组织和历史遗留下的某些集体所有制企业,才能拥有集体所有权。几个人办个企业挂集体所有制的牌子或集体组织新投资的企业等,应一律清除出集体所有权主体。只有集体组织成员选举产生的人员才能代表集体组织,而且必须在村务公开、厂务公开原则下行使集体所有权。

法人所有权没有集体所有权那样的特殊意义,而是一般地表述法人财产属于法人所有。国家、法人或自然人的主体本身对所有权的影响甚微,因而法人所有权的提法历来少见,是中国20世纪80年代末对国有企业两权分离的批判以及一些学者充满政治激情的改革思路,才使法人所有权在中国热闹起来,至今,将国有企业财产权定性为法人所有权依然是一种时尚。然而,所谓国有企业法人所有权不影响国家所有,能解决法人独立支配财产的问题,这在理论上违背一物一权原则,实践上极可能导致私有化。法人所有权在中国只有集体组织法人所有和财团法人所有,前者按照集体所有权的方式进行,后者离不开团体法人的事业目的。

第五章

打造财产利用制度

一、占有权基本原理

传统物权理论与实践中的占有权，是指占有权能或有权占有，作为所有权的一种权能形式或合法占有形式而存在。物权二元结构理论则将占有权作为与所有权并肩而立的物权，系非所有权人在他人财产上的物权的总和或概括，用以表述财产利用关系。因此，不能以传统物权理论的眼光看待这里的占有权。从占有权的特定含义和功能出发，可对占有权作以下定义：“占有权是非所有权人利用他人财产的物权，非所有权人在占有他人财产的基础上以占有、使用、收益、处分或其他允许的方式实现的直接支配物的权利。”

这一定义具有四层含义：

(1)占有权主体是特定的非所有权人。财产不属于占有人所有，但占有人有权而且实际占有和控制着财产，这种状况在法律上可被表述为占有权。一幢房屋由所有权人自己居住没有什么特别，所有权覆盖了所有权人对自己财产的一切支配活动。但是，房屋由承租人居住，意味着房屋处于承租人的实际占有和控制之中。承租人的这种支配房屋的权利，超出了所有权的范围,需要一种有别于所有权的表述和处理方式。传统物权理论将承租人支配房屋的权利表述为债权或物权化了的债权,违背物权法赖以生存的物、债两分逻辑,因为债权不能体现承租人占有和使用房屋的直接支配性,物权化债权则混淆物、债之间的本质区别。承租人占有和使用房屋是对物的直接支配,而且其占有和使用不仅面对所有权人,也面对不特定的义务人,完全具备物权的性质与效力,只能是一种有别于所有权的另一种物权。财产利用上,所有权人与占有人同一时,所有权足以解决一切问题;但所有权人与占有人不同一时,除了无权占有,就存在占有人应有什么样的权利义务的问题。这是占有权主体只能是非所有权人的根本理由。所有权人以外的其他人都是非所有权人。占有权人也是非所有权人,但不是一般的非所有权人。占有权人合法占有了所有权人的财产,已从一般的非所有权人中分离出来,拥有一般非所有权人所没有的特定的权利义务。传统物权理论中的用益物权其实就是权能有限的占有权,①被传统物权理论与实践驱赶至债权但实际具有物权功能的权利也是占有权。

(2)占有权以占有他人财产为前提。占有是实际握有的事实。在实物形态的财产中,实际握有表现为对实物的掌握和支配;在价值形态的财产中,实际握有表现为对财产交换价值凭证的掌握和支配。一种实物是一个独立财产,同时也可以是一种价值形态财产的组成部分,如土地、房屋、设备是独立的财产,但都可成为企业净资产的组成部分,企业净资产是一种价值形态的财产。企业净资产实际存在两个不同层面的占有:以企业净资产为“一物”的所有权和占有权,占有以企业资产价值为对象;以企业净资产中的某一实物为“一物”的所有权和占有权,占有以某一实物财产为对

① 用益物权是学理名词,2007年的《中国物权法》使其成为法律名词。《中国物权法》的用益物权为动产用益物权预留了空间,远远走在日本民法典、中国台湾地区“民法”的前面。立法者这一开放态度为用益物权的现代化带来无限的想象空间。如果有那么一天,中国的某种用益物权可以表现为处分权能或其他允许的权能,用益物权与本书的占有权就可以画等号了。——本书修订补注

象。企业净资产中的实物是企业净资产的组成部分,在企业净资产意义上,某一实物不具有“一物”的占有意义,在实物被分离或标识如厂房出租、土地抵押、权属登记时,对实物的占有才具有独立的意义。这两种占有是基于“一物”的不同意义而产生的,对应不同的“一物”的所有权。同一形态的物的占有具有唯一性和排他性,甲占有了实物同时排斥了乙占有实物的可能性,甲占有价值凭证乙就不能合法支配价值。同一财产上有多个占有权人时,或者是共同占有,或者是分别占有。共同占有是一个占有而非多个占有,是多个占有权人共享一个占有权,自不待言;分别占有是多个占有权人分别占有同一财产的特定部分,同一财产可以一定方式分割给不同的非所有权人利用,形成多个占有权,如一幢房屋以层或间分别出租,对于其中的一个占有权人,占有权的“一物”仅指其承租的部分而非整幢房屋。占有权的“一物”与所有权的“一物”在外延上不一定也不需要重合。所有权不以占有为必要条件,所有权人不占有财产,除非财产与所有权人之间的关系无法在法律上得到辨识,所有权依然存在并具有效力。占有权则不同,解释和处理非所有权人占有他人财产的事实是设定占有权的基本目的,是社会需要占有权的理由所在。在占有的事实上构筑占有人的权利义务,最终合理地解决非所有权人利用他人财产的问题,是占有权的出发点和归宿点,因此,没有占有就没有占有权。

(3)占有权以允许的方式表现为特定的权能。占有权与所有权一样,可以表现为多种权能。占有、使用、收益、处分同样是占有权的权能形态,因为占有权也是支配物的权利,而权能作为物的具体支配形式和方法,并不因为其所表现的权利不同而有本质区别。同一形式和方法表现不同内容,在自然和社会中是普遍的现象,传统物权理论总想将处分、收益等权能形态留给所有权,脱离实际生活。用益物权是一定时间内标的物的占有、使用、收益,国有企业经营权是对国有资产的占有、使用和依法处分,从这两个为传统物权理论所认可或默认的定义中,可以看出将某些权能专属于所有权是行不通的。占有权不是不能表现为处分或收益权能,只是并非任何占有权都需要表现为处分或收益权能。所有权的权能形式通常是所有权人自由选择的结果,除非所有权上有义务负担,所有权什么时候以什么方式表现为什么权能由所有权人所决定,因此,所有权没有一个事先确定的权能形态范围。占有权设定于他人财产之上,是所有权人、占有权人共同意志或法律意志的产物。占有权表现为什么样的权能,不是占有权人单方意志所能决定的。占有权的权能形态直接体现了占有权的具体内容,必然要由所有权人、占有权人协商确定或法律规定。这就决定了占有权有一个事先确定的权能形态范围,有的只能表现为占有权能,有的还可表现为使用权能和收益权能,有的则连处分权能和其他权能都可表现。在这个范围内,占有权人有权选择具体的权能形式,可使用不一定使用,可处分不一定处分,但只能占有就不能使用,只能使用就不能处分。这个特定的范围由法律规定或当事人约定而产生,实际上就是许可占有权人做什么。就这个意义上,占有权的享有和行使,都是以允许的方式实现的。

(4)占有权是财产利用性质的物权。非所有权人占有他人财产各有具体的原因和目的,但占有权设定的一般意义是合理地、充分地利用财产资源。现代社会的财产经营管理自不必说,就是古老的保管、租赁、借用,也从不同的方面体现了财产利用的价值和作用。保管是为了维护财产资源,租赁和借用是为了实现财产利用的使用价值。不利用财产或不考虑充分利用财产,所有权人没有必要将财产交给占有权人;不指望从财产利用中得到合理的回报,占有权人没有必要占有他人财产。财产利用是占有权的本质。非所有权人与所有权人本只有所有权上的联系,但因为特定的非所有权人占有了所有权人的财产,就有了占有权人与物之间的控制与支配关系。在这种人与物的关系背后,是占有权人、所有权人和其他非物权人三者之间的关系。由人与物的关系到人与人之间的关系,是典型的物权关系,无论什么原因导致了非所有权人对他人财产的占有支配,只要构成一种合法的权利,就必然是物权。占有权以财产利用的支点即占有为根本特征,高度概括了财产利用物权的共性。这与所有权高度概括了财产归属物权的共性同出一辙。

占有权由双重法律关系构成。

首先是占有权人与所有权人之间的关系，这是两种物权设于同一物上所形成的法律关系，具有双务、对等和互不干预的特点。占有权虽设于他人财产之上，但与他人的所有权没有主从关系。传统物权理论将一切非所有权人占有他人财产的权利看成是所有权的派生或所有权权能的转化，不肯赋予其他物权以独立的地位，是其无法摆正所有权人与其他物权人之间关系的根本原因。占有权的设立尽管离不开所有权，并不意味着所有权就能产生占有权，没有占有权人一方的参与和物权法的规定，占有权不可能产生。占有权是设立于财产之上而不是设立在所有权或所有权人之上的，其设立的方式是法律规定或当事人约定。所有权仅仅是所有权人在占有关系中成为一方当事人的依据。在这里，谁是所有权人、占有权人并不重要，重要的是所有权、占有权在同一物上如何平等相处。从所有权人的角度，可以说占有权人是所有权的特殊义务人，所有权人有权要求占有权人尊重和维护所有权利益。同时，所有权人对占有权人的义务可以看成是所有权上的特殊负担，是所有权人的特定义务，谁接任所有权人都必须承担这种负担或义务。从占有权人的角度，所有权人是占有权的特殊义务人，占有权人有权要求所有权人尊重和维护占有权利益。占有权人对所有权的义务也可以看成是占有权上的特殊负担，是占有权的特定义务，如果占有权移转给了他人，新的占有权人也必须承担这种负担和义务。这种互为权利义务的关系似乎有点别扭，一般而言，人们总是从特定物权人的角度看待物权，很少联想特定物权人负有对等义务，因为在所有权高于其他物权的情况下，同一物上的不同物权不具有对等的基础。然而，不同物权的并存其实就是不同物权人互为权利义务人的关系，从物权的独立性出发，无论权利义务大小、多少，都是一种对等的关系，是平等主体之间的相互承诺和约束。人们可以从所有权的角度看，也可以从占有权的角度看，对等的权利义务总是存在的，区别只在于将权利义务说成是所有权的还是占有权的。互为权利义务并非债权的专利，同一物上存在两种物权，而且是平等的物权时，两种物权的相互尊重是必然的，一方物权人必然成为对方物权的义务人。如果说债权中主要是合同拴住了债权人和债务人，那么，物权中是同一物圈住了不同的物权人。占有权人、所有权人的关系说到底是同一物上的不同物权之间的关系。

其次是占有权人与一般非物权人之间的关系，这是物权排他效力所产生的法律关系，其特点是义务主体不特定，义务履行不作为。占有权人对财产的支配完全不受一般非物权人的干预，有权要求一般非物权人像尊重所有权那样尊重占有权，或者说，有权要求一般非物权人将自己等同于所有权人。一般非物权人绝不能以“你也不是所有权人”为由干预占有权人对财产的支配。谁是所有权人原则上与一切非物权人无关，不管占有财产的是所有权人还是占有权人。对于一般非物权人而言，都是同一个法律状态，即一般非物权人在物上没有任何可以主张的权利，如果所有权人唆使或默许一般非物权人去干预占有权人对财产的支配，这必须认定为侵权。对一般非物权人的侵权行为，占有权人有权采取一切合法的措施，这也是占有权人对所有权人必须履行的义务之一。财产在占有权人手中，所有权人不能随时随地照料财产，防范和制止他人侵犯财产的责任，当然应由占有权人承担。另一方面，占有权人也必须承担所有权人对一般非物权人所负的全部义务，不能以“自己不是所有权人”为由推卸责任。一般非物权人不可能也没有义务去查明占有财产的人是不是所有权人，既然一般非物权人对占有财产的人承担着一个非所有权人的全部义务，就有权利要求占有财产的人履行一个所有权人应负的全部义务，如尊重公共利益、不滥用权利和遵守相邻关系准则等。事实上，一般非物权人直接面对的总是财产的占有人，动产以占有推定所有权的规则使得占有人、所有权人的区别对一般非物权人没有任何意义，不动产的所有权人也时常隐在占有人后面不与一般非物权人日常交往。因此，占有权人与一般非物权人的关系和所有权人与一般非物权人的关系几无区别。从某种意义上说，这是财产归属关系在财产利用领域中的延伸和转换。理论上可以而且应该区分出占有权人与一般非物权人的关系并定位于财产利用,实务上可以不那么精细,财产归属规则足以处理占有权人与一般非物权人之间的绝大多数问题。

占有权并非上述两种法律关系的叠加,而是以占有权人为中心形成的占有权人、所有权人和一般非物权人之间的不可分离的权利义务关系。占有权人、所有权人之间的权利义务永远是直接的。占有权人或许不是从所有权人那里取得财产,甚至不很清楚所有权人是谁,正如房屋转租中经常出现的那样,但有一个事实明确而不变,即占有权人占有的是所有权人的财产。转承租人虽然是与承租人订立了转租合同,可租赁物是所有权人的,无论转承租人意识与否、愿意与否,其对租赁物的权利义务都与所有权人直接联系在一起。在转承租人恶意使用租赁房屋或租赁房屋年久失修变成危房时,所有权人和转承租人之间发生直接的权利主张不可避免。实务中也许会扯上或只扯上承租人,但这是当事人的选择问题,所有权人或转承租人都不能以承租人环节而推卸自己在租赁房屋上的义务和责任。财产的所有与占有都是以财产为中心,物权设立于财产之上,是通过财产而不是合同或其他什么来确定物权当事人之间的关系。这就是转租必须经过所有权人同意(所有权人或在租赁合同中事先授权或事后默认转租合同)的道理。假设转承租人不与所有权人直接发生权利义务,转租就没有必要经过所有权人的同意,就会出现这样的情形:由于承租人的恶意或破产,所有权人只能眼睁睁地看着转承租人对房屋的破坏或转承租人得不到大修归主[①]的保障。这里包含着一个相当重要的原理,占有权本身不能成为占有权人与第三人再设立一个占有权的依据,参与占有权设立的一方,必须是所有权人。占有权人只能移转全部或部分财产的占有权给第三人,不得与第三人另行设定一个占有权。承租人将租赁房屋全部转租或部分转租,就转租部分,承租人不再拥有占有权,占有权到了转承租人的手中,

---

① 大修归主、小修归客是我国房屋租赁的一项惯例。

转承租人成为新的或现时的占有权人。这是因为,承租人因转租不再实际占有租赁房屋,不再存在与一般非物权人发生权利义务关系的问题,一般非物权人的义务直接产生于财产的存在。所有权说明了财产的最终位置,占有权说明了财产的现实位置。因而,一般非物权人对所有权人和占有权人都负有不作为的义务。转租后的承租人既不是所有权人也已不是实际占有人,已失去了对租赁物的直接支配,不能要求一般非物权人仍然将其作为物权人。租赁合同或转租赁合同都只能约束所有权人和转承租人,不能约束一般非物权人,要求一般非物权人对于一项财产的流转过程承担义务是荒唐的。占有权之所以是物权,是因为占有权人占有财产,排除了所有权人和一般非物权人占有财产的权利,若承租人已不占有财产,这种排他效力不复存在,因而承租人留下来的权利不具有物权的性质。向转承租人收取租金或向所有权人交付租金以及转租期满收回租赁物的权利,都与一般非物权人无关,只能是债权。这时,承租人是一个非物权人,对所有权人或转承租人负有尊重所有权、占有权的义务。占有权必须同时具备占有权人与所有权人、占有权人与一般非物权人之间的法律关系,缺一不可。因此,不能允许占有权脱离占有而存在,不能允许占有权像所有权那样不以占有为必要条件,不能允许一个物上有两个以上相互冲突的占有权。对于土地使用权人出租土地之类的问题,物权法应或者规定土地使用权随出租移转给承租人,或者规定土地使用权人不得出租,不应有土地使用权与土地占有相分离的选择。①

当然,实际生活不乏偶然和表面的现象,法律因而必须表现出一定的宽容和灵活。有些占有权与占有的分离难以论之常理,作为例外,还得承认占有权的存在和效力。这主要有:

(1)非占有权人包括所有权人和一般非物权人非法占有财产,导致占

① 近年来,为解释和落实中央的农地“三权分置”政策,有学者提出了次用益物权说即用益物权再派生一个用益物权,这一观点过于随意,完全颠覆了物权的常识。参见孟勤国:《论新时代农村土地产权制度》,载《甘肃政法学院学报》2018 年第 1 期。

有权人失去占有，这是侵犯占有权的行为，占有权人应该有请求或主张回复占有的权利。在法律规定的回复占有期间，尽管没有占有，占有权人依然拥有占有权，不然，占有权就没有基本的保障，随时都可能因他人的行为而失去。回复占有期满而不能回复占有，占有人不再拥有占有权，以免影响财产流转和利用的稳定和效益。回复占有期限不应过长，在大多数情况下，占有权人很清楚自己失去了占有、向谁主张回复占有。至于遗失、被盗之类可以比照遗失物、赃物的追索原则处理。

（2）因执法部门的执法行为导致占有权人失去占有，在执法部门对执法事由未作结论之前，占有权人依然保留占有权。执法部门实施扣押、查封、冻结，原因可能很多，导致占有权人无法占有或实现占有。执法行为虽非侵权行为，但也是对占有权人意志的强迫，失去占有并非占有权人之意愿，因而必须给占有权人留下回复占有的机会，除非财产最后由执法部门作出处置，事后应交还占有权人占有。执法部门扣押财产是公法上的占有，不产生私法上的占有权。

（3）占有权人让他人短暂地占有财产，短暂到法律上可以忽略不计的程度，占有权人的占有权不受影响。超市里顾客将包存于柜台，在他人土地上临时堆放材料等，虽然也出现财产由非所有权人占有的现象，而且也可能出现保管物、堆放物遗失、毁损、灭失的纠纷，但由于占有时间短暂，不具有将其从所有权人利用财产中分离出来的法律价值，不足以形成非所有权人利用他人财产的独立价值。在这些场合，不仅是所有权人和临时占有人没有设立占有权的意识，而且在一般非物权人还没有充分注意临时占有人的权利之前，临时占有人占有财产就已结束。对此，所有权的规则足以解决可能产生的问题。同理，如果是占有权人将其占有的财产临时交给第三人占有，也不能认为占有权人丧失了占有，如甲从车行里租了一辆车，借给乙上了一趟街，乙仅仅是临时占有人。物权法的占有权必须是一种较为稳定或持久的物权关系。

（4）隶属于占有权人、根据占有权人的意志占有财产如雇员的占有，应认为是占有权人占有财产，正如所有权人的雇员是代表所有权人占有财产。从劳动法律关系上，雇员与雇主也有平等的地位，但就占有雇主财产而言，雇员根据雇主的命令和指示利用财产，没有独立的意志和利益可言，不存在其与雇主平等的问题。占有权上的占有必须是一个独立的、平等的民事主体的行为，因为占有权关系是平等主体之间的法律关系。雇员占有是雇主占有的延伸，对雇主财产的一切具有法律意义的支配行为的意志出自雇主而不是雇员。对此，德国民法典有一个较为得当的规定，雇员为雇主而占有财产，在雇员与雇主之间形成的是占有服务关系，雇员只能称为占有服务人而不是占有人。"占有服务人虽然在事实上控制着物，但这只是一种表面现象，因这种控制完全是为了他人的利益并遵照他人的指示进行的"。①

上述占有权与占有分离的情形，从某种意义上反映了这样一种认识和选择：占有权必须以占有为前提，但占有并不当然产生占有权，在占有不产生占有权的条件下，基于法律的规定，占有权可以暂时脱离占有，这是实际生活的一种需要。

占有权的内容表现为占有权人依法实施一类或一系列行为的可能的权能形态。如前所述，占有、使用、收益和处分也应是占有权常见的权能形态。在占有权中，占有权能是指占有人对他人财产的实际掌握和控制，使用权能是指占有人对他人财产的价值和使用价值的利用，收益权能是指占有人使用他人财产取得经济利益，处分权能是指占有人对他人财产的处置。所有权权能与占有权权能在定义表述上相似，但实际运作中有所不同：

(1) 占有权能是占有权的基础权能形态。占有权建立在占有他人财产的事实上，其特定地表现为占有权能。占有权能既是占有权存在的基础，也是占有权表现为其他权能形态的前提。不仅占有财产才能使用财产，占

---

① 孙宪忠：《德国当代物权法》，法律出版社 1997 年版，第 118 页。

有权人的收益和处分也只能针对由其实际占有的他人财产。占有权人占有和使用他人财产中取得孳息和作出特定的处分,具有物的直接支配的性质和意义,这与不占有他人财产只是根据合同或其他方式取得收益或作某种处分完全不同。承租人转租房屋,收取租金的权利只能是一种债权;拍卖人拍卖他人的财产,依据的是所有权人或执法机关的委托,不一定占有拍卖品。这些行为都没有直接支配物的事实,也就谈不上通过人与物的关系确定一定的人与人之间的关系。在所有权中,财产归属的性质决定了所有权人不占有财产一样能够支配财产,或者说,所有权本身就是一种法律拟制的占有,其本身就能说明所有权人对物的直接支配,而占有权因财产利用而生,一切都得以实际占有财产的事实为基础。

(2)占有权在事先确定的范围内表现一定的权能形态。与所有权随时随地表现为特定的权能形态不同,占有权可表现为什么样的权能,在占有权设定时就有了基本的范围。这个范围由法律规定或当事人的约定产生,形成占有权人和所有权人之间的权利义务边界。在这个范围内,占有权人有权选择权能形态,超出了属于滥用占有权,构成对所有权的侵害。保管人的占有权一般只表现为占有权能,承租人的占有权可以表现为占有权能或使用权能,信托人的占有权可以表现为占有权能或处分权能,经营人的占有权可以表现为占有、使用、收益和处分权能。占有权权能与所有权权能有着此消彼长的关系。占有权人占有了,所有权人就不能占有;所有权人使用了,占有权人就不能占有、使用;一切财产的处分,只能由所有权人或占有权人作出决定。在同一财产上,某一权能用于表现占有权,就不能或不能全部表现所有权,反之亦然。占有权的权能形态差异仅仅是相对于所有权而言,对一般非物权人而言,保管人的占有权与经营人的占有权都是一个完整的、独立的、效力相等的占有权,都具有与所有权同样的尊重价值。

(3)占有权的权能形态伴随着相应的义务和责任。从所有权只要求不特定义务人履行不作为义务的意义上,也可说所有权权能形态在一般情况下是纯权利的。但占有权人始终面对着所有权人这样一个特定的非占有人，占有权是占有权人对所有权人作出一定的义务承诺而设定的，也是以占有权人履行自己的义务而持续的，无论表现为何种权能形态，都不乏相应的义务和责任。保管人须管好保管物，出现毁损灭失须承担赔偿责任；承租人必须支付租金，至于其是否使用租赁物在所不论；信托人处分他人财产，必须符合事先商定的条件，不得侵害委托人的权利；经营人要努力实现所经营资产的增值保值，不得违背忠实义务和勤勉义务。每一种占有权权能，都有相应的义务和作用，占有权可表现的权能形态越多，占有人承担的义务和责任也就越多，形成一种相互制约的关系。从这一点上看，占有权的权能形态本身就是一个权利义务责任的统一。

(4)所有权人、占有权人的意志和选择对占有权有着重要的影响和作用。由占有人占有财产及如何利用财产，经常是所有权人、占有权人意思表示一致的结果。但所有权人、占有权人的约定始终受制于物权法定原则。作为物权，占有权的内容必须具有法定的性质和意义，这主要通过物权法规定占有权的基本权利义务加以体现。法定的基本权利义务，将所有权人、占有权人的约定纳入既定的轨道，一方面，不允许所有权人、占有权人的约定与其冲突，如承包合同约定发包人可随时收回承包土地的条款依法无效；另一方面，所有权人、占有权人没有约定的也不影响其对所有权人、占有权人的约束力，例如，很少有房屋租赁合同约定出租人不得干涉承租人对房屋的正当使用，但这肯定是所有权人对占有权人所应承担的义务。占有权的基本权利义务，既包括了占有权人、所有权人之间的权利义务，也包括了占有权人与一般非物权人之间的权利义务，但后者通常可沿用所有权的规则，因而集中体现在前者之中。

如前所述，占有权人、所有权人的权利义务关系是不同物权如何相处于同一物的问题，同样的内容，往往可从所有权的角度解释，也可从占有权的角度解释。财产利用过程是以占有权人为中心形成的一定的人际关系，占有权的基本权利义务是物权法对财产利用关系的基本态度。这有别于传统物权理论的认识方式，传统物权理论在同一物上有不同物权时，总是以谁优先作为出发点和归宿点，优先的本质是一种权利压倒至少是暂时压倒另一种权利，与不同物权共处于同一物的事实和性质不符。不同物权共处于同一物，应该是一种互不冲突、相互合作的局面，不然就无法解释物权的排他效力，也无法解释当事人为何在同一物上设立不同物权，总不能说是为了让不同的物权打架。而且，传统物权理论允许参与优先游戏的只有那么几种以不动产为主的他物权，不能反映和说明现代社会广泛存在的非所有权人利用他人财产的事实，难以回应诸如不在他物权中的企业经营权是否该优先于所有权的现实问题。

物权法应规定的占有权基本权利主要有：

(1)占有权人依据法律或合同独立行使占有权。占有权人对他人财产的占有和利用仅须负担法定或约定义务，无须听命于所有权人。就财产支配而言，所有权人只能关注占有权人是否违反法律或合同，无权指令占有权人必须这样或必须那样。在占有权存续期间，如何占有、使用乃至于依法处分财产，占有权人具有完全自主权。出租人不能要求承租人必须使用租赁物，支付租金是承租人的义务，租了不用是承租人的权利；股东不能要求公司必须与谁签订供销合同，公司须按股东大会决议经营，但具体的经营行为是公司法人的事情。非所有权人利用他人财产之所以在现代社会流行，是因为非所有权人经常有着所有权人所不及的利用财产的优势，为了提高财产利用的效益，必须承认和保障占有权人在财产利用过程中的独立意志。这是占有权的一个基本价值，是区别占有权人还是占有服务人的界限。合同可以约定占有权人占有和利用财产的一些特定要求或条件，但不应导致占有权人丧失其独立支配财产的能力，否则，应认定无效或占有权不成立。

(2)占有权人在财产上的占有权益不受侵犯。占有权人利用他人财产，要付出一定的人力、物力、财力，也要求合理回报，付出和回报都凝集和反映在所占有的财产之中。占有权益体现占有权人在财产上已付出和应得到的一切,必须得到承认和保护。未经保管人同意所有权人不得提前提取保管物,是因为保管人占有保管物不仅是义务也是一项收费权益;出租人不能以解除租赁合同为手段无偿取得承租人投入的装修和物品,是因为承租人拖欠租金是违约责任不是赠送责任;拍卖的出租车牌照不应以司机违规经营而吊销,是因为牌照作为拍卖品是一项与谁持有牌照无关的财产,即便司机不被允许从事运营业务其也有权转让牌照。占有权益既包括占有权人有权支配所有权人的财产,也包括占有权人有权在所有权人的财产上取得利益;既包括占有权人在所有权人财产上的投入,也包括占有权人对财产利用产出应分得的部分。这是一项独立的财产利益,不仅不受非占有人的非法侵害,即使因占有权人过错导致占有权消灭,也不容一笔勾销。占有权人须负的民事责任与占有权益必须分开,允许所有权人利用占有权人违约从而无偿取得一大笔并非违约金、赔偿金的利益,是一种巧取豪夺,违背公平原则。

(3)占有权人有权对抗一般非物权人对财产的侵害。占有他人财产,必须保护好他人财产,在一般非物权人侵害财产时,占有权人有义务也有权利为消除侵害采取各种合法措施。占有权人与所有权人之间如何约定,不影响占有权人对一般非物权人的侵权行为作出全面的反应。占有权人不仅可以就占有权受到侵害的事实主张权利,也可以自己的名义代表所有权人对所有权受到侵害的事实主张权利,并受领相应的返还和赔偿,以保证所有权回复到占有权人占有的状态。这较之于所有权人出面主张权利往往简捷有效。一般非物权人不能以任何理由非法侵害财产,即便其行为出自所有权人的授意,因为所有权人有可能以损害自己权利的方式损害占有权益。占有权人代为主张所有权人的权利既是为了所有权人,也是为了自己。因此所有权人与占有权人不得约定限制或禁止占有权人对抗一般非物权人侵害的权利。

(4)占有人当然享有与占有相关的民事权利。相邻关系、建筑物区分所有权中的一些权利,是基于占有的事实而存在的,与占有不可分离。所有权人将财产交给占有权人时，这些权利必须移交给占有权人，这是占有人与邻居正常相处所必需的，在某种意义上是一种天然的权利。不能说占有权人没有所有权，邻居就可以将废气排到占有权人处或不给占有权人出入的方便。因此，占有权人与所有权人不得约定不移转上述之类的权利，相邻人不得以财产并非占有权人所有而拒绝履行相邻义务。

物权法应规定的占有权的基本义务主要有：

(1)占有权人必须充分尊重和依法维护所有权利益。占有权的设立大多以所有权人、占有权人之间的相互信赖为基础，所有权人相信占有权人不会有任何不利于所有权利益的举动，占有权人相信所有权人不会眼红占有权人在财产利用中应得的利益。这里包含着占有权人的一种信用承诺，占有权人将以善意的方式占有和利用所有权人的财产。善意，是占有权人以诚实信用为本，自始至终严格按法律规定或合同约定利用财产，并主动维护和积极实现所有权利益。占有权人对所有权人利益的尊重和维护，不是一般的非物权人的义务，作为特定的义务人，占有权人更多地以积极的行为方式履行特定的义务，即使法律或合同没有明确规定，就其性质该由占有权人做的或不该做的，都构成一项实质性的义务。保管人对正在变质的保管物品不能坐视不管，即使变质由所有权人疏忽引起，保管人也应采取积极措施；承租人没有出租人明示同意，不得以出租人不反对为由转租或改变租赁物用途；公司或企业为增加赢利而偷税漏税，不能认为是为了投资者或股东的利益，其所蕴藏的法律风险或责任其实是对投资者或股东利益的侵害。占有权人支配所有权人财产的行为必须正当、合法，不含有损害所有权利益的动机、目的和结果。

(2)占有权人必须管好、用好所有权人财产。财产既然交给占有权人，占有权人自应尽心尽力，这是所有权人放心让占有权人占有财产的前提。管好、用好的尺度应是占有权人尽了充分的注意义务。占有权人首先须对财产的安全负责，不仅要防范财产的非正常毁损灭失，而且还要随时采取有力措施阻止他人对财产的侵害；同时须谨慎利用财产，不仅要考虑财产利用的效益,还要随时注意财产利用中的各种风险。保管人若证明不了保管物品的毁损灭失出于不可抗力,就得认赔全部或部分的损失;承租人如果只知道使用租赁的车辆而不作必要的保养,是不正当的掠夺性使用;公司或企业将资产投入没有市场前途或充满法律风险的事业,董事和高管应当承担相应的法律责任。非所有权人利用他人财产,最易发生也最棘手的是占有权人糟蹋所有权人的财产,而且还常振振有词地辩解。物权法应当规定占有权人必须有充分理由说明其尽了充分注意的义务,证明不了,应承担未管好、用好财产的民事责任。

(3)占有权人必须对一般非物权人尽所有权人的义务。所有权人对一般非物权人的义务直接产生于财产的占有,其价值取向是不给一般非物权人带来麻烦或不利。当财产移转给占有权人时,所有权人对一般非物权人的义务随之移转。占有权人必须给相邻人提供必要的便利或避免妨害,必须尊重社会公德、公共利益,不滥用支配财产的权利,不以财产作为从事不法活动的工具或手段等。保管人对保管物所产生的环境污染损害须先行向受害者承担民事责任,承租人没有在租赁住宅中从事危险物品如鞭炮的生产、贮存的自由,一个公司或企业为走私活动提供资金或实物应受法律的追究。有些情况下,占有权人可以要求所有权人共同承担责任,但占有权人永远不能以财产非其所有而抗辩一般非物权人。在违反了对一般非物权人的义务时,占有权人总是第一责任人或连带责任人。

占有权关系在动产与不动产上有着显著的差别。在动产上,占有权关系的问题集中在所有权人与占有权人之间,占有权人能否使用、有无处分权、可否转让占有权益,通常不涉及一般非物权人。动产占有权利推定原则使得一般非物权人无须也无权追究占有权人以何种权利占有财产,更谈不上过问占有权的具体内容。占有权人不该使用而使用,不该处分而处分,不该转让而转让,是违反对所有权人的义务,构成对所有权利益的侵害。就一般非物权人而言,其依据“保护市场交易安全原则”与占有权人发生交易,不受占有权人无权处分的影响。

在不动产上，占有权关系的问题就不那么简单。不动产的占有权有必须登记和无须登记两种情况。必须登记的情况有土地使用权、国有企业经营权、矿产资源使用权等。这些占有权之所以需要登记，不仅因为其标的物是须经登记的不动产，而且也出于其自身的原因。须经登记的占有权首先是一种重要的财产权益，应纳入登记的管理范围。同时，须经登记的占有权具有独立的、可转让的占有权益，占有权人可依法对占有权益作出独立处分，取得收益、转让权利，一般不受制于所有权人，所有权人只在同等条件下有优先受让权，如国有土地使用权人只需依法就可转让土地使用权并取得转让收入。无须登记的情况则仅以占有事实设立或变更，如承租人占有房屋的权利、借用人使用车辆的权利。这些占有权虽也设于不动产上，但主要反映了所有权人、占有权人在日常生活中的某种需要，对社会的影响和作用相对较小，法律不要求登记。而且，占有权益主要体现在占有权人对财产的占有使用或取得约定的收益上，不具有独立转让的性质，若需转让须经所有权人的同意。须经登记的占有权的权利义务由法律作出基本统一的规定，当事人的自由意志极其有限，如国家土地部门和土地使用权人就无权约定有偿出让的土地使用权不得转让。这不仅约束所有权人、占有权人，也约束一般非物权人。一般非物权人同时对所有权人、占有权人履行不作为的义务。第三人取得不动产的所有权或占有权，必须对所有权人、占有权人之间的权利义务关系、合法性、现实性予以充分注意，以保证所取得的权利的合法和正当。须经登记的占有权以登记加占有作为成立或对抗要件，不允许登记与占有的主体不同一。须经登记的占有权未作登记的，按无须登记的占有权办理。业经登记的占有权丧失占有，除法律规定的例外，占有权消灭。无须登记的占有权，只以占有作为成立和对抗要件。第三人取得财产所有权或占有权要承担一定的注意义务，新所有权人须注意而且继续履行原所有权人对占有权人的义务，新占有权人须注意而且得到所有权人对占有权移转的认可。涉及不动产的处分，第三人还必须注意处分人的处分依据和条件。

占有权主要由所有权人、占有权人依法约定而设立,也有一些直接产生于法律规定的事由。前者可称为协议占有权,后者可称为法定占有权。协议占有权丝毫不意味着当事人自由创设物权,也不意味着当事人的协议就当然产生占有权。占有权以支配所有权人财产为目的,必须符合物权法的规定才能有效设立。其构成要件是:

(1)所有权人、占有权人有效的一致的意思表示。所有权人、占有权人就占有权人如何利用所有权人特定财产的时间、方式、内容和法律责任等作出具体的约定,而且须具备意思表示生效的条件包括所有权人、占有权人行为能力合格、意思表示内容真实自愿、不违反法律和公序良俗。

(2)约定内容不与物权法冲突。拟设定的占有权属于物权法上的有名物权,应按有名物权的具体规定约定,如国有土地使用权可为当事人约定的不多,也就是面积、地段、出让金上有商量的余地。其他占有权,在占有权的基本权利义务框架内,由当事人自行确定具体的权利义务。必须指出,当事人约定的内容并非都是占有权的权利义务,面积、地段之类的约定仅仅是解决土地使用权设立于哪些土地的问题,并不等于土地使用权本身。只有具有直接支配财产意义的事项才属于占有权的内容,因此,必须将产生占有权的合同或协议与占有权加以区别。

(3)财产由占有权人占有。在财产未交付占有权人占有之前,当事人关于占有权的一切约定都只能产生债的请求权。一方反悔,另一方只能追究违约方的违约责任,不能主张任何对物的支配权利。占有事实是占有权人获得对物的直接支配力的起点,是所有权人、占有权人在平等互利原则基础上自愿合作的标志,只要一方不愿意,就不可能有真正有利于财产利用的合作,不能以强制履行合同的方式硬要他们合作。

(4)完成法律要求的程序和手续。一部分占有权,依法须经一定程序和手续,如公示、登记等,在程序和手续未完成之前占有权不成立。法定占有权还有一定的构成要件,主要是法定占有事实的形成,如公司成立、失物招领;法定占有权人符合法定条件,如有限公司或股份有限公司,失物招领的管理部门;完成一定的法律程序和手续,如依国有资产管理条例的规定,国有资产的占有产权须经国资部门登记备案。法定占有权的设立与所有权人、占有权人的意志无关,所有权人对财产被他人占有,只能就占有的法律依据提出异议。占有权人占有财产往往是一种职责行为,无权擅自放弃。因此,法定占有权的内容也由法律直接规定,例如,只要是有限责任公司或股份有限公司,公司经营权总是相同的;在失物招领期间对财产的权利也是统一的,只能占有不能使用。占有权的设立对于占有权人而言是原始取得,物权的设立方式同样适用于占有权。

占有权因一定的法律事实变更、移转和消灭。占有权的变更是指占有权的主体、客体或内容的部分变更。包括占有权人由单独占有变成共同占有、分别占有或相反;占有物增加、减少或形式转换;占有权利义务的扩大、缩小或期限方式的改变等。占有权的移转是指占有权主体的变更,新的占有权人取得占有权,原占有权人不再拥有占有权。占有权的消灭是指占有权不复存在,其原因有占有期限届满、占有物灭失、丧失占有未能依法回复、占有权的合法依据消灭等。权利总是会发生变更、移转和消灭的,但占有权有一些自身的特点:

(1)占有事实的特殊作用。占有主体的变更导致占有的移转、占有权内容的改变影响占有方式、占有物的变化意味着占有对象的差异,这些现象的背后是占有权与占有事实不可分离的内在联系。占有事实是占有权设立的要件,也是占有权的存在依据,占有权的变更、移转和消灭,必须以占有事实的某种改变得以确立,而占有事实的某种改变,或迟或早引起占有权的变更、移转和消灭。

(2)占有期限的重要意义。占有权设立于他人财产之上,不具备所有权那样的理论上的永久性。他人的财产总是要归还的,占有权总是有期限的。在占有权的变更、移转和消灭之中,占有权的期限是不可忽略的因素,变更和移转后的占有权,只能存续到占有期限届满,其价值须以尚存的占有期限为评估基础,如一张十年的营运执照在第七年时转让,营运权只剩下三年，因此也只能以三年计算价值。

(3)占有原因的附随效力。占有权以合法占有为基础，占有之所以合法，是因为所有权人、占有权人有约定或法律有规定。占有权的变更、移转和消灭同样基于一定的占有原因，占有原因不是占有权，但占有权内容常体现在占有原因之中，尤其是协议占有权。占有权以合同为载体，在占有权人与合同一方当事人同一的情况下，债权物权聚在一起，但在占有权人发生更替时，会出现原占有权人依然是合同当事人而新占有权人不是的情形。承租人将占有权移转给转承租人时，承租人依然是租赁合同的一方当事人，但已不是占有权人，然而，承租人依然对所有权人、对转承租人负有特定的义务，租赁合同依然对所有权人、转承租人的物权有一定的影响和作用。这种基于占有原因而产生的效力始终依随着占有权，从而成为制约占有权变更、移转和消灭的一个因素。

二、占有权与担保权

占有权概括和抽象了财产利用权利，表述了一切财产利用权利的共同本质。一般的占有和利用他人财产的权利，就直接表述为占有权。保管人对保管物，承租人对租赁物，质权人对质物，不论其合同含义如何，从其对财产的支配力看，都是占有权人对他人财产的占有和利用。占有权概念足以反映其与所有权人、一般非物权人的关系，足以说明对物的支配权和对人的请求权，区分不同的权利义务责任。但在特定条件下，占有权还可以使用特定的表述，如具有客体特征的土地使用权，内容特征的经营权，或兼具多种特性的土地承包经营权。这些都是占有权，但特定的表述更能突出某一占有权的特征或易为实际生活所认同，因而特定的表述成为某一类占有权的名称。在以占有权统一表述财产利用权利之前，理论与实践上就有许多具体的财产利用权利的提法。为了避免混乱，应按占有权的基本原理予以选择和规范。

以下几种占有权,应该为中国物权法所接受:

(1)经营权。占有权人占有和经营他人资产的权利。经营权在中国是一个相当普遍而且使用频率颇高的概念,似乎一直被归入经济法,至今未为传统物权理论认领。这主要是罗马法教科书、拉伦茨民法总论或法国、德国、日本、中国台湾地区民法典中都没有经营权一说。但是,非所有权人经营他人财产是现代社会的普遍事实,而且是现代社会的基本生产方式,以现代社会主要企业形式有限责任公司为例,作为独立于股东的民事主体,有限公司法人存续的唯一目的是经营股东交给公司的财产。经营财产无疑是对财产的直接支配,而且"经营"一词具有丰富的含义,不仅可以容纳财产利用全过程和多样性,还能显示财产利用的营利性,较之于传统物权理论与实践的"使用",能一目了然区别于非生产性财产利用或收益。相应地,经营权远比传统物权理论与实践习惯的使用权更准确表达企业法人经营他人财产的事实,应是物权法现代化的重要指标。

经营权随着国企改革进入中国社会,20 世纪 80 年代的国企"两权分离"改革使得经营权盛极一时,十年后,国企"两权分离"改革因理论陈旧、路径狭窄、措施不当失败退出,经营权也随之沉寂。其实,经营权不是国有企业特有的权利现象,任何将他人财产用于营利性事业的都产生经营权。自然人和法人都可受他人委托经营他人财产,他人财产既可以是国家财产,也可以是法人财产或自然人财产。股份公司对股东的出资资产、国有企业对国有财产、证券基金管理机构对基金资产拥有的都是经营权。经营权的客体不是某一实物或某一权益,而是以财产价值总量为内容的资产。这些资产也许是一个所有权人的财产,常见的是许多所有权人集资共有的财产且有不同的财产形态包括现金、实物、知识产权等。经营权的客体的价值不在财产的具体形态,而是货币价值,经营中财产的具体形态可以而且必须不断转换,反映所有人权益和经营人经营效益的是资产价值。为了充分有效的经营,经营权人通常享有广泛的占有、使用、收益和处分资产等的权利,所有权人不能直接干预经营权人的经营活动,只能按照合同或章程以既定的程序和方式行使投资者的权利。上市公司之所以是现代社会最重要的企业形式，就是因为上市公司资产所有权即股权与上市公司的资产经营权能够而且必须实现最严格最彻底的分离，上市公司法人经营权具有与股权完全平等、独立的法律地位和保障。

与经营权人的自主经营相伴的是如何保障所有权人的权益。经营权人很容易打着自主经营的旗号损害所有权人的权益，滥用经营权的现象无论是过去还是现在都普遍存在，理论上也不免出现抬高经营权贬低所有权的认识如不承认股权就是所有权的种种学说。经营权不能成为变相的所有权，不能侵蚀或吞没所有权，物权法必须在最大限度赋予经营权自由的同时最严格地监管经营权，经营权的义务和责任必须重于、多于一般的占有权，如上市公司披露信息的义务不仅能引发民事责任，而且在特定条件下能引发刑事责任；不仅能引发公司的责任，而且还能引发公司董事、监事和高管的责任。

对一般非物权人，经营权可以说是所有权的外壳，具有所有权的一切意义。经营权人以自己的名义独立进行民事活动。第三人根本无须关心经营权人是所有权人还是占有权人，也不与所有权人发生关系而只与经营权人打交道，从经营权人处取得财产等同于从所有权人处取得，尊重经营权人也就履行了对所有权的义务。

经营权一般由所有权人、占有权人协议取得，也有因法定事由的出现而产生如国有企业经营权。

（2）土地承包经营权。占有权人占有集体所有土地或国有土地从事农业生产经营活动的权利。土地承包经营是中国农业生产的基本经营形式，是中国土地公有制下的一种土地占有方式。土地承包经营权是中国农民及其他农业生产经营者占有和经营土地的权利，是耕者有其田原则的具体体现。土地承包经营和土地承包经营权已写入中国宪法，将长期存在下去，中国的物权法负有具体落实和保障土地承包经营权的天职。目前虽有一些怀疑甚至非议土地承包经营权的言论，但中国物权立法不应为此犹豫,没有土地承包经营权的物权法在中国一钱不值,因为土地承包经营权浓缩了中国农村改革的历史,体现着中国亿万农民生存发展的希望与权利。土地承包经营权人是从事种植、养殖和其他农、林、牧、副、渔等生产活动的公民和法人,主要是农户,他们以独立承担民事责任的方式承包经营国有和集体所有的土地。基于农业生产经营的需要,土地承包经营权人享有广泛的占有、使用、收益和处分土地权益的权利,任何人包括土地所有权人都不得干预土地承包经营权人的自主经营。但土地不是一般的生产资料,而是不可再生的、稀缺的自然资源,其经营状况关系到国家与社会的生存与发展,因而土地承包经营权人的自主经营不是无条件的,必须履行相应的义务,如不得抛荒、不得进行掠夺性经营、不得改变土地用途等。土地承包经营权人有权处分土地承包经营权益,如转让、抵押土地承包经营权,但由于涉及土地占有权人的改变,因而必须得到土地所有权人的许可或参与。土地承包经营权可以作为强制执行的标的,但债务人是农户时例外,因为农户的土地承包经营权是基于生存权而取得的,具有不可剥夺性。土地所有权人不得以农户违约为由收回承包土地,政府部门也不能强迫农户与土地分离。要使农民离开土地,必须提供相应的生存保障。

(3)土地使用权。自然人和法人因建筑物或其他附着物而使用国有土地或集体所有土地的权利。这是中国土地法的标准用语。梁慧星先生主张代之以基地使用权,理由是土地使用权利不应以权利主体身份或土地所有制性质界定。[①] 但土地使用权依主体身份或土地所有权性质分类与土地使用权的概念是两回事,分类不当不等于概念不当,何况即使是基地使用权,也因集体土地、国有土地而有不同的权利义务内容。基地使用权其实不如土地使用权一目了然,梁慧星先生恐怕是为了与其主张的农地使用权、邻地使用权配套,但中国物权法不可能将土地承包经营权改称农地使用权。理论上,土地使用权大致相当于传统民法的地上权,但中国社会已

---

① 梁慧星:《中国物权法草案建议稿》,社会科学文献出版社 2000 年版,第 449 页。

习惯于前者，除非有特别重大理由，立法顺从实际生活所熟悉的概念为妥。采梁慧星先生说，就国有土地使用权证换成国有基地使用权证这件事，全国上下就得忙乎一阵子。土地使用权不同于土地承包经营权，其占有和使用土地是为了建设建筑物或其他附着物。土地使用权不具有任何农业生产经营的意义，仅仅是占有、使用土地，而且不涉及土地的内在要素，仅仅是由土地衍生的一定空间——包括土地平面空间和立体空间。土地使用权人必须是建筑物或附着物的业主，因为是业主财产占据了他人土地空间，才有业主对土地有无使用权的问题。这就是土地使用权必须随建筑物及其附着物所有权走的道理。谁拥有建筑物及其附着物，谁就是当然的土地使用权人。主张建筑物及其附着物的所有权与土地使用权分离或以土地使用权决定建筑物及其他附着物所有权的归属，从根本上违背了土地使用权的目的。土地使用权是占有权，必须有土地使用权人占有他人土地的事实。土地使用权的客体包括国有土地和集体所有的土地，但后者目前只限于集体经济组织成员的宅基地和少量的经批准的集体经济组织的办公用地、工业用地，而且不能转让给集体经济组织以外的人。这出于土地管制的国家意志，不是物权法所能改变的。

土地使用权因有偿取得或无偿取得而有所不同。无偿取得的土地使用权不得有偿转让，有偿取得的土地使用权虽可有偿转让，但不能以炒地皮的方式牟利。土地出让金是土地使用权人交纳的土地使用费用，并非买断土地的对价。开发后的土地使用权转让，因有土地使用权人在土地上的投入，对土地的升值部分，土地使用权人应能分享。炒地皮是未作开发或只有象征性投入，土地升值是基于土地的短缺或周边环境的变化，应属土地所有权权益的范畴。国家之所以禁止炒地皮，就是因为炒地皮使土地使用权成为变相的土地所有权，侵害土地所有权的利益。土地使用权不是临时占有土地，而是与建筑物及其附着物直接相关。土地使用权约定期限届满，根据约定，建筑物及其附着物或者拆除，或者为土地所有权所吸收，或继续延长土地使用期限；法定的五十年、七十年的期限届满，只要建筑物及其附着物还存在，土地使用权仍应有偿或无偿地确定给建筑物及其附着物的所有人。土地使用权存续期内，只要土地上有建筑物及其附着物，土地所有权人就不能收回土地，土地使用权作为独立物权，不因土地使用权人的违约违法行为而消灭。土地所有权人可以出租的方式设定土地使用权，但土地使用权本身不存在出租的问题，如果土地使用权人将土地转给第三人建房，必须将土地使用权移转给第三人，否则会出现土地使用权所有权化的现象。由建筑物及其他附着物为中介的土地立体空间的使用权，是土地使用权的延伸，应由土地使用权人享有，与建筑物及其他附着物无关的土地立体空间，可由土地所有权人与空间占有人设定空间使用权，准用于土地使用权的规定。土地使用权人负有严格的义务，如不得改变土地登记用途、不得违反城市规划、不得炒卖地皮等。这些义务因土地的国家管制而具有民事和行政的双重性质。

(4)资源占用权。自然人或法人占用相对稀缺的自然资源或公共资源的权利。自然资源是土地以外的一切能用于生产和生活的呈自然状态的物质资料，如水资源、矿产资源、大气资源、动植物资源等。当自然资源缺乏阳光和空气那样的无穷性时，就有一个由谁占有有限资源的问题。自然资源是国有的，因而占有自然资源属于非所有权人对他人财产的利用。公共资源是一种虚拟的资产，是为了让公共事业更好地满足生产和生活需要而依一定的方式拟制出来的财产利益，如营运车牌、电信执照、路桥收费证等。公共事业涉及千家万户的生产和生活，在现代社会中，一般采取有限准入的政策。当一项事业只有少数人才能经营时，事业本身就成为一种短缺资源，从而拟制出一种财产利益。在市场经济中，通常以投标、拍卖运营特权的方式分配公共资源的占用，并以牌照或许可确定和显示对公共资源的占用权利。由于支付了对价，代表一定份额的公共资源的牌照具有了确定的财产价值，占用和利用一定份额的公共资源因而有了物权的性质和意义。公共资源虽然没有国有的名义，但公共资源分配权在政府手中，而且只给予一定期限的有偿使用，事实上与国有无异，营运商只能是一个占有权人。

传统物权理论不承认资源占用权之类的物权,因为在其看来,物是“指能够为人力控制并具有价值的有体物”。① 占用资源的权利源于国家许可、资源本身缺乏有体物的特性、罗马法上的权利为无形财产之说,这一切为传统物权理论提供了理由。然而,根据“物是能为特定主体所直接支配的财产利益”的定义,占有资源的权利完全具备物权的要素。占用资源的主体,是依据森林法、草原法、土地法、水资源法、野生动植物保护法等法规或政府行政行为而产生的具有开发利用资源资格的特定自然人和法人;占用资源的客体,是占有权人为占用一定资源所支付的对价而形成的财产利益,而且以牌证的形式特定化。一份许可证或一个牌照须交纳的费用,是占有权人的一种投资,与采矿设备一样是占有权人的财产,都用于开发和利用资源,不同的只是财产所发挥的作用;占用资源权的内容,直接表现为占有权人对许可证或牌照的直接支配,凭着牌证,占有权人开发、利用一定的资源,并取得水、矿石或利润的收益。占有权人还可以依法转让牌证,如出租车转让的价格中通常包含着出租车营运牌照尚存年限的价值。占有权人作为牌照的执有者,负有保护和合理利用资源的法定义务和其他约定义务。

认定资源占有权为物权是还资源占用权以本来面目,也是为了规范和保护自然资源、公共资源的开发和利用。长期以来,资源特别是自然资源的开发和利用,多采用行政审批的方式,乱发证、乱用证、乱收证严重,不仅滋生腐败、毁坏资源,而且难以保障当事人的合法权益。资源占用权作为一种民事权利,其取得必须支付对价,而且须经公开招标程序,可以大量减少国有资产流失和官员腐败;资源占用权人开发和利用资源的权利受物权法和民法保护,可以防止有关部门动辄以年检或吊销牌照作为要挟迫其就范;破坏资源可能导致倾家荡产的民事责任,资源占用权人不能不自觉地履行保护和合理利用资源的义务。

---

① 梁慧星:《中国物权法草案建议稿》,社会科学文献出版社 2000 年版,第 6 页。

上述的选择也是对传统他物权的否定。他物权中的用益物权包括地役权、地上权、永佃权、用益权等，其所能反映的物权关系，所能发挥的实际作用，占有权都能解决而且更为合理、更为可行。他物权的担保物权无法为占有权容纳，占有权以占有他人财产的事实为基础，而担保物权不以占有为条件。这不是因为物权二元结构理论心胸狭窄，而是因为担保物权本来就不是物权。所谓担保物权其实就是物的担保，是后世学者对德国民法典的迷信导致了德国民法一个逻辑错误谬种流传。

担保物权是担保权的一种。担保是担保人为债务人履行债务所做的承诺，即当债务人不履行到期债务时，担保人在其担保的范围内代替债务人履行债务，这一承诺构成了债权人的担保权。用于担保的可以是担保人的财产即物的担保，也可以是担保人的信用即人的担保。德国民法典将物的担保包括抵押、质押、留置置于物权法中，将人的担保主要是保证置于合同法中，担保权被人为分割为物权和债权。法国民法典没有物权一说自然也就不存在担保物权，当年的法国民法典将担保置于债之中，2006 年的法国民法典独立设置担保卷，物的担保和人的担保最终统一于担保权。中国本已有《担保法》，但在传统物权理论强大影响下，立法将物的担保从《担保法》中肢解出来置于物权法，重复了德国民法典当年的错误。担保权是一种什么样的民事权利可以另行研究，但毋庸置疑的是，所谓的担保物权肯定不是物权：

(1)担保物权为确保债务履行、债权实现而设立，不以直接支配担保物为目的。抵押不移转占有，质押、留置移转占有很大程度上是因为质物、留置物是动产，不占有显示不出担保物的存在。连梁慧星先生也认为“占有、支配标的物并非质权或留置权的目的，而是质权或留置权发生效力的基础”。[①] 担保物权的存续和行使，完全取决于所担保债权的状况，债权一旦消灭，担保物权随之消灭，与标的物的直接支配与否没有丝毫关系。梁慧

① 梁慧星主编:《中国物权法研究》，法律出版社 1998 年版，第 802 页。

星先生也明白抵押权人没有抵押物的所有权，也不占有抵押物，既不直接支配抵押物的价值也不直接支配抵押物的使用价值，但为了证明抵押权具有物权支配性，生造了担保物权直接支配担保物的交换价值。[①] 依政治经济学常识，交换价值并非商品之常态，只出现于商品交换之时，是一种商品与另一种商品交换的比例，客观上，人们可以支配美元也可以支配人民币，但绝不可能支配1∶6.7的兑换比例。即便将交换价值误解为抵押物的变现价值，也只有拍卖或变卖抵押物才能确定。之前的交换价值仅是一个期待，对一个未来才可能有的东西如何直接支配？如果将交换价值误解为抵押物价值，更不存在抵押权人直接支配的可能，抵押物的所有权依然可由抵押人依法转让给他人，说明抵押物价值依然在抵押人直接支配下，不然，抵押人凭什么转让抵押物？抵押权人从来没有自行处理抵押物或直接以物顶债的权利，也说明抵押权人并不能直接支配抵押物价值。担保物权仅仅是债务得不到履行时，取得担保物的变卖或折价价款，而且还要多退少补。

(2)担保物权的本质是优先受偿权。担保人只有担保权人一个债权人时，担保物与担保人的其他财产并无实质性差异，只有担保人面对多个债权人时，担保物对担保权人才显得重要。担保权人可以优先于其他的债权人就担保物的价值或价款受偿，这是担保物权的全部意义所在，所以，抵押权、质权、留置权的定义无一例外都落在“优先受偿权”上。这五个字与物权定义和所有权、用益物权定义格格不入，没有丝毫相通之处，哪有一点物权气息？担保物权名称文不对题，应该改为物的担保权。物的担保权本质上是特定债权人之间的关系，当担保人是债务人时，其是担保权人与债务人的其他债权人之间谁优先受偿的关系；当担保人是第三人时，其是担保权人与第三人的其他债权人谁优先受偿的关系。物的担保权人该不该优先受偿是债权人吵架的问题，最终结果只涉及债权人的利益。破产中，债

① 梁慧星主编：《中国物权法研究》，法律出版社1998年版，第803页。

务人悠闲地看着债权人为有限的破产财产争得不可开交，同样，担保权人能否优先受偿与债务人没有太大关系，更与债权人以外的不特定人无关。债权人以外的不特定人负有尊重担保物的所有权人、占有权人的义务，但不负有帮助担保权人优先受偿的义务，优先受偿权中没有物权必有的物权人与一般非物权人之间的权利义务。

(3)担保物权本身不具有直接的财产利益内容。担保人负有以担保物清偿自己或他人到期债务的义务。这种义务附着于担保物，随担保物转移而转移，抵押人将抵押物转让给他人，原抵押人不再是抵押人，受让抵押物的人成为新的抵押人，这种随物而走的现象给人一种担保权是物权的假象，实际上，设定于物上的义务作为物上负担并不当然构成相对方的物权。一方的物上义务不一定就是他方的物上权利甚至不一定是他方的民事权利。社会或他人有权要求所有权人尊重公德、公共利益，不滥用权利，这一义务因物而生，随物而走，社会或他人的这一权利并不因此成为物权。房屋拆迁的安置义务是拆迁土地上的负担，谁接受土地都必须履行这一义务，不能说被拆迁户的安置权利也是土地上的物权。同样道理，担保人以自己的财产提供担保，设置了一项物上负担，并不意味着担保权人就得到了一项物权。一项权利是否为物权须看看权利是否具备物权的要素。更为重要的是，担保物权的价值完全体现在谁的债权该优先受偿的确认上。担保物权既不能确保债权的全额实现，也不为担保权人带来新的财产利益。担保物的价值或变现价值大于或小于债权并不影响债权大小，债务清偿仍以债务本息为依据，与担保物的价值或变现价值无关。担保物权只使担保权人的债权较其他债权人多些保障，较易实现，如果说这是一种利益，那是顺序上的优势或便利。排在前面比排在后面有更多的机会，这种机会有可能转化为财产利益如促销活动中前几名受赠产品，但本身不是财产利益。担保物权可以间接产生财产利益，但并无直接的财产利益，可为佐证的是，债务人按时清偿债务时担保物权自然消灭，没有任何财产利益可言。物权是财产权，必须以直接的财产利益为内容，间接的财产利益不足以构成财产权或物权，不然，人格权也可因某些人格利益商业化而成为物权，强制执行的优先顺序也可成为物权。

（4）担保物权的效力并不依赖物权。担保物权之说日盛，与人们信奉物权优先债权有很大关系，以物权优先债权解释担保权的优先受偿效力似乎就顺理成章。然而，如前所述，所谓物权优先债权是民法学者的臆想，现实生活根本不存在物权优先债权的情形，民法学者津津乐道"一物二卖"例子其实是"先履行的债权优先于未履行的债权"。担保物权与物权优先债权更是风马牛不相及，因为担保物权的目的不是取得担保物所有权，而是优先受偿其所担保的债权，有物的担保的债权优先于其他债权，如此而已。而且，优先受偿权本身就具有一种权利先于另一种权利的含义、性质和效力，何须多此一举地攀附物权的"优先性"，基于某种理由，法律规定一种权利优先于另一种权利，足以使得权利具有优先的效力，不需要另找解释或说明的理由。权利的优先并不是一种权利支配或压倒另一种权利，而只是权利实现的先后顺序，是自然和社会中普遍存在的排队现象在法律领域中的表现。为了赋予顺序以法律效力，顺序也可称为权利，但这种"权利"不具有一般权利的地位、性质、内容和效力，不能脱离其要实现的权利。共有人的优先购买权、承租人的优先承租权、国家的税收优先取得权是这样，担保物权人的优先受偿权也是这样。

弄清楚担保物权不是物权，中国物权理论将轻装前行，一切因担保物权而生的困惑、扭曲和争议随风而去，能更专注于财产归属和财产利用的物权问题。担保物权离开物权法回归担保法既是物权现代化的必然趋势，也是担保法现代化的不二选择，法国民法典已经先行一步，德国民法典也会有守不住破旧的一天，中国民法典应早做打算。

传统他物权中的典权也是必须否定的。典是出典人将自己的不动产主要是土地房屋交给承典人占有、使用和取得收益，承典人支付约定的典价给出典人，若干年后，出典人以原典价向承典人赎回典物，若出典人在回赎期间不回赎，承典人取得典物所有权。承典人占有、使用、收益和取得典物所有权的权利即为典权。典权就其对典物的支配力而言属于占有权自无疑问，但中国物权法不应有典权。典为中国特有的制度，自宋朝确立土地典卖制度，历明、清至民国时期而完备，与动产"当"合称为典当。典对出典人意味着取得一笔无息借款，对典权人意味着无须支付租金，但要害之处在于出典人过期不赎，视为绝卖，以物抵债，互不找补。《明律集解附例》(卷三产律田宅门田宅条)称："以田宅质人而取得其财曰典，以田宅与人易其财曰卖，典可赎而卖不可赎。"但典是可赎而不是必赎，出典人无力回赎或不愿回赎，超过回赎期限，再不许其回赎，是典权制度的基本内容之一，故典素有活卖之说。典权制度在中国封建社会的发达，是由于这种形典实卖的财产移转方式符合封建社会的不等价、不公平交易的本质。封建社会是一个身份社会、特权社会，人身依附和政治特权使得财产移转常有强烈的超经济性，典以物抵债，互不找补，貌似机会均等、公平合理，但出典人往往因经济困难出典，天然处于劣势，为对方所钳制，典价总是远低于卖价，虽有回赎规定，但出典人经常无力回赎或因契约不清不得回赎(宋律)，势同贱卖。所以，典当历来是地主、富农、高利贷者巧取豪夺的工具。典无出卖之名而有出卖之实，为财产买卖提供了一条迂回之路，避免了与封建礼教的冲突，因为土地房屋多属祖产，直接出卖难免不孝和败家恶名。典权实为商品经济在封建社会重压下扭曲的标志。典当一千多年的历史声名狼藉，中国的社会主义革命在埋葬了封建制度的同时也埋葬了典当制度，没有理由在半个世纪后重建一个在封建自然经济上形成和发展，体现封建经济活动不平等法则的典权。而且，典权在中国社会中毫无用处。土地公有决定了土地所有权不能以买卖方式移转，这从主要方面排除了典的可能，典很大程度上以土地自由交易为基础，宋朝确立典当制度就是因为宋代"不立田制，不抑兼并"。至于房屋典在 1949 年以后虽未禁止但极少发生，究其原因，典房比较呆板，不利于当事人审时度势、灵活经营，民法中的买卖和抵押完全可以解决典权要解决的两个问题：绝卖和借款担保。典当制度确认以物抵债、互不找补为合法，是公开保护不等价、不公平交换，与等价有偿原则格格不入。[①] 设立典权,如果要求典物顶债多退少补,彻底改变典权的本质,典权有名无实;如果允许典物以物顶债、互不找补作为等价有偿原则之例外,难免以典权规避抵押。物权法与民法的内在逻辑不容典权。更为重要的是,现代社会货币贬值的速度远远快于房产贬值,甚至货币贬值与房产升值并存,拿100万元典一套100平方米房屋,二十年后出典人以100万元回赎,承典人得回的100万元可能只够买几平方米,没有谁傻到这种程度去承典房屋。典权在现代社会毫无经济价值。

三、土地承包经营权

占有权中,最重要的莫过于土地承包经营权。这不仅因为土地是最基本的自然资源,还在于土地承包经营权本身的现实价值和作用。作为直接关系到亿万农民安身立命的权利,土地承包经营权是中国社会最广泛、最有生命力的财产利用权利。

一般认为,土地承包经营权是公民或者集体在法律或合同规定的范围内对于集体所有土地或国家所有由集体使用的土地和森林、山岭、草原、荒地、滩涂、水面的占有、使用、收益的权利。[②] 这是对土地承包经营权现实状况的反映。农村集体所有的土地,在20世纪80年代就普遍分给了农户占有和经营,随后,国有农场也在国有土地上推行了家庭联产承包责任制,农场工人以户为单位成为国有土地的实际占有和经营者。但是,作为一种法律权利,将其表述为"自然人或法人占有集体所有土地或国有土地从事农业生产经营活动的权利"更简洁和准确。土地承包经营权主体不能限于农户,随着农业产业化、现代化的发展,现代农业生产公司的兴起是必然的,非中国公民来中国承包土地从事农业经营也可以期待。一切农业生产经营者,都可成为土地承包经营权主体。承包经营的土地是广义的,包括土

① 参见孟勤国:《关于典当几个基本问题的研究》,载《广西大学学报》1991年第1期。

② 参见《法学研究》编辑部:《新中国民法学研究综述》,中国社会科学出版社1990年版,第328页。

地以及森林、山岭、草原、荒地、滩涂、水面等与土地直接相关的自然空间，广义的土地是一个来自实际生活的常识，没有必要在权利定义中一一列举。土地承包经营权最重要的特征是从事农业生产经营活动，即以种植、养殖、畜牧等方式获取农产品的过程。承包土地上进行的是直接的农业生产，而不是加工生产或其他非农用的活动，是一个持续和稳定的生产过程，而不是临时性的生产活动。由此决定了土地承包经营权不同于其他土地使用权。这是长期占有土地并自主经营农业生产的权利。

土地承包经营权由田间地头走进文件和法律，不免带有乡土的粗糙，理论上一直有不同看法。土地承包经营权究竟是物权还是债权，乃至于物权法要不要土地承包经营权之名，迄今悬而未决。梁慧星先生认为："当前农村土地承包经营权仍具有较强的债权性质。"①主张以农地使用权取代土地承包经营权。然而，将土地承包经营权认作债权，主要是一部分学者和法官，实际生活中的土地承包经营权从来不是债权，而是地地道道的物权。从安徽凤阳小岗村农民的包产到户约定到中共中央三个"一号文件"再到《民法通则》，都是解决同一个问题，即中国农民如何占有和利用土地。不错，农民与土地所有权人签了承包协议，协议中有许多超出物权乃至于民法的权利义务，如公粮的交纳，但承包协议所产生的土地承包经营权实现的是农民对土地的直接支配。"交够国家的、留足集体的、剩下来是自己的"当然可以作多种角度的理解，但无论如何，这些内容以农民占有和经营土地为根基。这是读懂土地承包经营权的关键。权利的性质本质上由其所处的客观生活条件所决定，并非学者和法官所能改变，是物权的还是物权。最高人民法院 20 世纪 80 年代将土地承包经营权当成合同纠纷处理，只能说明法官认识的局限性，不是判别权利性质的准据。其实，梁慧星先生确认土地承包经营权为债权的三条理由②是经不起推敲的。"土地承包

① 梁慧星：《中国物权法草案建议稿》，社会科学文献出版社 2000 年版，第 513 页。
② 梁慧星：《中国物权法草案建议稿》，社会科学文献出版社 2000 年版，第 513 页。

经营权……不是一个独立的物权”①，不等于土地承包经营权就是债权，两者的逻辑距离显而易见。梁慧星先生所说的承包人的生产经营任务与发包人对土地仍有相当支配力，都可以在土地占有权人、所有权人的相互关系中得到解释，问题只在于这样的物权内容是否妥当；“土地承包经营权实质体现的是集体内部分工、分配的权利义务关系。”②若此说成立，土地承包经营权也应归入劳动关系而不是债权，将可以长达50年的土地承包经营权当成是一种内部分工和分配的形式，与实际生活的差距何止里计；“土地承包经营权转让时，须经发包人同意。土地承包经营权的这种转让方式，完全是一种普通债权的转让方式”③，且不讨论普通债权转让何来拥有所有权的第三人，就仿效梁慧星先生“农地使用权人不得将其农地使用权转让给他人”④，来一个土地承包经营权不得转让，梁慧星先生是否还会认为土地承包经营权是普通债权？土地承包经营权突出土地的占有和利用是一种经营活动而非一般使用，又体现土地占有人对土地所有人所承担的义务和责任，远比农地使用权准确得多。而且，土地承包经营权已约定俗成，有什么理由硬塞一个新名词给亿万农民？为了所谓规范强行改变亿万农民的认知习惯，不是平民化立法。

经过二十余年实践，土地承包经营权已逐渐定型和成熟，无论有多少具体分歧，在土地承包经营权的基本问题上，人们认识趋于一致。

首先，土地承包经营权应是一种独立的物权。痛恨干预和侵害农民生产经营活动与利益的现象，赋予农民以独立占有和利用土地的权利，这已成为共识。以独立物权对抗土地所有权人和乡镇行政组织的各种干涉和侵害，是物权法所能做的事情，不仅是占有权说，他物权说也这样。几乎没有谁将土地承包经营权说成是限制物权或土地所有权派生的权利。梁慧

① 梁慧星：《中国物权法草案建议稿》，社会科学文献出版社2000年版，第513页。
② 梁慧星：《中国物权法草案建议稿》，社会科学文献出版社2000年版，第514页。
③ 梁慧星：《中国物权法草案建议稿》，社会科学文献出版社2000年版，第514页。
④ 梁慧星：《中国物权法草案建议稿》，社会科学文献出版社2000年版，第532页。

星先生的“土地承包经营权不是一个独立的物权”的命题中就包含着独立物权的主张，认为农地使用权“是权利人……为农业目的而为独立的占有、使用、收益并排除妨害的权利”①，不能说梁慧星先生赞成了占有权说，但主张农民占有和经营活动的权利应该独立，确实与占有权说的基本立场吻合。独立物权意味着土地占有权人与土地所有权人处于平等的地位，相互之间以权利义务作为连结的纽带，而不是谁支配谁的关系。独立物权不一定能杜绝土地占有权人受土地所有权人以及其他人的干预和侵害的现象，但为土地占有权人寻求法律救济提供了充分的保障。

其次，土地承包经营权应包括对土地所有权的特定义务。中国农民对其占有和经营的土地没有所有权，而且永远没有所有权，始终是以非所有权人的身份利用他人的土地。相对于土地所有权，土地占有权人是义务人，其所负的义务不是一般的对所有权的尊重，而是直接贯穿于其占有和经营土地的过程之中，与占有和利用土地的行为不可分割，具有特定性。这些义务作为土地占有权利的伴生物而成为土地承包经营权中不可缺少的内容。换言之，土地承包经营权是占有和经营土地权利与义务的统一体。梁慧星先生的农地使用权中就有诸如租金交纳、地力维持、不改变土地用途等特定义务。这是土地占有权人与土地所有权人关系的一个侧面，其与土地占有权人不受土地所有权人干预和侵害，共同构成了土地占有权人与土地所有权人的平等互利关系。

最后，土地承包经营权应适应农业生产经营的要求。土地承包经营权人在其占有的土地上从事农业生产，以获取农业收益为最终目的，这决定了其对土地的支配不能是一般意义上的占有和使用，必须覆盖农业生产的各方面和全过程。作为一个经营者，土地承包经营权人必须能够在土地上为一切农业生产经营行为。占有、使用、收益都是土地承包经营权的权能，考虑到土地所有权也没有实际的处分权，应该说，土地承包经营权的范围

---

① 梁慧星：《中国物权法草案建议稿》，社会科学文献出版社 2000 年版，第 511 页。

是相当广泛的。梁慧星先生建议规定农地使用权人可在土地上修建必要的农用附属设施。① 其实,即使物权法不作规定,当事人不作约定,土地承包经营权人也有权如此,只是要有足够的为生产必需的理由。土地上的农业生产投入、产出具有周期性、持续性的特点,土地承包经营权因而不能是一年、二年的,三十年或五十年的期限是农业生产稳定发展的基本条件。

但是,土地承包经营权上有一个认识问题需要解决,即以什么样的价值取向衡量土地承包经营权的内容。民法有着以私法精神与理念评价和判断民事权利的习惯,当事人意志自由和利益平衡是证明权利义务正当、合理的基本依据,有时也提公共利益、公序良俗,主要是从民事权利与社会的外部关系上着眼,极少作为民事权利内容的依据。这是一种专业眼光常有的偏颇。民事权利建立在客体之上,有些客体不只涉及民法,民法以外的因素在影响客体的同时会对民事权利本身产生影响,有时甚至是决定性的影响。土地就是这样一种客体。中国的土地所有权何以不得自由转让,在民法内根本解释不通,所有权人不能自由转让所有权,与民法、物权法的宗旨和原理相冲突。但在中国,土地所有权不得自由转让是合理的、正当的,其根子就在于中国的土地公有制。土地所有权当然还是民事权利,并不因为土地公有而成为宪法或土地法的权利,但土地所有权确实受到了宪法或土地法的影响,在这个问题上,是根据宪法或土地法的价值取向而不是民法的价值取向作出了取舍。由此可见,民事权利的某些内容是可以而且应按民法以外的价值尺度确定,这不能理解为民事权利受到了粗暴干涉,而是因为民事权利并不是当事人利益的孤立存在,是与社会利益有着千丝万缕的联系的。当事人之间的权利义务,不可能不受土地这样的客体所承载的社会义务和责任的制约和影响。土地承包经营权的客体更为特殊,是农业生产土地而非一般的土地。中国以世界 7%的耕地养活世界 21%的人口,参照发达国家的经验和标准,人均耕地 1 亩只能维持温饱,而

① 梁慧星:《中国物权法草案建议稿》,社会科学文献出版社 2000 年版,第 527 页。

中国沿海许多地方人均耕地还不足0.5亩。在有限的土地上如何生产出13亿人所需的农产品,是中国社会生存和发展的基本问题。土地可以分到一家一户,生产可以由一家一户进行,但珍惜每一寸土地,充分持续地利用土地资源,始终是中国土地政策的根本,是中国社会的共同利益所在。因此,中国不能允许土地所有权人和土地占有权人任性地经营土地,必须关注一家一户如何经营土地。这是一个大原则,是国家和社会承认与保障土地民事权利的先决条件。土地承包经营权必然而且必须以一定的方式和内容体现社会共同利益。土地承包经营权,不能只从民法或物权法的角度出发,特定的问题须在社会共同利益的层面上才能得以正确理解和妥善解决。

土地用途就是这样一个问题。理论与实践都将不得随便改变土地用途作为土地承包经营权的一项义务。这肯定合理,但为什么合理?似乎还没有深入的研究。农业生产土地非经国家征收程序不得变为非农用地,这显然不能在民法或物权法的范围内寻找理由。不同种类的农业生产之间的土地用途变动,可以有不同的说法。土地承包经营权人在良田上挖了鱼塘,可以说是擅自变更土地用途,也可以说是生产自主权;集体经济组织指令各家各户改种甘蔗,可以说是侵犯农民自主权,也可以说是行使土地所有权;集体经济组织和农民不愿种粮,但稳定一定的粮食种植面积又是国家的一项政策。这些不同的说法都很正当,如何取舍,非私法原则力所能及。其实,土地用途是一个村、一个乡乃至于更大区域的一定的农业生产结构的反映,在一定的自然条件和生产力水平的基础上,历史地形成了一个区域的土地在不同种类农业生产中的分工,每一块土地的用途只不过是这种分工的自然体现。一定的农业生产结构是一定区域农业生产可持续发展的模式,是对土地资源的一种相对稳定而有效的利用,土地用途的稳定或变动,影响着一定农业生产结构的稳定与变动,进而影响着一定区域的农业生产状况。土地用途问题之所以重要,说到底,是因为涉及一个区域的农业生产上的共同利益。一定的农业生产结构在一定时期相对稳定而且具有一定的自我调节能力，并不排斥个别土地用途的变动，但出于防范由点及面的风险，对个别土地用途的变动也得放到共同利益的高度上来。只有在不影响或有利于一个区域农业生产可持续发展的前提下，才能以慎重而有序的方式变动土地用途。反映到土地承包经营权中，土地承包经营权人应在历史形成的土地用途所允许的范围内从事农业经营；按自然和市场的变动轮用土地，应避免土地用途发生长期或永久性的改变；对基于合理调整农业生产结构而产生的土地用途变更要求，应予以合理的回应；在土地用途受到包括土地所有权人在内的任何人的非法侵害时，应及时采取相应的措施。这些内容与土地承包经营权人、土地所有权人有无约定无关，虽然土地用途可以由当事人约定，但约定必须顺应当地的农业生产结构的客观要求，不与社会共同利益相冲突，如土地所有权人、土地承包经营权人就不能约定毁田盖房。土地用途的合理变动，应经一定的法律程序，将农业生产土地也纳入登记管理的范围是值得采纳的建议。

土地不得抛荒也是如此。不太清楚梁慧星先生的物权法草案何以不将不得抛荒列为农地使用权义务，莫非种不种与种什么一样，应该属于农业生产经营自主权的范畴？从纯私法的角度，很容易也有理由将种不种当成土地承包经营权人的权利，但从社会共同利益出发，土地承包经营权人绝对不得抛荒。中国本来就人多地少，承包了土地又撂荒，既浪费土地资源，又易造成土地的损害，撂荒成风直接威胁黎民百姓的安居乐业。许多人没有注意或没有体会广大农民何以将承包土地称为责任田，责任田意味着承包人在土地上的权利与相应的义务和责任捆在一起。责任田是农民活命的根基，土地所有权人不能不将土地承包给农民；责任田也是中国人活命的根基，土地承包经营权人不能不种土地。目前不少地区出现严重的弃田撂荒现象，湖北监利县2000年弃田41万亩，占耕地面积的26.4%，弃田最严重的毛市镇，弃田比例达38.9%，在该乡崔吴村，甚至高达71.4%。[①]

① 黄广明：《湖北监利：土地负担化后的流转》，载《南方周末》2001年6月14日第1版。

在这种现实面前，能将抛荒当成是土地承包经营权人有权自主的事情吗？农民弃田的原因很多，有乱摊派、乱收费下不堪重负的；有高投入低产出效益太差的；也有农民外出打工劳力匮乏的。无论何种原因，都不能作为土地承包经营权人有权抛荒的理由。国家和社会可以而且必须在整治抛荒的客观环境上采取有力措施，但不应允许土地承包经营权人抛荒，这一点必须转化为土地承包经营中的一项义务，而且是法定义务。有的地方只要农民交纳了田亩负担就不管土地抛荒，这极为错误。土地所有权人也无权同意土地承包经营权人抛荒，以约定的方式抛荒是滥用土地所有权。当抛荒达到一定程度时，土地所有权人应采取包括收回土地在内的法律措施。

还有地力维持问题。"农地是农业产出的根本，土地肥力是决定农业生产效益的重要因素。虽不改变农地的用途，但过度使用土地而不维持土地肥力，同样是对农地资源的破坏。因此，农地使用权人在其权利存续期间，进行农业生产经营时，要履行维护土地的肥力和使用性能的义务，避免过度使用农地的短期行为。土地肥力的维持，是指农地使用权人在其权利存续期间，至少要保持土地原有肥沃程度，至少维持土地原有的产出能力。"①这很正确，但如果只将维持地力看成是土地承包经营权人对土地所有权人的义务，土地所有权人很可能放弃监管，因为维持地力涉及许多说起来容易做起来难的实际问题，如农民有无在土地上投入的经济能力，有无维持地力所需要的经验和技术，几十年中如何检查和评估地力状况，如何防范和矫正地力下降，怎样分清地力下降的自然因素和社会因素，怎样界定过度耕种以及后果等。只有从社会共同利益着眼，维持地力才有可能落到实处，例如，一个区域可以依土地的生产习惯和经验判断地力状况，定期不定期地检测地力，提供一定的技术资金帮助农民改良土地，防污、防灾，减少自然因素对地力的侵蚀，形成一些相对稳定、相对统一的地力维持要求和规则，以便土地承包经营权人履行维持地力义务。

---

① 梁慧星：《中国物权法草案建议稿》，社会科学文献出版社2000年版，第526页。

上述问题直接来源于农业土地的自然特性,所产生的权利义务最终起到了保护农业土地的作用。保护农业土地是保护中国社会的基本生存条件,以社会共同利益为基本的价值取向对待土地承包经营权中与之有关的内容,应该不会有根本性的分歧。事实上,人们也认同土地承包经营权中应有保护土地资源的权利与义务,只是从民事权利义务的角度体现社会共同利益的不多。相比之下,涉及土地承包经营权益本身的问题就复杂得多。土地承包经营权的转让、出租、转包、入股、互换、抵押等,与社会共同利益的联系不甚直观,又具有土地承包权人处分自己权益的意义,很容易被归入意思自治的范畴,从而赋予土地承包经营权人在这些问题上的绝对决定权。梁慧星先生的物权法草案不提农地的流转应否取得土地所有权人同意,其倾向性不言而喻。占有权是独立物权,一般意义上,占有权益的处分当然该由占有权人自己决定,但这不意味着占有权人可以不理会所有权人的存在。按份共有人处分自己的份额尚要尊重其他共有人的优先购买权,何况占有权益是以他人的财产为支点,因而不能不考虑占有权益的处分对他人财产可能产生的影响。土地承包经营权还不同于一般占有权,其权益处分所导致的土地占有的改变,将使土地发生流转,而土地流转在中国是一个分量极重的问题。许多人看到了土地流转的意义:分散的土地走向集中,规模经营、集约经营成为可能,有利于合理调整农业生产结构,推动农业的产业化、现代化。中国社会还必须同时考虑失地农民的出路这样一个具有重大经济、政治和社会意义的问题。土地流转是必要的,但必须为中国社会所能承受,在土地是大多数农民活命根基的条件下,不存在土地自由流转的社会基础。允不允许土地流转、允许什么样的土地流转、土地流转将依什么样的规则进行,取决于中国社会发展的现实需要和可能,进言之,土地流转是出于中国农业产业化、现代化的需要,而不是土地承包经营权本身。是土地流转的内容和形式决定土地承包经营权的处分内容,而不是相反,这种因果关系决定了社会共同利益对土地流转中的权利义务的作用。在探讨和解决土地流转问题时,必须牢牢把握这一点,具体而言：

（1）肯定土地所有权人在土地流转中的地位和作用。土地流转，多因土地承包经营权人的行为而发生，使得人们自觉不自觉将土地所有权排除在土地流转过程之外。在充分尊重农民自主意愿的口号下，土地流转似乎正在远离土地所有权人。这种现象值得警惕。从物权关系看，土地既然是土地所有权人所有，由谁来占有和经营土地，首先应该是土地所有权人依法选择和决定的。土地承包经营权人本身是土地所有权人选择的结果，如果其选择他人替代自己，应该取得土地所有权人的同意。否则，土地几经流转，土地所有权人可能根本不清楚谁在占有和经营土地，土地占有权人也可能根本不买土地所有权人的账，这如何保障土地所有权？不能将土地所有权搞得名存实亡。占有权对所有权是负有义务的，不能一说独立物权就可以无视所有权。从社会共同利益出发，土地流转应该有序，朝着有利于土地资源的充分利用，有利于农民土地收益的逐步提高，有利于农业生产结构的合理调整的方向发展。一家一户自行进行的土地流转具有分散性、随意性，难以保证土地流转的方向，应有土地所有权人的参与。中国的土地所有权人是公有制的产物，与社会共同利益有着天然的联系，其拥有的土地所有权又是其他代表社会共同利益的主体所没有的优势，由其出面组织、协调和规范土地流转，名正言顺。土地所有权人介入土地流转与尊重农民自主意愿并不对立，土地所有权人是依法介入，农民是依法自主，只要土地所有权人和农民都依法行使权利，不会出现冲突。中国的土地承包分为家庭承包和其他形式的承包。家庭承包是一定的区域共同体内按人人有份的原则以农户为单位的承包，是集体经济组织成员对集体土地或农场工人对国有土地的承包，土地承包经营权人具有特定的团体成员身份。其他形式的承包是指以拍卖、招标、协商等方式进行的承包，土地承包经营权人不一定有特定的团体成员身份。土地在集体经济组织或国有农场内流转与土地转给集体经济组织以外的农业经营者，性质完全不同。前者属于集体经济组织内部对土地占有和经营的调整，依然具有土地保障团体成员生存的意义，后者则是一种土地利益的交换行为，土地与团体成员的直接依存关系由此断裂。对前者，土地所有权人应扮演一个中介者、协调者和监督者的角色，原则上应认可团体成员之间的土地流转，因为这种土地流转基本不影响土地承包原有的性质和共同体利益。对后者，土地所有权人应以当事人身份出现，以团体成员身份取得的土地承包经营权，本身包含着团体提供给团体成员的生存保障利益，正如无偿划拨的土地不能随便作商业性处分一样，当土地流转成为单纯的商业行为，土地所有权人当然有权从商业利益的角度选择土地由谁承包，不再受制于团体成员的生存权利。因而，当土地需要流转给非团体成员时，应由土地所有权人以合理的对价收回土地承包经营权，再由土地所有权人将土地承包给非团体成员。操作上可以这样要求：农户有权与受让人协商、确定土地流转的具体事宜，但最后还得由土地所有权人出面与受让人签订和履行土地流转合同，不应允许农户直接将土地流转到集体经济组织以外。浙江绍兴市的土地流转出现了返租倒包、土地股份合作社等多种形式，但都坚持流转必须通过村集体经济组织，并由农民与村集体经济组织共同分享利润。[①] 这一点值得肯定、总结和改进。

(2)明确土地流转的核心是土地承包经营权的移转。土地流转正处于摸索阶段，不同地区有不同的认识和做法，出现了多种土地流转形式，如股份合作制、承租返包、返租倒包乃至于农民自发形式“倒贴皮”等，但几乎所有的地方都声明土地承包权依然在农户手中，发生变化的只是经营权。“土地流转涉及到对中央提出的‘承包经营权 30 年不变’的理解问题，‘30 年不变’指的是承包权，但承包权、经营权可以分离，不一定非得拥有承包权的农民自己耕种土地”。[②] 这种解释反映了理论与实践稳中求变的思路与努力，但不足为据。承包经营权“30 年不变”的政策是为了确保农民对

① 参见方三文：《浙江绍兴进入“第三阶段”》，载《南方周末》2001 年 6 月 14 日第 2 版。
② 徐勇：《如果土地不增值》，载《南方周末》2001 年 6 月 14 日第 3 版。

土地长期占有和经营的权利，并无不许土地承包经营权转让的意思，分割承包经营权并无必要。从法律关系上，分割后的承包权既非所有权，也非占有权，仅仅是从土地承包经营权人处取得一定收益的权利。除了约定收益额涉及土地外，其他包括收益的形式和来源都可与土地无关，既不具备物权的基本要素——直接支配土地，也不与一般的非物权人发生物权上的权利义务关系，事实上变成了收益债权。更为重要的是，这将形成一个“二地主”群体。承包权的取得和存续完全凭借特定身份如村民、乡民、国有农场工人，不必向土地所有权人支付对价，在公有土地上坐收渔利，甚至长期离开农村也拥有一份土地收益，这种食利方式很难说是公平与正义。这不仅是加诸土地所有权人、占有权人的利益负担，而且蕴藏着承包权成为变相的或实际的土地所有权的政治和社会风险。非所有权人利用他人财产是为了物尽其用，只凭身份分享财产利用收益，不属于财产利用，占有权之所以必须以占有财产为前提，正是因为占有是一切财产利用的支点。因此，土地承包经营权不能脱离土地的占有。当农民将土地转给他人耕种时，其有权收回在土地上的长期投资，也有权以集体经济组织一员的身份参与集体组织的土地收益的分配，但不再拥有土地承包经营权。土地承包经营权随着土地占有的改变而移转，每一次的土地流转都是土地承包经营权的一次易手，都是重新建立土地所有权人与土地占有权人之间的权利义务关系，不管土地流转采用何种形式，如出租、转包、投资等，也不管农户在法律上应否有出租人、转包人、投资人的身份，土地承包经营权都应移转给实际的土地占有权人。当然，土地承包经营权同样可以随着土地占有的移转回到农户手中。这是保证土地始终处于农业生产经营者的占有和经营之下的根本措施，也是对农业生产经营者合法权益的最大尊重和保护。

梁慧星先生主张对土地承租人之类的农业生产经营者只给予债权性的土地承包经营权的保护。这一提法不仅混淆了物权与债权，而且不利于农业生产经营者的自主经营。对土地只有债权的农业生产经营者，与梁慧星先生笔下的“不能抗拒来自发包人（土地所有人）和乡村行政组织的各种干涉、侵害”①的“可怜”的农户有何不同？农业产业化、现代化是土地流转的主要理由，如果土地流转的结果是从事产业化、现代化的农业生产经营者没有任何土地上的物权，这样的产业化、现代化难以持久下去。土地承包经营权是占有和经营土地的权利而不是农民的身份证，这一点必须明确。谁在占有和经营土地，谁就应该是土地承包经营权人，只有这样，才能避免脱离土地的农民成为公有土地利益的食利者，才能防止乡村组织以承包经营权没变为借口强迫农民交出土地，才能真正保障农业生产经营者的自主经营权利。

(3)区分土地流转所涉及的土地承包经营权益。土地流转在一些地方出现了左右为难的情况：农业的规模经营、集约经营，需要连片的土地，但有的农民不愿意放弃或置换土地。农业生产结构的合理调整，关系到中国农业的可持续发展，不能卡死于一家几户的不合作，土地毕竟还是集体所有或国家所有的，但如果允许土地所有权人以此为由收回土地，难免出现强迫命令现象，侵害农民对土地的自主经营权。既要充分尊重农民意愿，又要积极稳妥地推动农业的产业化、现代化，两全其美的关键是落实和保障土地承包经营权益。一般而言，农民愿不愿意流转土地取决于利益上的权衡，流转土地确实能给农民带来足够的、稳定的、切实的利益，相信极少有人反对，真有赌气抬杠的，在合理补偿的条件下收回土地也能得到多数农民的拥护。实践中，恰恰就在这里出了问题，有的地方只给几十公斤稻谷就收回了土地，这种情况下，即使农民自愿签了字也不能说是尊重农民的意愿。多年来，讲土地承包经营权多，提土地承包经营权益少，农民的切身利益缺少具体内容得不到应有的落实，这是土地流转出现许多矛盾的根源。土地承包经营权益是体现在土地承包经营权中的利益，在土地流转时，集中体现为转让土地承包经营权的对价。中国的土地流转不发生土地所有权的移转，其流转所产生的收益不可能是土地本身的交换价值，只能

---

①　梁慧星：《中国物权法草案建议稿》，社会科学文献出版社2000年版，第510页。

是土地承包经营权的交换价值。仔细分析,土地承包经营权的交换价值由三部分构成:

(1)农户的生存保障价值。土地是农民就业和养老的基本的物质资料,中国的社会保障体系还无法容纳庞大的农业人口,土地是农民基本的生活保障。人人都有生存的权利,任何农民都有权承包一份土地,生存权决定了家庭承包必须人人有份。有人认为农户无偿取得土地承包,这十分错误。农户也支付了对价,只不过这种对价表现为一般情况下不要求社会提供生老病死的社会保障。放弃而且也是不得不放弃社会保障的权利所换得的土地承包经营权,其价值是可以量化的,即承包土地提供给农户所需的基本生活价值。当土地流转使农民失去土地承包经营权时,农户得到与生存保障利益相称的土地收益才算公平。现在的土地流转极少评估土地承包经营权中的生存保障利益,这是土地流转常常不为农民接受的根本原因。在人均几分田地的地方,只给予几十公斤稻谷的土地收益,显然是剥夺农民的生存保障利益。土地流转上,既要切实保障农户的生存保障利益,又不能片面强调尊重农民意愿而阻碍土地的正常流转。

(2)农业生产经营者对土地的投入。农业经营的投入主要集中在维持和改善土地的生产条件上,土地承包经营权人不仅为当年的收成而投入,也常常对土地作基础性的、长期性的投入,尤其是荒地、废田,往往要大量投入才能变成熟地良田。投入既包括物质成本,也包括人力成本。就目前农村的生产力水平而言,农民们起早摸黑超强度的劳动是提高土地产出能力的主要源泉。必须根据土地的状况合理地评估农业生产经营者在土地上的投入,在土地流转时予以返还。这部分价值完全是农业生产经营者物化于土地的财产利益,即使是土地所有权人收回或置换土地,也必须予以充分的补偿。不然,荒地一成良田,土地所有权人就以调整土地承包为由无偿收回,谁还敢在土地上投入?实践中因土地流转过频导致农民不愿投入,根子不在于土地流转的速率,而在于承不承认、保不保护农业生产经营者在土地上的原有投入。

(3)土地流转的增值分成。同一块土地,因经营方式的不同而呈现不同的产出能力,以规模经营、集约经营为目的的土地流转,是以提高土地的产出能力、增加土地收益的预期为基础的。能不能对土地流转后的增值有一定的利益分成,往往是土地承包经营权人愿不愿意转让土地承包经营权的一个重要因素。土地规模经营、集约经营后的增值是充分利用土地资源的结果,既离不开土地占有权人的经营活动,也离不开土地所有权人的土地,应由土地占有权人、土地所有权人分享。土地已承包给农户,土地所有权人该分成的部分体现在土地承包经营权的交换价值中,应由农户与集体经济组织按一定的比例分配。

正确处理土地流转中的利益关系至关重要,这不仅是公平确定土地流转价格的基础,也是调节农户与土地所有权人关系的依据。集体经济组织对土地流转的收益不是不可以分享,而在于必须明确可以分享哪些,可以分享多少。对于农户生存保障利益和农业经营者对土地的投入,集体经济组织不能拿走一分钱、一粒米,但对土地流转的增值所得,农民只能在集体经济组织分配土地收益的名义下取得一部分。算清楚账,可以澄清土地流转的一池浑水,拿出合情合理、切实可行的措施,防止一些似是而非或极端片面的口号与做法主宰土地流转。

四、国有企业经营权

能否合理解释国有企业法人财产权并拿出切实可行的方案,是鉴别中国物权理论和立法优劣的重要标准。传统物权理论在 20 世纪 80 年代还能直面这个问题,其以所有权、经营权适当分离为内容的“两权分离”曾红火一时,虽然最终在实践中破产,至少有济世之心。可叹的是,传统物权理论此后日渐怯弱,逐渐退出这一是非之地。物权法的书越来越厚,国有企业法人财产权的内容越来越少,梁慧星先生的《中国物权法草案建议稿》有关建筑物区分所有权的条文 24 条,却无一条规定国有企业法人财产权。

据说,国有企业法人财产权问题留给公司法解决,[①]然而,公司法是民事主体方面的法律,并无解决财产法律关系的功能。如果公司法人财产权由公司法规定,合伙法、私营企业法乃至民法典总则都可用以解决合伙财产、私营企业财产、自然人财产问题,还要物权法干什么?截至 2000 年年底,全国国有及国有控股企业(不含金融)总户数 19.1 万户,资产总额 160068 亿元,利润总额 2833.8 亿元,如此巨大的经济总量引不起传统物权理论的兴趣,只能说明传统物权理论缺乏足够的底气应对现实生活。

国有企业法人财产权的概念在《中共中央关于社会主义市场经济体制若干问题的决定》中首次出现,并为后来的公司法所采纳。在此之前,随着两权分离的衰落,经济学界、法学界蹿起了以企业法人所有制改革国有企业的主张,以《世界经济导报》为中心的媒体连篇累牍地在国有企业法人所有制与市场经济之间画等号,反对国有企业搞法人所有制的声音如《也论法人所有制》[②]显得相当孤独。《中共中央关于社会主义市场经济体制若干问题的决定》把握了国有企业为国家所有的大方向,同时启用国有企业法人财产权的提法以平息对国有企业经营权的非议,体现了不争论的改革方针。但是,法人财产权不是一个规范的民事权利概念,与法人相关的所有权、经营权、债权、知识产权等一切具有财产利益内容的民事权利,都可纳入法人财产权中,因而立即有学者解释为“这里规定的法人财产权,实质上是法人所有权”[③],全然不顾《中共中央关于社会主义市场经济体制若干问题的决定》的完整表述:“企业中的国有资产所有权属于国家,企业拥有包括国家在内的出资者投资形成的全部法人财产权。”现在,法人所有权说有两大流派:一是主张国有企业“从国家所有制走向法人所有制”[④],国家拥有债权或社员权性质的股权。这一流派的要害在于消灭国有制。国有

① 参见梁慧星:《制定中国物权法的若干问题》,载《法学研究》2000 年第 4 期。
② 孟勤国:《也论法人所有制》,载《中青年经济论坛》1988 年第 4 期。
③ 王果纯、屈茂辉:《现代物权法》,湖南师范大学出版社 1993 年版,第 162 页。
④ 韩志国:《论法人所有制》,载《光明日报》1987 年 11 月 16 日。

制是社会主义公有制的基本形式之一,消灭国有制即使不是为了私有化,至少是为私有化清除障碍。股份制从来只是一种经营组织和形式,并不是一种所有制。股份制既可以表现私有制,也可以表现公有制,将股份制与中国的国有制对立起来,将股份制解释为法人所有制以取代国有制,蕴藏着极其强烈而危险的政治倾向。① 二是主张国家拥有终极的或原始的或价值的所有权,同时法人有相对的或实物的所有权。这一流派完全是自欺欺人。大陆法系民法历来奉行一物一所有权原则。同一物上冒出了两个所有权,财产归属于谁?如果财产依然归属于国家,法人所有权不过是名为所有权实为经营权,没有实质性的所有权意义;如果财产归属于法人,国家所有权名存实亡,最终依然是消灭国有制。无论哪一种流派,法人所有权说的物权理念都是陈腐的,都是追逐所有权的名分和至高无上的地位,体现传统物权理论的精髓。法人所有权说还误解了法人制度,法人是拟制的人格,任何国家在确定法人地位或资格时,都不以其有否财产所有权为必要条件,以为只有落实法人所有权才有真正的法人或凡是法人必须有法人所有权,是一个常识性的错误。法人有独立的财产没有丝毫法人所有权的意义,仅仅表明区别于出资者的其他财产。生活中,确实有财产归属于法人所有的如财团法人或集体经济组织法人,但大多数法人的财产属于法人的出资者所有或共有。

理解国有企业法人财产权必须从两个基本事实出发:首先,在走向市场经济的过程中,中国面临缺乏独立的商品生产者、经营者的尴尬,计划体制几乎消灭了个体劳动并阻碍了企业的发育,而培育市场经济主体又要面对中国绝大部分企业是国有的现实。中国不能走国有企业非国有化道路,

---

① 史际春先生在接受《经济观察报》邵颖波先生的采访时一针见血地指出:"《公司法》有一条规定很好,公司享有法人财产权,股东享有所有者权益,这是对的,可是有些学者和实践家们千方百计想把这一条否定掉。毋庸讳言,其背后的动机,学者无非是要否定国有制,实践家们则是希望将他人的财产据为己有。"参见邵颖波:《公司与公司法:谁适应谁?》,载《经济观察报》2001 年 8 月 13 日。

不然，将颠覆中国的整个社会结构，由此产生的动荡绝非中国的国力和社会心理所能承受。国有企业非国有化必然是国有财产近乎于无偿地转为某些利益群体的财产，引起社会成员在瓜分国有财产上的利益冲突，一个大型国有企业与一个作坊式国有企业转为企业所有，两者的利益不可同日而语。同时，国有企业必须成为独立的商品生产者、经营者，这是中国走向文明、富强与现代化的唯一选择。为此，必须彻底割断政府部门与国有企业之间在计划经济中遗留下来的种种违背商品经济规律的联系，彻底消除政府部门在国有企业身上谋取部门利益的现象。事实无情地证明，一些政府部门经常谋求自身利益而不顾国家利益，近年来不少地方发生国有企业假破产、真逃债。因为政府部门是国家所有权的代表而相信其所作所为就一定反映国家所有权利益，是一种不切实际的幻想。政府部门领导人的任期有限，使得有些官员的兴奋点集中在任期以内，只要国有企业依附于政府部门，政府部门必然按任期目标要求和控制国有企业，这是国有企业问题的症结所在。由此，国有企业改革只有一条路：中国必须坚持国有制，国有企业财产所有权必须属于国家；中国必须确立国有企业经营权的独立地位，必须使经营权有约束和排除政府部门任意干预的能力。

物权范畴内，国有企业法人财产权仍然应定位于经营权，但不是“两权分离”中的经营权。“两权分离”的致命伤就在于“适当分离”四个字上。“适当分离”是所有权一边的说法，经营权一边称为相对独立。这是依据传统物权理论的所有权派生他物权原理设计的，经营权被认为是所有权派生的权利，不能不依附于所有权，所谓相对独立，不过是一种较为自由的依附而已。国家所有权历来由各级政府部门行使，政府部门因而有了以所有权名义控制经营权进而控制国有企业的法理依据，政府部门以发包人、出租人的身份继续将国有企业抓在手中。承包、租赁合同形式上固定了政府部门对国有企业的控制力度和范围，但政府部门能以合同条款和暗箱操作选择承包人、承租人。国有企业成了承包租赁的标的，不具有经营权主体地位，承包租赁的厂长、经理就是实际的经营人，很难不受政府部门的控制。

承包租赁之所以在短时间内轰轰烈烈，不像其他改革常因既得利益群体抵触而踯躅不前，是因为政府部门作为承包租赁合同的一方当事人，其意志和利益能够得到充分实现，一些政府官员还将承包租赁当成谋取个人私利的难得机会。承包租赁没有解决政企不分问题，还引发国有资产流失、经营行为短期化和承包租赁人与国企职工利益冲突、感情对立等。设计错误是工程失败最根本也最难挽回的错误。回首往事，所有权、经营权分离本身没有错，股份有限公司就是典型的所有权、经营权分离。错就错在所有权、经营权是依据传统物权理论分离的，拖着“适当分离”的尾巴；错就错在选择了承包租赁这一缘木求鱼的分离模式，以至于国有企业成了客体；错就错在对实践失败缺少理性认识，将洗澡水和孩子一起倒掉，不敢再直视所有权、经营权分离这一现代社会普遍事实。

为不重蹈“两权分离”的覆辙，中国物权法应以占有权解释和界定国有企业经营权。国有财产的所有权和经营权确实是分离的，而且不只是国有财产，其他财产同样存在分离现象，不仅仅是中国，现代社会普遍存在股东所有权和股份公司经营权的分离。造成这种分离的原因是所有权人将财产交给非所有权人占有和利用，没有这一事实，就没有也不需要所有权与经营权分离。财产所有权人、经营人本属同一人，由于种种原因，所有权人、经营权人分裂成两个主体，从而需要确定两个主体之间的关系，这就有了经营权。由此可见，所有权与经营权分离的本质是主体的分离，权利分离不过是主体分离的结果或表现。权利的分离程度，取决于主体分离程度。如果主体的分离不彻底，权利的分离只能是相对分离，正如“两权分离”所做的那样。如果主体的分离是彻底的，那么权利的分离就是完全的分离，成为相互不具有任何隶属意义的独立权利。中国的国企改革一直致力于将国有企业改造和培育为独立的商品生产者和经营者，从政企不分到政企分开，所做的一切都是为了彻底分离代表国家所有权的主体和经营国家财产的主体。所有权、经营权的分离应该彻底，“两权分离”的教训就在于设计者只看到了权利分离的现象而没有看到是什么决定权利的分离。

所有者、经营者分离也是一种社会分工，当财产的经营成为一种专业性活动时，所有者、经营者都期待分工所产生的效益和利益，从而形成财产所有者和财产经营者的普遍分离。现代社会所有与经营的分工造就不同的利益主体，经营者的独立权益是社会分工的必然产物。而且，国有财产的所有和经营具有天然分离的性质，即使政府部门直接经营国有财产，从政府部门不等于国家的意义上，也不是所有权人自己经营财产。政府部门只是在一定范围内依据一定的法律代表和行使国家所有权，并不是真正的国家所有权主体。似所有权人而非所有权人，政府部门不一定站在国家所有权的立场上处理国有财产问题，连掌管国库的财政部也曾被查出几十亿元的违规资金，值得深思。所有权人通常不愿看到因损害经营者权益而两败俱伤，而一个所有权人的代表或代理人就不一定在乎玉石俱焚，因为玉与石都不是自己的。因此，不能将国有企业经营权的命运交给政府部门，也不能由政府部门和国有企业约定国有企业经营权的内容——政府部门总是谈判桌上的强者。国有企业经营权更需要彻底的分离和独立。

这就有了国有企业法定经营权的提法[①]，其含义是国有企业作为法人拥有法律赋予的占有和经营一定国有资产的权利。具体而言：

(1)国有企业法定经营权主体是国有独资企业，包括直接从事生产经营的国有企业和近几年出现的专门从事国有股权经营的国有资产经营公司。国企改革难点集中体现在政府部门与国有独资企业的关系上，因为政府部门代表国家所有权，国有独资企业无其他的投资者，政府部门自然而然地直接介入国有独资企业的生产经营，至今许多政府部门仍在任命厂长、经理甚至其他高管。相比之下，国有控股或参股企业虽然也不乏政府部门的影响，但政府部门毕竟不能直接指令企业，企业章程和法人治理结构至少是形式上、程序上界定政府部门与企业的权利义务。问题在于，中国不可能没有一定数量的国有独资企业，即使生产经营性国有企业都搞成

---

① 孟勤国：《论法定经营权的独立性》，载《法学评论》1989 年第 4 期。

股份制,也还有一个国有股权经营的问题。国有股权由国资委持有和运作仍是政企不分,必须组建经营国有股权的企业,而这个企业只能是国有独资,不然,会出现国有股权经营企业的国有资产如何经营这样一个循环往复的问题。这里是政企分开的关键点位,只有固定了政府部门与国有独资企业之间的关系,才有国有独资企业的自主经营包括参股控股其他企业等。政府部门作为国家所有权的代表,有权以出资或划拨的方式组建国有企业,但国有独资企业一旦依法成立,就成为特定的法定经营权主体,拥有以在企业内的一切国有财产为标的的经营权,依照法定的程序和方式运作,直到终止之时,不受政府部门的任意摆布。法定经营权随着国有独资企业的设立、变更、终止而自动产生、变更或消灭,无须经过政府部门的专门授权,法定经营权与其权利主体不可分离,甚至在国有独立企业利用法定经营权从事违法活动的情况下,政府部门也只能消灭权利主体如撤销企业,而不能单独剥夺或限制企业的法定经营权。国有独资企业必须依法取得法人资格。

(2)国有企业法定经营权客体是经营性国有资产。这是指国有企业占有和经营的国有财产价值而非某一具体财物,无论是厂房、设备、流动资金还是股权,最终核算出一定的资产价值,反映到财务报表中,形成国有企业的净资产。只有净资产值才能说明一个国有企业的存在和规模,才能显示国家的所有者权益,而具体财物在国有企业的生产经营中处于不断更新、置换和消耗的过程。将国有企业中的某一实物认定为国家所有,在其他场合或有意义如惩罚贪污、盗窃,但对法定经营权没有意义,法定经营权是在国有企业经营管理的整体财产上得以确立的,或者说,作为国家所有权和法定经营权客体的“一物”,是指国有企业的净资产而非某一块土地或某一辆车。在这里,尤其需要注意和把握“一物”与物权的关系,特定的物权以特定含义的“一物”为客体,不能有任何混淆。

(3)国有企业法定经营权内容由法律直接规定。无论国有企业在规模上、技术上、经营管理上有多大差异,其法定经营权的内容和范围都相同,由物权法及相关法律统一规定。法定经营权不是为了个别国有企业而是为全部的国有企业设置的,不是为了国有企业的具体经营活动而是为摆平国有企业与政府部门的财产利益关系设定的,必须是一种具有总括性、统一性和普遍适用性的占有权,不然,难以对抗政府部门的不法干预。“上有政策下有对策”之所以在中国流行,就是因为政策的制定和实施常常给因地制宜留出活口。法定经营权必须直接依赖法律的权威。法定经营权由法律直接设定于国有财产之上,是一种国家行为,反映的是国家的意志,不管政府部门愿不愿意,自不自觉,都必须服从国家意志,依照法律行使国家所有权职能,尊重国有企业的法定经营权。同样,无论国有企业如何经营,须依照法律行使法定经营权,尊重国家所有权。法律将国家所有权的权利范围确定后,无论谁代表国家,都不能超出权利范围去支配法定经营权,国有企业对国家所有权的义务也以法定方式明确,履行法定义务即是履行对国家所有权的义务。法定经营权只受法律的约束,为国有企业不受政府部门的不法干预提供了基本的依据和保障,国有企业的自主经营就有了现实性。

法定经营权的基本思路是以法律界定所有权与经营权,但关键在于法律如何界定所有权与经营权。20 世纪 90 年代初期,中国有过类似的尝试,出了一个《全民所有制工业企业转换经营机制条例》(以下简称《条例》),连同企业法一起对政府部门与国有企业之间的权利义务作了相当具体的规定,但最后不了了之。这不是因为以法律界定所有权、经营权的思路不对,而是在如何界定上出了差错。首先,《条例》仍然以政府部门授权国有企业经营国有财产为出发点,依然在“适当分离”圈子内打转,只不过指望由法律来固定“适当分离”,因此,确定具体的权利义务内容时采用了列举国有企业有哪些经营权的方法。表面上看,给予国有企业的自主权有 14 项之多,但根本上保障国有企业自主经营的一条也没有。几乎没有对政府部门有什么实质性的限制,更谈不上相应的民事责任,显示《条例》的指导思想不是限制政府部门而是限制国有企业,与国企改革的方向可谓南辕北辙。同时,《条例》中的权利义务几乎都是以前的行政规定转化而来,内容芜杂,人事、劳动、生产销售、投资决策等都在其中,不过是政府部门将一部分国有企业内部管理的职权下放给国有企业,并没有多少财产所有与经营所涉及的财产利益内容。内部管理的职权可放也可收,其实际效果可想而知。法定经营权的目标是确立和保障国有企业的独立地位和权利,基于威胁国有企业自主经营的力量主要来自政府部门的事实,必须采取这样一个思路:明确规定政府部门代表国家行使所有权时有哪些权利,国有企业行使法定经营权时有哪些义务。政府部门除了明文规定可做的,其他都是不能做的;国有企业除了明文规定必须做的或不能做的,其他都属于可做可不做的。政府部门违反义务应承担民事责任,其中可以包括决策或实施官员个人的民事责任;国有企业违反义务应承担法律责任,其中也应有厂长、经理或其他决策人员个人的民事责任。

政府部门代表国家行使所有权的权利有:

(1)国有企业经营方向的决策权。投资设置国有企业,总是基于一定的国民经济和社会事业发展的需要,国有企业的经营方向必须符合国家投资的目的,这样才能保证国有资产的经营符合多数人的根本利益,使国有资产成为造福于全社会的物资手段。国有企业及其职工在国有资产经营中拥有自身的利益,难免影响国有企业的经营方向,如低水平重复建设和盲目投资高科技乃至于制假走私,都与利益驱动分不开。如果任由国有企业决定经营方向,给国有资产带来的风险常常是不可预见和不可控制的。因此,国有企业经营方向的决策权应由政府部门掌握,国有企业的主营业务和重大项目应由政府部门依规范的程序和条件核准。

(2)国有资产增值保值监督权。国有资产很容易流失,不仅是他人,国有企业自己也常以各种方式侵占国有资产,因此,必须赋予政府部门以监督国有资产状态的权利。政府部门有权采取多种形式,如委派监事或财务总监、进行定期不定期的审计、加强社会和中介机构的监督等,经常性地监控国有资产的运营。特别是国有企业的经营成本、工资福利、资产损益以及有可能引起国有企业资产的风险如为他人担保等，影响国有资产价值的事项，必须重点监控。一旦出现违规现象，立即采取相应的法律措施。

(3)国有资产收益权。国有资产的经营收益归国家所有，国有企业的经营利益集中体现在职工的收入包括福利上，职工的收入应与国有企业的经营效益挂钩，但必须剔除经营效益中的政策性损益。除此以外，国有企业的所得和积累都是国有的，说国有企业留利应为国有企业所有，这甚为奇怪，有谁见过私人老板拿出一部分赢利给企业所有？同时，国有不能解释为全部让政府拿走，变成政府所有。在国有企业存续期间，国有企业按章纳税，至于利润，应规定一个政府部门的投资回报率，其余的留下来扩充国有企业的资本金，以促使国有企业的自我发展和防止政府部门将国有企业当成提款机。

(4)国有企业撤销权。国有企业经营状况严重不良、重大违法、产业调整、投资目的实现或资不抵债，政府部门有权撤销国有企业，依法清理债权债务，收回剩余的国有资产。这是权利也是政府部门的职责。政府部门必须积极地、妥善地行使权利，既不能滥用权利，也不能无所作为，更不能以放弃权利作为与国有企业或他人进行不正当交易的筹码。以权谋私不行，弃权谋私也不行。目前要特别警惕有些政府部门及其个别官员以自己的失职为他人侵占国有资产开放绿灯并从中分得一杯羹。

国有企业法定经营权中对国家所有权的法定义务体现在两个方面：

(1)积极协助和配合政府部门行使法定权利。政府部门担负着维护国家所有权利益的职责，必须对国有企业的经营行使所有权人的权利，国有企业不能以自主经营为由拒绝政府部门对国有企业的合法监督和干预。国有企业应及时报告经营状况、提交有关资料和整改存在的问题，落实和执行政府部门法定权利范围内所作的决定。这不能说是政企不分。任何性质的财产经营，所有权人都会要求经营人这样做。

(2)合法、正当、善意地经营国有资产。这是非所有权人占有和利用他人财产的基本条件。之所以需要在法律上特别规定，是因为实践中国有企业损害或变相损害国有资产利益的现象相当普遍，以至于有些现象已司空见惯。例如，天津一国有公司对下岗女工的月补贴为2600元，广东某国有移动通信公司人均月收入1万多元，这不仅仅是一个分配不公的问题。许多特殊行业的国有企业职工的高收入其实是以牺牲国有资产收益为基础的。确保国有企业的自主经营与规范国有企业的自主经营必须结合起来，两者不可偏废。

法定经营权由谁行使也很重要。国有企业是法定经营权主体，厂长、经理只是法定代表人，法定代表人不等同于国有企业。这本来不成为问题，但由于承包租赁由厂长、经理作为承包租赁合同当事人一方，而且多年来一直有能人治厂的说法，法定代表人的权利无形中与国有企业自主权画上等号，扩大国有企业经营权变成了扩大厂长、经理的自主权，政府不干预企业经营变成了放任厂长、经理胡作非为，以至出现穷庙富方丈的现象。中国的国有企业搞不好，有两个因素不可忽视：一是有些政府部门及其官员对国有企业的摊派勒索之风极盛；二是不少国有企业厂长、经理的腐败行为不断。企业亏损，厂长、经理的酒照喝、舞照跳、小车照坐、回扣照拿，这都与法定代表人权力的失控有关。中国近二十年国企改革的最大失误就在于将国有企业经营权完全交给了厂长、经理，对国有资产的流失缺乏足够的警惕和防范。其实，安危系于一人的企业制度典型地表现出小商品生产的特点。现代化大生产是依靠规章制度、管理系统和集体决策撑起来的，能人再能也不可能改变市场的趋势、技术的变化和宏观环境。因此，法定经营权绝不是厂长、经理的特权。国有企业应组建由政府部门代表、职工代表、社会人士以及厂长、经理组成的董事会。由董事会代表国有企业行使法定经营权，厂长、经理在董事会的领导下主持日常经营活动。董事会和厂长、经理受代表国家所有权的政府部门、监事会和职工代表大会三个方面的监督。需要强调的是，应当重视和发挥职工代表大会在国有企业中的决策作用和监督作用，这不仅是为了保障工人当家作主的民主权利，更重要的是，任何国有企业的兴旺都必须依靠广大职工。国有企业破产了,受害的首先是职工,职工肯定要关心企业的经营。他们最了解企业的经营状况,假报表瞒得了政府瞒不了职工,厂长、经理的一举一动都在他们的眼里,背着职工搞腐败其实也不容易。因此,国有企业的法人治理结构中,必须有职工代表大会这一块,而且应该是国有企业的一个权力机构。在破产与失业的威胁下,绝大多数职工会在合法经营、有效经营上投赞成票。

法定经营权致力于理顺国家所有权与国有企业经营权之间的相互关系,对国有企业法人财产权进行理性的界定。但是,法定经营权并非一贴包治百病的灵丹妙药,法定经营权只是从财产关系的角度奠定了搞好国有企业的基础。能否真正搞好国有企业,还有许多外部环境、内部管理、其他法律调整等诸多的问题。举例而言,"要真正处理好国家所有权和法定经营权之间的矛盾,必须大大减少国营企业的数量,让政府集中力量搞好大中型国有企业的工作,这是使法定经营权卓有成效的一个重要保证"。[①] 法定经营权与搞活搞好国有企业的关系可以这样表述:有了法定经营权,不能肯定就能搞好搞活国有企业;没有法定经营权,国有企业由于缺乏清晰的产权思路就一定无法搞好搞活。

① 孟勤国:《再论法定经营权》,载《社会科学探索》1991年第5期。

附录一

中国物权法草案建议稿[①]

① 本建议稿的理论基础是本人的专著《物权二元结构论——中国物权制度的理论重构》(人民法院出版社 2002 年 1 月第 1 版),本建议稿的起草起始于 2001 年 8 月,完成于 2002 年 6 月;武汉大学法学院博士生冯桂、蒙晓阳、张素华,广西大学法学院副教授黄莹,为起草本建议稿做了大量的工作;本建议稿原载于《法学评论》2002 年第 5 期,中国人民大学资料复印中心《民法卷》2002 年第 5 期全文转载。

第一章　总　　则

第一节　一般规定

第一条　为规范和调整一定的财产归属关系和财产利用关系,保护当事人合法财产权益,制定本法。

第二条　物权为民事主体直接支配物并有排他效力的权利。物权人依据物权自主选择或决定在物上实施一定的行为并约束非物权人。

物权包括所有权和占有权。

第三条　物是能为特定民事主体直接支配的以实物形态或价格形态存在的财产利益,包括:

(一)实物;

(二)资产;

(三)货币、存款、票据、提单;

(四)自然资源、拟制资源;

(五)其他可由物权人直接支配的财产利益。

物分为动产和不动产。

第四条　物权的创设与变更须符合本法的规定。

物权的种类、内容和取得方式由法律规定,当事人可约定法律未规定的物权事项,但不得与之抵触。

第五条 同一物上,只能设立一个所有权。

同一物上,不得设立数个内容或效力相冲突的占有权。

同一物上,可依顺序设立物上负担。

同一物的识别须以法律规定的方式进行,法律未规定的依惯例或当事人的约定。

第六条 同一物上的物权相互独立,具有平等的物权效力。

第七条 物权的设立、移转、变更和消灭,须依法律规定的方式和程序公示,未经公示或不当公示的,不得对抗第三人。

第八条 行使物权不得明显违背公共秩序、善良风俗和社会共同利益,不得拒绝或规避附随物权的物上负担。

非经法定程序,物权的行使不受禁止或限制。

第九条 物权受到不法侵害,物权人有权请求国家机关予以保护。特定条件下,物权人及其利害关系人可依法进行与不法侵害相适应的自我保护。

第十条 解释意义不明的物权事项,应有利于物的价值维护和合理利用。

第二节 物权的设立或取得

第十一条 物权以法律规定或认可的方式设立或取得。

第十二条 先行占有无主物、遗失物或埋藏物的,先占人可依法取得先占物的物权。

禁止流通物和赃物,不适用前款规定。

第十三条 无主物是所有权人不明或没有所有权人的财产。先占无主不动产,可取得占有权,先占无主动产,可取得所有权。

第十四条 遗失物是失主不慎丢失的财产。拾得人可即时取得价值微小的遗失物的所有权。对其他遗失物，拾得人即时取得占有权，并应在合理的时间内通知失主领取或将遗失物移交给民政机关。

自拾得遗失物之日起一年内，拾得人可向失主请求合理费用和报酬或向民政机关请求取得自移交之日起六个月内无人认领的遗失物。

民政机关自遗失物移交之日起 5 日内，依遗失物的价值、用途以合适的方式通知失主领取或发布招领公告。民政机关不履行或不及时履行通知、公告义务致使失主受到损失的，承担赔偿责任。

无人认领和拾得人不请求取得的遗失物，归国家所有。

第十五条 埋藏物是隐匿于动产或不动产中不易从外部发现且所有权人不明的财产。

埋藏物准用本法第十四条的规定。但对无人认领的埋藏物，发现人和隐藏埋藏物的动产、不动产所有权人可向民政机关请求各取一半并承担相应的费用。

具有重要的考古、艺术、文化价值的埋藏物归国家所有，但发现人和隐藏埋藏物的动产、不动产所有权人可请求国家给予合理的报酬。

第十六条 生产者取得产出物的占有权。

生产资料的所有权人取得产出物的所有权，但法律另有规定、当事人另有约定或交易另有惯例的除外。

第十七条 不动产占有权人取得动产、不动产附合物的占有权。

价值较大的动产占有权人取得动产附合物、混合物的占有权。

附合物、混合物的占有权的内容和期限与不动产占有权或价值较大的动产占有权相同。

第十八条 附合物、混合物的所有权由原所有权人协商取得，协商不成的依下列顺序确定所有权归属：

（一）原不动产所有权人；

（二）原主物所有权人；

（三）原价值较大的动产所有权人；

（四）原所有权人依据各自的动产价值按份共有附合物、混合物。

第十九条　附合物、混合物的所有权人应向其他原所有权人补偿原有财产的价值。

附合或混合出于原所有权人恶意的，依下列情形处理：

（一）附合物、混合物价值高于各原物价值之和的，按恶意原所有权人的原物价值的百分之五十予以补偿；

（二）附合物、混合物的价值低于各原物价值之和的，恶意原所有权人应向附合物、混合物其他原所有权人承担赔偿责任，并不得请求其原物的价值补偿；

（三）其他原所有权人不同意接受附合物、混合物的，由恶意原所有权人按各原物价值之和的时价买回附合物、混合物。

第二十条　材料所有权人取得加工物的所有权，法律另有规定、当事人另有约定或交易另有惯例的除外。

第二十一条　制单人取得记名票据或单证的占有权、不记名票据或单证的所有权。

前款所称制单，是指依法签发票据或制作具有物权效力的单据或凭证。

第二十二条　当事人可依协议设立或取得物权。

第二十三条　为自己所有而公开、和平、连续占有他人动产满五年的，可取得该动产的所有权。

为自己占有而公开、和平、连续占有他人动产满三年的，自占有之日起取得该动产的占有权。

第二十四条　为自己所有而公开、和平、连续占有他人未登记的不动产满十年的，可登记取得该不动产的所有权。

为自己所有而公开、和平、连续占有他人已登记的不动产满二十年的，可登记变更权利人，取得该不动产的所有权。

前二款规定不适用于土地。

第二十五条 为自己占有而公开、和平、连续占有他人不动产满五年的，自占有之日起取得该不动产占有权，应当登记的，可请求登记或变更登记。

第二十六条 依据生效的法院判决或政府命令取得物权，自公示程序完成时取得。

依据法律取得物权，自法律规定的事由出现时取得。

第二十七条 国家可以征收的方式取得所有权。征收不得具有商业目的或其他非公共事务的动机，并须按时价补偿。

国家可以征用的方式取得占有权。征用必须基于战争、动乱、灾害等紧急状态的事实并支付公平的使用费。

第二十八条 物权人将可移转的物权移转给受让人，受让人取得物权。

无权处分人依正当交易移转物权，准用前款规定，受让人明知无权处分事实的除外。

第二十九条 物权设立或移转的原因事实无效或被撤销，原物权人可请求物权回转，但下列情形者除外：

（一）物权为第三人取得，受让人或第三人能够给予同额的价值补偿；

（二）物发生变化不能恢复到移转时的物权状态；

（三）物上设定了第三人的权利，原物权人拒绝承受；

（四）物权为第三人依正当交易取得；

当事人就物权回转达成协议者，从其协议。

第三十条 物权回转时，原物权人应对受让人或第三人的与物直接相关的费用损失予以补偿，同时可请求有过错的受让人或第三人承担相应的民事责任。

第三十一条 第三人未经前手同意将物权回转于原物权人，不得向前手请求返还对价。

第三十二条 物的形态发生转换但能识别转换前后的物为同一财产

利益的，原物权人可就转换后的物依本法的规定请求物权回转。

第三十三条　物灭失，物权以及物上负担随之消灭。

物因毁损失去物的利用价值，视为物的灭失。

第三十四条　物权因放弃而消灭。物权人放弃物权导致他人利益受到损害，应承担赔偿责任。

放弃物权应有明确的意思表示或办理法律和协议要求的手续。

第三十五条　所有权与占有权归于同一主体，占有权消灭。

同一物上的不同占有权归于同一主体，各占有权消灭。

第三节　物权的公示

第三十六条　不动产，是依法应当登记的物。应当登记的物的种类和范围，由特别法规定。

不动产登记，由不动产所在地登记机关统一管辖。登记机关的组成和登记事项与程序，由特别法规定。

第三十七条　对材料真实、完备、无权属争议和不违反禁止性法律规定的登记申请，登记机关必须及时办理，不得拒绝、延误或指令当事人改变登记申请内容。

登记机关应依生效的法院判决办理登记并及时公告和通知当事人。

第三十八条　不动产登记事项记载于不动产登记簿。

不动产登记簿由登记机关统一印制和保存，记载内容对社会公开，任何人可依法查阅。

登记机关储存或提供的有关登记的电子数据信息必须与不动产登记簿的记载一致，不一致的，以不动产登记簿记载为准。

第三十九条　不动产登记完毕，登记机关应制作权属证书并交付当事人。

权属证书只证明不动产物权或物上负担的权属，用作他途，须有明确的法律依据。

权属证书的内容应与不动产登记簿的记载一致，不一致的，以不动产登记簿记载为准。

第四十条 对不动产登记簿记载的内容有异议，当事人可申请登记机关变更登记，登记机关不予变更的，可请求人民法院裁定变更登记。

登记机关依职权更正确有错误的登记内容，须及时公告和通知当事人。

第四十一条 不动产登记、公告、查询、制作证书等可收取一定的工本费，收费标准由中央登记机关统一制定。

第四十二条 不动产所有权必须登记。

不动产占有权和物上负担的登记，依法律规定或当事人约定。

第四十三条 未经登记的不动产物权须物权人占有不动产且不得处分。

应登记而未登记的物上负担不得对抗第三人，第三人明知物上负担存在的除外。

第四十四条 不动产登记簿上记载的权利，自记载之日由不动产登记簿上记载的权利人享有。

不动产登记簿上记载的不动产占有权人丧失不动产占有持续一年的，该记载失效。

第四十五条 正在建设的不动产上可以预设物上负担并予以登记。

第四十六条 在不动产上设定两个以上的物上负担，依其纳入不动产登记的时间先后确定顺序，法律有规定的，依法律规定确定顺序。

顺位在先的物上负担先行履行。

第四十七条 登记机关可依当事人申请或法律文书将不动产权属争议、诉讼、仲裁保全或其他可能影响不动产权益的事由载入不动产登记簿。

第四十八条 出现下列情况之一造成当事人经济损失的，受害人可请求登记机关赔偿：

（一）登记机关故意或过失导致登记错误或信息错误；

(二)登记机关无正当理由拒绝或延误登记;

(三)登记机关拒绝自然人或法人合法查询登记内容。

第四十九条 登记机关及其工作人员与他人恶意串通,利用登记管理损害自然人和法人的合法权益,应对受害人承担赔偿责任。

第五十条 动产,是无须登记的物。

动产占有人推定享有动产物权。

第五十一条 动产所有权自占有动产之时取得,法律另有规定或当事人另有约定的除外。

动产占有权自占有动产之时取得。动产所有权移转而原所有权人仍合法占有动产的,原所有权人在动产所有权移转时取得动产占有权。

第五十二条 当事人设立动产物权和物上负担的约定必须采用书面形式,未采用书面形式的,不得对抗第三人。

当事人为排除特定的第三人的合法权益所作的约定无效。

第四节 占 有

第五十三条 占有,是占有人对物的自然控制。

占有人为自己利益而占有。

隶属于本人并依本人意志实施占有的,是辅助占有人。

第五十四条 同一物可划定不同的部分,由数个占有人分别占有。分别占有人之间相互独立。

同一物或同一物的特定部分,可由数个占有人共同占有。任一共同占有人不得主张独立的占有。

第五十五条 占有始自占有人取得对物的自然控制。

能证明前后两时占有的,推定在此期间内持续占有。

第五十六条 占有因占有人丧失对物的自然控制而消灭,但下列情形者,不视为占有消灭:

(一)占有人让他人短暂地占有物;

（二）辅助占有人占有物；

（三）执法行为导致占有人失去占有且未有定论；

（四）占有人受不法侵害持续失去占有未满一年；

（五）法律规定的其他情形。

第五十七条 占有，推定为有权占有。

占有人不知道也不应知道自己的占有为无权占有的，视为有权占有。

占有人知道或应当知道自己的占有为无权占有的，为无权占有。

第五节 物权的保护

第五十八条 物权发生争议或受到不法侵害，物权人可请求人民法院：

（一）确认物权的存在或内容；

（二）返还原物或其替代物；

（三）恢复物或物权的原状；

（四）排除对物或物权的妨碍与危险；

（五）赔偿物或物权的价值损失。

人民法院可根据实际情况决定保护方法的适用。

第五十九条 物与物权应合理地恢复到物与物权遭受不法侵害以前的状态。

物权保护应注重当事人的利益平衡、物的合理利用和正当交易的安全。

第六十条 下列实物，物权人请求返还原物的，负有返还义务的被请求人应予返还：

（一）不可复制的特定物如文物、艺术品、收藏物件；

（二）个人隐情的寄托物如信物、纪念品、手稿日记；

（三）特殊用途或背景的物如征调物质、专用器具、配给物品；

（四）法律规定的其他必须返还原物的物。

第六十一条　应返还的物上附有他人之物不能分离的,准用本法第十九条。

第六十二条　在返还原物及孳息时,物权人应支付占有人在有权占有期间为维护物的价值而支出的必要费用。

第六十三条　物权人因恢复原状、排除妨碍和消除危险所得利益明显超过本法第五十九条第一款的限度,应将超过的利益返还相对人。

第六十四条　物权人可请求赔偿受侵害期间物或物权在正常情况下所能产生的可得利益损失。

第六十五条　物权人及其利害关系人在物或物权受到不法侵害时可实施必要限度的正当防卫,由此产生的费用和损失由侵害人承担。

第六十六条　因紧急避险而产生的费用和损失,由紧急避险的受益人依其受益程度承担。

第六十七条　国家机关的保护不能时时到达或一时不能到达,物权人及其相关人可自行制止损害较轻的侵权行为,恢复或维护物或物权的原有状态。

对手段或后果严重的侵权行为,不适用前款规定。

第六十八条　自力救济可采取下列方式:

(一)扣留有逃逸嫌疑的陌生侵害人;

(二)扣押侵害人携带的证件、物品或侵害工具;

(三)制止正在进行的侵害行为。

自力救济的方式应与自力救济的需要相适应。

第六十九条　自力救济人扣留侵害人后应立即报告公安机关并将侵害人移交公安机关。

自力救济人扣押侵害工具的,应立即申请人民法院采取保全措施。

自力救济人制止正在进行的侵权行为,必须将可能造成的人身损害和财产损失控制在必要的程度以内。

第七十条　未按本法规定进行自力救济的应承担相应的民事责任。

第二章 所 有 权

第一节 一般规定

第七十一条 所有权,是将物归属于一定主体所有并由其永久和充分支配的物权。

所有权人自主选择所有权的行使方式,可以占有、使用、收益、处分或其他方式实现所有权。法律有特别规定的,从其规定。

第七十二条 所有权不可剥夺。

所有权人因犯罪或违法被处罚没财产,其事由和限度须有明确的法律依据。

第七十三条 土地属于国家和农民集体所有。

土地所有权不得移转。征收农民集体所有的土地,须符合土地管理法律。

第七十四条 相对稀缺的自然资源和政府拟制的公共资源属于国家所有。

资源所有权不得移转。

第七十五条 货币和不记名有价证券推定为持有人所有,有充分证据证明为他人所有的除外。

第七十六条 公司或企业的资产属于出资者所有,法律另有规定或当事人另有约定的,从其规定或约定。

第七十七条 基于募捐、捐献等公益事业为目的而设置的社会团体的资产属于该团体所有。

第七十八条 由债权、知识产权和人身权衍生的财产利益属于权利人所有,法律另有规定或当事人另有约定的,从其规定或约定。

第七十九条 从自然人身上摘除的器官属于该自然人所有。

死者的遗体属于死者的继承人所有。

器官和遗体所有权不得移转，依照法律无偿捐献的除外。

第八十条　国家依法取得下列财产的所有权：

（一）税收及其他财政收入；

（二）国有资产的投资收益；

（三）自然新增或填海形成的土地；

（四）其他应由国家所有的物。

第二节　国家所有权

第八十一条　国家所有权由国务院统一行使。地方各级政府经国务院授权可以行使国家所有权。

第八十二条　非经营性国有财产不得用于营利性活动，不得设定物上负担，不得作为强制执行标的。

下列财产为非经营性国有财产：

（一）国家机关正在用于公务活动的财产；

（二）提供给一般公众免费使用的财产；

（三）学校、医院、体育、科研等公益事业单位中国家划拨的财产。

第八十三条　经营性国有资产可由国有独资有限责任公司直接经营或由国有独资有限责任公司以投资参股的方式交由股份公司或其他企业法人经营。

各级政府对所属国有独资有限责任公司行使下列所有权人的权利：

（一）经营方向的决策权；

（二）国有资产收益权；

（三）国有资产保值增值的监督权；

（四）国有独资有限责任公司的撤销权。

政府行使上述权利的条件、方法和程序，由特别法规定。

第八十四条　自然人和非国有的法人不得受让本法规定的不得移转所有权的国有财产。非法受让的，须返还国有财产且无权要求返还对价或赔偿对价损失。

自然人和非国有的法人受让一般的国有财产,必须支付公平的对价。

第八十五条 非经国务院批准,不得以国有财产为自然人和非国有的法人提供担保,不得将国有财产捐助或赠予给自然人和非国有的法人,禁止私分、挪用或长期借用国有财产,法律另有规定的除外。

重大的国有财产处分,须报上一级政府批准并依法评估。

第八十六条 国有财产的评估应公开、公正、公平。评估结果与国有财产的状况明显不符导致国有财产损失的,评估机构与评估人员承担连带赔偿责任。

第八十七条 国有财产受到不法侵害的诉讼时效为五年,自政府、国有独资有限责任公司和占有权人知道或应该知道侵害发生之日起计算。

对超过诉讼时效所产生的国有财产损失,有关责任人员承担连带赔偿责任。

第三节 集体所有权

第八十八条 集体所有权属于集体经济组织。集体经济组织成员选举产生的集体组织经营机构代表集体经济组织行使集体所有权,但不得违背集体经济组织多数成员的意愿。

第八十九条 农业人口依其户籍登记为村、乡社区集体经济组织的成员。

因婚姻、迁徙等原因迁入或迁出村、乡社区,其村、乡社区集体经济组织成员的资格随之改变。

因升学、务工等非永久性地迁出户口,其村、乡社区集体经济组织成员的资格予以保留。保留期间,可以中断其作为村、乡集体经济组织成员的权利义务。

第九十条 村、乡社区集体经济组织因行政区域调整合并或消灭。

村、乡社区集体经济组织不被解散或破产。

村、乡社区集体经济组织的土地不被强制执行。

第九十一条　乡社区集体经济组织与其区域内的村社区集体经济组织所争议的归属不明的集体财产,推定为村社区集体经济组织所有。

第九十二条　集体企业,是指以集体企业职工共同劳动为基础的集体经济组织。

下列企业不属于集体企业:

(一)集体经济组织投资或参股的企业;

(二)按照股份享有权利承担义务的企业;

(三)名为集体所有实为自然人或法人所有的企业;

(四)国有企事业单位出资开办的三产企业;

(五)其他不以职工共同劳动为基础的企业。

第九十三条　在集体企业连续工作三年以上的职工及退休职工为集体企业成员。

脱离集体企业满一年的,失去集体企业成员的资格。

第九十四条　集体企业解散或消灭,应依法清算。

清算完毕剩余的集体企业财产,移交给集体企业所在地的社会保障基金。集体企业财产不足以支付国家规定的职工安置费用的,由集体企业所在地的社会保障基金补足。

集体企业未依国家标准支付职工安置费用的,不得破产或终止。

第九十五条　集体经济组织按村务(企务)公开、民主管理的原则运营集体财产。

集体经济组织成员对集体资产的运营有平等的知情权、参与权、收益权和部分集体财产的占有权。

集体经济组织的治理结构由特别法和集体经济组织章程规定。

第九十六条　非经集体经济组织成员的多数决议,不得将集体经济组织的财产用于捐助、赠予和担保。

第四节　自然人所有权

第九十七条　自然人的财产不可侵犯。

自然人的财产推定为合法财产。

第九十八条　除非法律特别规定，自然人有权拒绝申报财产、说明财产来源和证明财产的合法性。

非依法律规定，不得冻结、查封和查询自然人的财产。

第九十九条　维持自然人的生存所必需的财产以及个人学习或工作用品不被强制执行。

第一百条　国家机关执行公务使与公务无关的自然人财产受到损害，应予等额补偿。

国家机关执行公务不当使自然人财产受到损害，应承担赔偿责任。

第五节　共　　有

第一百零一条　共有，是数个所有权人就同一物共同享有和行使所有权。

共有包括按份共有、共同共有和总有。

第一百零二条　按份共有人以各自的份额对共有财产分享权利、分担义务。

共有人的份额按下列顺序确立：

（一）法律的规定；

（二）共有人的约定；

（三）出资或履行义务的份额；

（四）推定共有人份额均等。

第一百零三条　共有人在处理共有事务时，有约定的依约定，没有约定的依过半数份额的共有人意见。但可能导致共有财产所有权移转的共有事务，其处理须经全体共有人同意。

第一百零四条 多数份额共有人的决定明显损害少数共有人的权益，可以撤销。决定已实施的，多数份额共有人应赔偿少数份额共有人的损失。

少数份额共有人须在知道或应当知道决定之日起一年内行使前款权利。

第一百零五条 共有财产管理人故意或重大过失损害共有人利益的，应承担赔偿责任。

第一百零六条 共有人可处分自己的份额。份额超过半数时，可请求分割共有财产。

共有人可约定一定期限内不得转让或分割共有财产，但不得超过二十年。

禁止以共有人的决定处分不同意见的共有人的份额。

第一百零七条 共有人转让其共有份额时，其他共有人在同等条件下有优先购买权，但共有人另有约定或法律另有规定者除外。

多个共有人愿意购买且购买份额超过转让总额的，按其共有份额的比例分配优先购买的份额。

第一百零八条 共有份额转让后，原共有人的约定或决议对共有份额的受让人有约束力。

转让人或部分共有人对受让人隐瞒原共有人的约定或决议，应对受让人承担民事责任；共有人明知转让人隐瞒事实均未作声明的，原共有人的约定或决议对受让人无效。

第一百零九条 共有人抛弃或无人继承的份额应予注销。注销后，共有财产按其他共有人份额比例重新划分份额。

共有人不得为逃避债务而抛弃份额。

第一百一十条 基于共有财产而形成的共有人与第三人的权利义务，由全体共有人连带承受。

基于某一共有份额而形成的共有人与第三人的权利义务，由享有份额的共有人承受，第三人与共有人有约定的，从其约定。

第一百一十一条 股东对股份公司财产的按份共有权利义务，特别法有规定的，依特别法。

第一百一十二条 共同共有人在共同关系存续期间对共有财产平等地不分份额地享有权利、承担义务。共同关系有：

（一）婚姻关系；

（二）家庭生活关系；

（三）法定继承关系；

（四）建筑物异产毗连关系；

（五）法律规定或当事人约定的其他共同关系。

第一百一十三条 共同共有人在处理共有事务时，有约定的按约定，没有约定的须经全体共同共有人一致同意。

第一百一十四条 共同关系存续期间，不得划分或分割共有财产。

共同关系消灭，按规定共同关系的法律或当事人约定划分或分割共有财产。

第一百一十五条 共同关系内的财产推定为共同共有。共同共有人可约定部分财产为个人所有或按份共有，但此项约定非向第三人声明不得对抗第三人。

第一百一十六条 建筑物区分所有权人对建筑物的共有部分享有平等的权利，但共有人就特定共有部分的使用收益作出特别约定的，从其约定。

第一百一十七条 建筑物区分所有权人依其在建筑物中的自有部分的比例承担义务，但下列情形除外：

（一）由可归责于建筑物区分所有权人的事由而发生的共有部分的费用及其他义务，由该建筑物区分所有权人负担；

（二）特定的建筑物区分所有权人使用的共有部分的费用及其他义务，由特定的建筑物区分所有权人承担；

（三）建筑物共有部分的收入足以支付开支；

（四）当事人有特别约定且不违反法律。

第一百一十八条　建筑物共有部分的事务由建筑物区分所有权人集体决定，决定须得三分之二的建筑物区分所有权人的同意。

决定明显损害少数建筑物区分所有权人利益的，少数建筑物区分所有权人有权在知道或应当知道决定之日起一年内请求撤销或补偿。

第一百一十九条　建筑物区分所有权人的约定、决议或管理公约对继受的建筑物区分所有权人有约束力。

第一百二十条　村、乡社区集体经济组织和其成员共同行使村、乡社区集体经济组织财产的所有权。

村、乡社区集体经济组织行使管理权和处分权，村、乡社区集体经济组织成员行使使用权和收益权。

第一百二十一条　村、乡社区集体经济组织和其成员之间的权利义务由村、乡社区集体经济组织的章程确定。

集体经济组织的章程的通过和修改须经五分之四的有民事行为能力的村、乡社区集体经济组织成员表决通过。

第一百二十二条　村、乡社区集体经济组织和其成员可以相互主张物权保护。

因村、乡社区集体经济组织或其成员违反法律和集体经济组织章程与第三人进行的有关土地的民事行为，村、乡社区集体经济组织和其成员均可主张该民事行为无效。

第一百二十三条　村、乡社区集体经济组织成员不承担社区集体经济组织的债务，也不得将集体财产划为个人股份或加以分割。

第一百二十四条　共有财产的分割由当事人协议，协议不成的，可以下列方式划分：

（一）不影响共有财产的价值或特定用途的，实物分割；

（二）实物分割影响共有财产的价值或特定用途的，作价处理；

(三)经全体共有人同意,共有人中一人或数人取得共有财产的,由其对其他共有人给予补偿。

各共有人分割所得的共有财产受到第三人追索或有瑕疵,其他共有人应当补偿该共有人的损失或重新分割,但该共有人在取得分割财产时知道或应当知道的除外。

第一百二十五条 数人共同享有占有权,准用本节共有的规定。

第六节 相邻义务

第一百二十六条 相邻义务是土地和建筑物上基于自然地理条件以及相关的习惯、公德而产生的法定负担,是土地和建筑物的所有权人或占有人对相邻人承担的最低限度的法定义务。

相邻人履行相邻义务不得请求相对人支付对价或赔偿损失,法律另有规定的除外。

相邻义务包括提供方便的义务和避免妨碍的义务。

第一百二十七条 不动产所有权人或占有人应为相邻人提供以下便利:

(一)保留或提供为相邻人必需而且合适的通道;

(二)允许相邻人安设必要的生产、生活管道线路;

(三)容忍相邻人以正当理由和方式暂时进入或占用土地;

(四)依协议或自然条件取水、用水、蓄水、排水、承水。

第一百二十八条 不动产所有权人或占有人依据自然条件提供便利,不负有改善自然条件的义务。

第一百二十九条 不动产所有权人或占有人占有和使用不动产时对相邻人负有下列义务:

(一)不影响相邻人的正常通风采光;

(二)防止危及相邻人的地基或建筑物;

(三)将废气、灰屑、噪音或光亮、电波等其他不可称量物控制在正常或合理的标准以下；

（四）允许相邻人处置越界植物的根、枝、叶、实；

（五）不从事其他影响相邻人生产、生活的行为。

第一百三十条　不动产所有权人或占有人一时不能控制妨碍，应及时告知相邻人并采取补救措施，由此造成的相邻人的人身损害和财产损失，应予补偿。

第一百三十一条　相邻人应容忍不动产所有权人或占有人依正常或合理的标准不构成妨碍的行为。

第三章　占　有　权

第一节　一 般 规 定

第一百三十二条　占有权，是将物交由特定非所有权人占有并由其在一定的范围内独立支配的物权。

占有权人以占有、使用、收益、处分或其他法律或约定允许的方式行使占有权。占有权行使的范围、方式、条件、期限，由法律规定或当事人约定，未作规定或约定的，依占有的事业目的及其交易惯例确定。

第一百三十三条　占有权人独立行使占有权。非依法律规定或当事人约定，所有权人不得妨碍或干预占有权人对物的支配。

所有权人应当对占有权人履行法律规定或当事人约定的义务。

第一百三十四条　占有权人应当维护所有权权益，确保财产的保值增值，正当和妥当地利用财产。

占有权人履行前款义务中未尽充分的注意义务或未能采取合理措施的，应承担赔偿责任。

第一百三十五条　占有权人未依法律或约定行使占有权，所有权人可请求占有权人改正并承担相应的民事责任。占有权人的行为根本违背或损害占有的事业目的，对所有权权益构成难以挽回的威胁或侵害的，所有权人可请求撤销或终止占有权。

第一百三十六条 占有权人对不特定的非所有权人代位行使所有权人的权利并承担所有权人的义务，但不包括与财产占有无关的所有权人的权利义务。

在前款规定的范围内，占有权人与所有权人承受连带的权利义务。

第一百三十七条 第三人依据所有权人的指示或委托不法侵害占有权，第三人与所有权人承担连带责任。

第一百三十八条 占有权人在财产上的投资或投入形成的权益不受侵犯，不因占有权人的过错而消灭。

财产由所有权人收回，须合理评估和返还占有权益。

第一百三十九条 法律规定的占有权，自占有权人占有财产之日成立。

当事人约定的占有权，自所有权人与占有权人达成有效协议并由占有权人占有财产之日成立。

第一百四十条 占有权人可以移转业经登记的占有权，同等条件下，所有权人有优先购买权。占有权人移转未经登记的占有权，须经所有权人同意。

占有权自移转占有之日起移转，法律另有规定的除外。

第一百四十一条 原占有权人移转占有权后仍为占有基础关系当事人的，其在占有基础关系中的权利义务不因物权的丧失而消灭，法律另有规定或当事人另有约定的除外。

占有基础关系是指产生占有权的原因法律关系。

第一百四十二条 占有权人依照法律或约定将部分财产的占有移转给他人，占有权人与他人为共同占有权人或分割占有权人。

第一百四十三条 占有权因下列事由消灭：

（一）丧失占有且无本法第五十六条规定的情形；

（二）占有权的占有基础关系消灭；

（三）法律规定的其他情形。

第二节　经　营　权

第一百四十四条　经营权，是自然人、法人以自己名义经营他人资产的占有权。

经营权人在经营事业范围内自主经营。在保值增值的目的下，经营权人可决定资产的优化、配置、转换和运营，并可依法处分资产中的实物、货币、知识产权等，但法律、章程、协议有明确限制的除外。

第一百四十五条　经营权人占有资产的净值。

资产经营中经营权人丧失对资产中的个别财产的占有，不影响其对资产的占有。

第一百四十六条　经营权人可以工资、奖金、股权、期权、利润分成或其他形式分享经营利益，分享的比例和方式由法律、章程或协议规定，未作规定的，参照行业惯例确定。

第一百四十七条　正常经营所产生的资产损失由所有权人承担。法律、章程或协议规定由经营权人分担经营责任的，从其规定，但章程或协议规定经营权人分担的部分不得超过资产损失的百分之五十。

第一百四十八条　非正常经营所产生的资产损失由经营权人承担。章程或协议可以规定经营权人承担责任的最高额度，超过部分由所有权人承担。

前款规定的非正常经营是指经营权人不能合理证明和解释的经营行为。

第一百四十九条　支付对价取得的经营权可依法移转或用于出资、担保。

前款权利的行使，应通知所有权人。所有权人在接到通知之日起三个月内，可以时价赎回经营权，逾期不赎，视为放弃。

第一百五十条　经营权人为有限责任自然人或法人的，以其经营的资产对第三人承担经营债务；经营权人为无限责任自然人或法人的，以其经营的资产和其自有的财产承担经营债务。

第一百五十一条　经营权人以其自有财产承担其对所有权人的经营责任，法律、章程、协议另有规定的，从其规定。

所有权人对经营权人或第三人的民事责任以其交由经营权人的资产为限。

第一百五十二条　经营权人为法人的，法人的代表机构及其成员的经营责任，由法律或章程规定。

第一百五十三条　国有独资有限责任公司对其经营的国有资产拥有本法第八十三条以外的全部经营权。

前款权利始于国有独资有限责任公司成立，终于国有独资有限责任公司消灭，与国有独资有限责任公司主体资格不可分离。

国有独资有限责任公司的治理结构，由特别法规定。

第一百五十四条　国有独资有限责任公司以其经营的国有资产投资或参股时，代位行使国家所有权。

第一百五十五条　国有独资有限责任公司须协助和督促政府行使本法第八十三条规定的权利。

违反前款义务导致国有资产流失的，国有独资有限责任公司的直接责任人员应承担民事责任。

第三节　土地使用权

第一百五十六条　土地使用权，是建筑物或其他附着物的所有权人对特定集体土地或国有土地的占有权。

土地使用权设定于四至确定的土地，效力及于使用土地所必要的地表上下的一定空间。

土地使用权必须登记。

第一百五十七条　土地使用权的设立、取得和行使，须符合土地管理法律的规定。

第一百五十八条 土地使用权随建筑物或其他附着物所有权一并移转。

土地使用权不得移转的,建筑物或其他附着物所有权移转无效。

土地使用权可以移转但附有法定条件的,建筑物或其他附着物所有权移转自条件具备时生效。

第一百五十九条 无偿划拨的土地使用权的移转须经土地所有权人的同意,未经同意的,不得移转。

无偿划拨的土地使用权可依法变更为有偿出让的土地使用权。

第一百六十条 有偿出让的土地使用权可依法移转,但在办理变更登记时有下列情形者除外:

(一)土地使用权人未交清土地出让金;

(二)土地开发投入未到项目投资额的百分之二十五;

(三)未按土地出让合同的期限和条件使用土地;

(四)法律规定的其他情形。

第一百六十一条 有偿出让的土地使用权可用作出资、担保,但因出资、担保而变更土地使用权人时,须符合本法第一百六十条的规定。

第一百六十二条 土地使用权期限由法律规定或当事人约定,最长不得超过五十年。

第一百六十三条 土地使用权期限届满,建筑物或其他附着物的处理,当事人有约定的,从其约定。

土地所有权人请求以时价购买约定拆除的建筑物或其他附着物,土地使用权人不得拒绝。

第一百六十四条 土地使用权期限届满,当事人未约定建筑物或其他附着物的处理,建筑物或其他附着物所有权人可以支付相当于建筑物或其他附着物价值十分之一的土地占用费的方式续期,每次续期不超过十年。

建筑物占用土地累计达七十年的,建筑物所有权人可无偿使用土地,直至建筑物自然毁灭。

第一百六十五条 除非建筑物或其他附着物所有权归于土地所有权人，土地所有权人不得以土地使用权人违法、违约或其他理由提前收回已有建筑物或其他附着物的土地使用权。

第一百六十六条 土地开发未达投资总额的百分之二十五时，有下列情形之一者，土地所有权人可请求撤销土地使用权：

（一）未按约定支付土地出让金或土地使用费；

（二）擅自变更土地用途拒不改正；

（三）未在规定的年限内实施项目；

（四）法律规定的其他情形。

土地所有权人收回土地使用权，应返还土地使用权人的土地出让金并合理补偿土地使用权人的有效投入。

第一百六十七条 土地上有不为建筑物或其他附着物所必要的空间，可另行设定空间使用权，准用本法土地使用权的规定。

第一百六十八条 集体经济组织成员的宅基地及其房屋不得移转给集体经济组织以外的自然人或法人；非因继承移转给集体经济组织成员的，必须经过集体经济组织的同意。

第四节 土地承包经营权

第一百六十九条 土地承包经营权，是指农户或其他自然人、法人基于农业生产目的经营集体土地或国有土地的占有权。

前款所指土地，包括种植、养殖或其他农业生产活动直接依赖的农田、林地、山岭、草原、荒地、滩涂、水面等自然空间。

土地承包经营权应当登记。

第一百七十条 土地承包经营权人必须是农业生产经营者。

土地承包经营权人可在其承包的土地上从事一切为农业生产所必要的行为。

第一百七十一条 土地承包经营权人不得改变历史形成的土地用途。

为调整农业生产结构而产生的土地用途的变更,须符合集体经济组织或国有农场的统一规划并办理变更手续。

第一百七十二条 土地承包经营权人不得抛荒。

抛荒超过一年的,土地承包经营权消灭。

第一百七十三条 土地承包经营权人必须维持土地的产出能力,不得从事掠夺性的生产。

农户在维持地力上确有困难的,可请求集体经济组织或国有农场提供资金或技术的支持。

第一百七十四条 土地承包经营权人负有监督集体经济组织或国有农场正当行使土地所有权的义务。集体经济组织或国有农场滥用所有权或在土地经营上玩忽职守,土地承包经营权人应向土地管理部门报告。

第一百七十五条 集体土地承包经营权由集体经济组织中的农户分配取得。

集体土地承包经营的分配方案须经五分之四的有民事行为能力的集体经济组织成员的同意且不得排斥一类或一个集体经济组织成员参与土地承包。

集体土地承包经营权每五十年分配一次。

第一百七十六条 农户可相互移转集体土地承包经营权,其方式、期限、对价由当事人在集体经济组织的协调和监督下协商确定。

农户可委托集体经济组织移转土地承包经营权,其方式、期限、对价由三方当事人约定。

第一百七十七条 土地承包经营权不得由农户移转给非集体经济组织成员。确须移转的,由集体经济组织收回土地后再发包给非集体经济组织成员,但须农户同意并支付合理对价。

第一百七十八条 为调整农业生产结构,经五分之四的有民事行为能力的集体经济组织成员表决通过,集体经济组织可暂时中断农户的土地承包经营权,再发包给其他农户或非集体经济组织成员。土地承包经营权的中断期限依据农业生产结构调整的实际需要确定。

中断农户的土地承包经营权必须支付合理对价。

第一百七十九条 集体土地承包经营权的对价包括下列要素:

(一)集体经济组织成员的生存保障利益;

(二)农户在土地上的人力、财力投入;

(三)土地流转的增值分成。

对不合理的对价,农户可请求人民法院予以调整。

第一百八十条 农户移转土地承包经营权后仍可以集体经济组织成员的身份参加集体经济组织的收益分配。

第一百八十一条 除非违反本法第一百七十一条、第一百七十二条、第一百七十三条的义务,农户的土地承包经营权不因农户的违法、违约行为而消灭。

第一百八十二条 国有土地承包经营权的内容、行使和期限,由国有土地承包经营合同确定。

当事人约定的期限不得超过三十年。

第一百八十三条 国有农场职工因土地承包不再享有职工待遇的,其权利义务准用本法有关农户的规定。

第一百八十四条 以土地承包经营权作为出资、抵押的,必须经过集体经济组织或国有农场的同意且不得与本法或其他法律的规定相抵触。

第一百八十五条 土地上的附着物所有权随土地承包经营权一并移转。

土地承包经营权期限届满,土地上的附着物的处理准用本法第一百六十三条的规定。

第五节 资源占用权

第一百八十六条 资源占用权,是自然人或法人对相对稀缺的自然资源或公共资源的占有权。

自然资源,是指水资源、矿产资源、动植物资源等呈自然状态的物质资料。公共资源,是指营运车牌、电信牌照、路桥收费许可等有限准入公共事业政策而形成的财产利益。

资源占用权必须登记。

第一百八十七条　资源占用权人须具备下列条件:

(一)依法占有特定资源的法律资格;

(二)开发特定资源的技术能力;

(三)持续经营特定资源的经济实力;

(四)法律规定的其他准入条件。

第一百八十八条　资源占用权的取得须支付对价并经公开竞标程序。

自然资源对价的确定须以资源的贮量和占用期限为基本依据并经合理评估。公共资源的对价须公开拍卖确定。

第一百八十九条　资源占用份额和期限由资源所有权人在出让资源占用权前确定,一经出让,不得改变。

公共资源所有权人不得随意扩大已有的公共资源,因扩大已有公共资源致使公共资源占用权的价值稀释或减少的,公共资源所有权人应给予公平的补偿。

第一百九十条　资源产品或资源利用收益由资源占用权人取得。资源所有权人不得在合法的税费以外以调整资源占用费或其他方式分享资源产品或资源利用收益。

第一百九十一条　自然资源占用权人须合理开发和利用自然资源,保护和恢复生态环境,接受政府主管部门对自然资源的管理和监督。

公共资源占用权的行使不得违反社会共同利益和社会管制政策。

第一百九十二条　资源占用权可用于出资、抵押或依法移转,但应报政府主管部门批准。不违反法律规定的,政府主管部门应当准许。

第一百九十三条　有下列情形之一者,资源所有权人可请求撤销其资源占用权：

(一)未按规定支付资源出让金或资源占用费；

(二)资源占用权人不具备本法第一百八十七条的条件；

(三)未按规定的年限开发和利用资源；

(四)资源开发和利用违反本法第一百九十一条规定经警告却不改正；

(五)法律规定的其他情形。

撤销资源占用权后，资源所有权人应根据资源占用的状况和期限合理评估和返还资源占用权人的资源出让金及其投入。

第一百九十四条　资源占用权因下列情形而消灭：

(一)资源占用权被撤销或放弃；

(二)资源占用权期限届满；

(三)资源耗竭已失去利用价值；

(四)法律规定的其他消灭事由。

资源占用权消灭，资源所有权人可再次出让资源占用权，同等条件下，原资源占用权人有优先受让权。

第一百九十五条　资源占用权人违反本法或其他法律规定造成资源破坏的，承担赔偿责任。政府主管部门在资源管理上玩忽职守致使资源破坏的，有关责任人员与资源破坏人承担连带赔偿责任。

第四章　附　　则

第一百九十六条　本法范围内，下列词语应依下列方式解释：

(一)物、财产、财产利益含义相同；

(二)占有人包括占有权人和无权占有人；

(三)物上负担是指法定的或约定的与物不可分离的民事义务；

(四)法律、法规和其他具有国家强制力的物权规则均为本法所称的法律。

第一百九十七条　本法所称的明知，是指行为人知道特定的事实。

证明行为人明知的责任，由行为人的相对人承担。

第一百九十八条　本法的优先购买权人，接到优先购买的书面通知，应在十五天内作出书面答复，逾期不复，视为放弃。

放弃优先购买权的效力仅限于特定的交易。

第一百九十九条　本法规定的撤销权、请求权的一年行使期限，不能中断、中止和延长。

第二百条　本法自　年　月　日生效。

附录二

本书作者的物权法论文目录

1. 孟勤国:《论占有、占有权能和占有权》,载《法学研究》1985 年第 2 期。

2. 孟勤国:《论国家财产经营管理权的主体》,载张国华主编:《中国社会主义法制建设的理论与实践》,鹭江出版社 1987 年版。

3. 孟勤国:《论所有权能的单一性》,载《广西大学学报》(哲学社会科学版)1988 年第 2 期。

4. 孟勤国:《论法定经营权的独立性》,载《法学评论》1989 年第 4 期。

5. 孟勤国:《论抵押权的优先偿效力》,载《广西大学学报》(哲学社会科学版)1990 年第 4 期。

6. 孟勤国:《关于典当几个基本问题的研究》,载《广西大学学报》(哲学社会科学版)1991 年第 1 期。

7. 孟勤国:《再论法定经营权》,载《社会科学探索》1991 年第 5 期。

8. 孟勤国:《论股份制的法律意义》,载《法制与经济》1992 年创刊号。

9. 孟勤国:《占有概念的历史发展与中国占有制度》,载《中国社会科学》1993 年第 4 期。

10. 孟勤国:《中国物权制度的基本构想》,载《现代法学》1996 年第 2 期。

11. 孟勤国:《动产不动产分类标准的研究》,载中国政法大学民商法教研室编:《民商法纵论》,中国法制出版社 2000 年版。

12. 孟勤国:《关于物权法制定的几个问题》,载《法制日报》2002 年 6 月 16 日,第 3 版。

13. 孟勤国:《中国物权法草案建议稿》,载《法学评论》2002 年第 5 期。

14. 孟勤国:《中国物权法研究的新进展》,载《新华文摘》2004 年第 15 期。

15. 孟勤国:《物权法是一个国家和民族智慧与尊严的象征》,载《中国法律》2004 年第 5 期。

16. 孟勤国:《国有企业法人所有权不可行》,载《人民法院报》(理论版)2004 年 11 月 5 日,第 3 版。

17. 孟勤国:《关于国有企业占有权的若干认识》,载《法制日报》(理论版)2004 年 5 月 13 日,第 2 版。

18. 孟勤国、蒙晓阳:《有体财产法还是财产的基本法》,载《人民司法》2004 年第 4 期。

19. 孟勤国:《公有制与中国物权立法》,载《法学》2004 年第 2 期。

20. 孟勤国、冯桂:《论担保物权的性质及其在民法典中的地位》,载《甘肃社会科学》2004 年第 5 期。

21. 孟勤国:《物权法开禁农村宅基地交易之辩》,载《法学评论》2005 年第 4 期。

22. 孟勤国:《物权法如何保护私有财产》,载《法学》2005 年第 8 期。

23. 孟勤国:《论“一物”》,载《河南省政法管理干部学院学报》2005 年第 4 期。

24. 孟勤国:《点燃中国物权法学的希望》,载《法学家茶座》2005 年第 7 期。

25. 孟勤国:《论物权法的功能与价值》,载《环球法学评论》2006 年第 1 期。

26. 孟勤国:《物权法如何保护集体财产》,载《法学》2006 年第 1 期。

27. 孟勤国:《有思想无行动——评物权法草案的用益物权》,载《法学评论》2006 年第 1 期。

28. 孟勤国:《东施效颦——评〈物权法〉的担保物权》,载《法学评论》2007 年第 3 期。

29. 孟勤国:《〈物权法〉的现代意义》,载《湖北大学学报》(哲学社会科学版)2007 年第 4 期。

30. 孟勤国:《中国物权法的历史价值》,载《法学》2007 年第 9 期。

31. 孟勤国:《现代物权思维与古老物权思维的碰撞》,载《湖北社会科学》2007 年第 10 期。

32. 孟勤国、申惠文:《我国〈物权法〉没有承认登记公信力》,载《东方法学》2009 年第 5 期。

33. 孟勤国、张淞纶:《英美法物上负担制度及其借鉴价值》,载《环球法律评论》2009 年第 5 期。

34. 孟勤国、张淞纶:《非经营性国有资产合理使用的法律意义》,载《湖北社会科学》2009 年第 12 期。

35. 孟勤国:《揭开中国土地私有化论的面纱》,载《北方法学》2010 年第 1 期。

36. 孟勤国、黄莹:《中国农村土地法律政策的三个前置性问题》,载《西南民族大学学报》(人文社科版)2010 年第 7 期。

37. 孟勤国、黄莹:《论非经营性国有资产的制度改革》,载《社会科学战线》2012 年第 1 期。

38. 孟勤国、黄莹:《民法典应设立三种动产用益物权》,载《月旦民商法》2015 年总第 50 期。

39. 孟勤国:《论新时代农村土地产权制度》,载《甘肃政法学院学报》

2018 年第 1 期。

40. 孟勤国:《物的定义与〈物权编〉》,载《法学评论》2019 年第 3 期。

41. 孟勤国:《动产的现实价值与物权编规则需求》,载《社会科学战线》2019 年第 2 期。

42. 孟勤国、肖楚钢:《土地征收法律制度的重点问题与立法建议》,载《上海政法学院学报》(法治论丛)2019 年第 2 期。

第一版后记

学术，应是沉甸甸的

一

17年前，在戴先生家小小的客厅里，定下了我的硕士论文题目，也铺设了我人生的轨道。先生一直盯着我，听我指点江山，最后轻轻地叹了一口气：“搞物权法，得有十年八年的打算”。“行”，我毫不在意地回答。那年我27岁，窗外明月金秋。

此刻也是“秋天”，我在广西大瑶山的金秀县城——费孝通先生六十多年前踏足的土地。时值盛夏，山中已寒气袭人，荡漾的云雾浓浓淡淡、远远近近，演绎着生命的深邃与苍凉。我画上了这本书的最后一个句号。

白驹过隙，人生易老。

二

学生时代，我以为我懂物权法，我很得意自己熟悉物权法中最冷僻的术语。

上了讲台，才知道自己只懂得教科书上的物权法，我常常为无法解开学生的疑问而愧疚。

写完这本书，我懂得了一点物权法，这是人们相处的规则，一切的理由都在实际生活之中。地球上就一个月亮，但每一个民族都有自己的信仰与传说。

三

每个人都有财产，物权法应让每个人都能看懂。地役权、物权行为、占有改定，连法学院的学生都不太整得明白，能指望乡镇法庭上的当事人和法官熟能生巧吗？

财产归属、财产利用，原本不要求复杂的物权法，拂去历史的尘埃，擦亮窗户，让生活的阳光照进物权法的殿堂。

这本书未必易读，但以此制作的物权法，一定通俗易懂。这本书未必得到普遍认同，五十年后，一定还会有人在读。

四

不算前期研究，这本书写了十二年，三次推倒重来，拖累了许多师友。

戴錞隆先生、余能斌先生两位导师为之倾注的心血，难以尽言。赵中孚先生、马俊驹先生、王保树先生、杨振山先生、罗玉珍先生、李静堂先生、凌相权先生、王利明先生、吴汉东先生、覃有土先生、崔建远先生、余劲松先生、漆多俊先生一直关注和支持我的研究，他们的鼓励和批评，迸发我思想的火花。是张志铭先生将我的阶段性成果推荐给《中国社会科学》的国内外读者。张晓秦先生为出版这本书等了整整四年。

这本书一再难产，广西大学、广西教育厅、广西人事厅却一再资助。

我确实很感激他们。我幸运地处在一个宽松的学术环境。

五

我的智商中等偏上一点，揽这份活，有点过分。

如果没有黄莹女士的监工，我肯定早已放弃。她也被绑在这个课题上,她看了多少遍稿子、挑了多少处毛病,难以说清,直到现在,她还在检查。可以统计的是,她前后打了上百万字,连我自己也常认不出的字迹,她居然能辨认。她似乎比我更热切地希望这本书的完成。

人需要压力。

六

这一辈子,我不会有第二本这样的书。

研究生时,我很想很想发表文章,可写了十几篇,都被戴先生一一否决,直到临近毕业,才通过了一篇。我问投哪儿,先生闭着眼沉思了一会儿,吐出四个字:《法学研究》。

我的第一篇论文发表在《法学研究》上,我不能再有缺少自己思想的文字。

学术,应是沉甸甸的。

孟勤国

2001 年 8 月于金秀山城

第二版后记

学者，应是坦荡荡的

一

一位在北京就读的广西学子曾问我："反对你的物权理论的学者不少，为什么见不到一篇正面与你商榷的论文?"

我无言以答。或许是本书问世不久，他们还没有琢磨出从哪儿开刀或已在制作鸿篇檄文；或许是本人才疏学浅，他们不屑争辩以免自贬身份或坚信蚍蜉撼不动大树，更有可能的是他们没有时间或耐心读完本书，确实不甚清楚书中说了些什么。

这是我对原版原文不作任何改动的原因之一。原版原文已成为我思想的历史，而历史是不能粉饰的，应完整地留下供人慢慢地评说。另一原因是我还没有发现本书有必须改动的地方，除了一些原版校对失误的错别字外。但需要改动的地方一定是有的。人难有自知之明，我这样不入流的学者尚且如此，何况一流、二流、三流大学者。

原版出于2002年年初，印了两次，共8000册。我对这么多的读者心存感激，是他们在为我的"胡思乱想"埋单，我希望再版的书价尽可能定得低一些。

二

尹田教授说，北京的大多数学者读不懂孟教授的书。

我丝毫不怀疑他是北京“大多数学者”的杰出代表。我的印象中，北京大学法学院去年似乎是上了排行榜的首席。他说的应该是实话，这从他对“物之特定性”和“交易安全”①的论述与本书相同却得出与本书不同的结论中就可看出。但当我亲耳听到他将本书定性为20世纪80年代国有企业经营权理论②时，我又怀疑他是否读完了本书。

不管怎样，都不是他的错。本书确实不易读懂。因为书中没有系统介绍众所周知的大陆法系物权法知识，也没有遵循民商法学界按教科书体例写专著的金科玉律，而是以读者已深刻了解传统物权理论为前提探讨现代中国的物权问题。当初只想着压缩字数，给一般读者带来了阅读与理解的麻烦。我还疏忽了一点：即便是传教士，也不一定个个都能苦读或读通《圣经》。

为了弥补我的过失，本书加了附录。附录一收了我起草的《中国物权法草案建议稿》，以表明二元物权理论如何转化为可操作的方案；附录二收了我写的论文，这些论文通俗地阐述了我与传统物权理论的一些重大分歧，可以帮助尹田教授看懂本书——如果他愿意看的话。

尹田教授是我本科的师弟，是近年来冉冉升起的学界新星，借此机会向他致意。

三

2003年8月，民商法律网、学术批评网和法学时评网先后出现了秦海生的帖子《“大胆设想，小心求证”的学风仍应提倡——评孟勤国先生的

① 尹田：《论物权标的之特性》，载《河南省政法管理干部学院学报》2003年第4期。

② 尹田教授2003年12月中旬于福州召开的“物权法学和海峡两岸经贸环境研讨会”上的发言。

〈物权二元结构论:中国物权制度的理论重构〉》。

这是一篇“文革”期间天天都有的“大字报”。文中以市井无赖的语言侮辱我甚至我的老师余能斌先生。他以书中有若干处错误为由大打出手，实际上除了一处校对错误,都不过是他读书不多产生的幻觉。他自称是研究生,一副掩耳盗铃的样儿,正常情况下谁会在网上特意说明身份？我年近半百也不太清楚“平调风”是怎么回事,作者一定是位经受“文革”洗礼的斗士。

我素来厌恶藏头露尾的鼠辈,毫不客气地回了一个帖子:《愤然不能代替读书——答秦海生“研究生”》。文中使用了犀利但绝不下流的文字,表明了严厉但绝不偏激的态度。有趣的是,帖子发出后,秦研究生们仪态万千:有的像无辜的羔羊,埋怨我这个“长辈”对“晚辈”不够宽容;有的像饿极的野狼,咬定我是“党国大员”鼓吹“歪理邪说”。

四

在我读书的时候,郑成思就是一个响亮的名字,因此,得知署名为靳雪捷的书评作者是郑先生时,我不免一呆。书评的题目为《一部有所突破的法学专著——评物权二元结构论》,登于 2002 年 3 月 31 日的《法制日报》,时离原版出书后仅二月有余。2003 年,郑先生将其收入《郑成思自选集》。

我反复阅读这篇书评,不是为了寻找被夸奖的感觉,而是为品赏书评的思想和文采。郑先生目光如鹰,一下就看穿了我试图将英美财产法的精神和内容融入大陆法系民法的概念与体系的用心。郑先生笔走春风,将通常是枯燥无味、晦涩难懂的书评写得清新洒脱、平和自然,“这本书闪出可能最终走出洞穴的光芒”,有几人能写出这样的句子?

上网偶然见到郑先生回答中国政法大学的学生提问时引用本书的论述。郑先生指明在本书的第 91~92 页。学生的问题肯定是随机的,郑先生也不会把书带在身上,连我自己也记不得这一段话的具体页码。一个学贯中西的学者,这么仔细地看一本书,而且是一个学生辈的书。只有真正的学者,才有这样的人格魅力。

书评寥寥数语,就刻画了本书的逻辑线索:从史尚宽先生《物权法论》的框架为起点,最终没有回到史先生的框架中。因此,我请求郑先生同意将其作为本书再版的序。这篇序无疑将吸引更多的读者关注本书,虽然会使本书其他的文字黯然失色。

五

郑先生说他是因为河山先生的推荐才去书店买我的书。

我早听说河山先生是一位资深的立法专家,参加了改革开放以来几乎全部的民事法律的起草工作,但 2003 年 11 月以前,我们一直无缘相见。

河山先生几年前就在推敲传统物权理论,在不少场合提出不少问题和看法,但总得不到民商法学界的回应。前不久,我有幸与他共同探讨中国物权立法的方方面面,我们的观点是如此地相同或接近,以至于相互之间不需要过多的说明和解释。

河山先生和我,在互不了解的情况下,各自研究得出了传统物权理论不适合于现代中国的共同结论。这说明本书的研究确实触及到了一些中国物权法的内在与本质的东西。

能有这样一位学长与我“同道为朋”,何其幸也。

六

11 年前,我凭几篇论文破格晋升教授,7 年前,我仍凭几篇论文受聘武汉大学博导。我不算很称职,因为我没有太多的东西给学生读,是徐国栋教授鄙视的那类写不出书的教授。无怪乎秦研究生警告我不得“冒充智力中等偏上一点”。

但我一直努力做一名合格的学者。教授、博导是谋生的职业,学者不是。三百六十行,不包括学者。学者也要生活,所以去当教师、职员、公务员等,但学者懂得思想的探索与生存的追求必须分开。学者缺钱,可去讲课、炒股，哪怕摆个地头小摊；学者少名，不妨作秀、演双簧，或者搞点花边新闻，但若要思考世上万物如何尽善尽美，必须摒弃杂念。不说谋官捞银子，即使只想自己在学术圈中的排名，也会弄出一堆文字垃圾。

我自觉做得还可以，搞研究从来不计成败，写文章也不在意编辑的口味，学术批评直来直去——我相信学术批评不会影响学者之间的私人交往。为了维护我曾有过的学者荣誉，在我的思想源泉干涸的时候，在我只能捧着史尚宽先生的书读给学生听的时候，我绝不自称学者。

学者，应是坦荡荡的。

孟勤国

2004 年 2 月于珞珈山

第三版后记

学界，应是亮堂堂的

一

第二版书断销很久了,出版社还不时接到读者购书的信息。

想读这本书的,也许是想看看已经实施的物权法与物权二元理论有什么联系,也许是想看看物权二元理论究竟如何地“胡说”,当然,也许是其他原因,比如准备报考武汉大学的研究生。

我有责任提供这本书。当年蜂拥奔物权法而来的现在正蜂拥奔侵权法和民法典而去,物权法学十年浮华即将消退,或将重归十几年前的寂寞:孤灯寒窗,就那么几个人在皓首穷经。我注定要守在这儿,我缺乏随时追逐立法热点的志向和体力,而且必须对物权二元理论及其影响承担学术责任。

书的正文除一些错别字和几处生涩表述外,几乎没有改动。

二

总体而言,学界还是比较宽容物权二元理论的。

近十位知名同行,曾在评审《占有概念的历史发展与中国占有制度》一文中,无一例外地予以了友情般的评介。这篇文章提出了物权二元理论,发表于《中国社会科学》1993 年第 4 期。

我的文字不算厚道,有时还指名道姓。但至今为止,似乎只有一位教授真的很生气,在一次评审中将我申报的课题大刀阔斧了。学术批评就事论事、无尊无卑、不朋不党,使得学界有别于月黑风高的江湖。

我的书甚至得了奖,先是全国首届法律优秀图书奖,后来居然是司法部的三等奖。三等奖,是我平生获奖最低的档次,但我仍然要对评委致意:一部被某位京城教授定性为“胡说”的书,本不应该占一个宝贵的奖励名额。

感谢宽容,但宽容不是学界最高的价值。

三

现在的学界熙熙攘攘,有点像农贸市场。

放眼望去,到处都是背着一麻袋、拎着一篮子著作和文章的教授、博士。佟柔先生时代,民法与经济法两大学科算上助教也就是百余人,如今民法学会理事就有 108 将。

摆在摊上的著作、文章很多,但似乎都有教科书的味道,就像大白菜、白萝卜、蒜头、香葱,是些祖宗时就有了的东西,只不过有些看上去鲜嫩欲滴,有些叶黄茎老。

什么时候能见到有品位的专卖店?里面的货物可以不多,但要精致,有独特的设计和精细的工艺。

四

浙大光华法学院,最近有点新闻。

据说那里不以书和文章数量论英雄,全凭教授委员会的慧眼。这个教授委员会有 10 名成员,一人是理工背景的副校长,其余均为华裔法律学者和外国学者。这似乎有点看低我们那么多的著名法学家。

不知道光华法学院是否说着玩，如果当真，那是很麻烦的。在一个数量就是质量的学术体制下，是不可能不以字数、引用率和项目经费作为评价标准的。浙大也许可以容纳一大批没有“成果”的法学教授，但能否容忍因没有“成果”填表而总是得不到国家重点学科什么的？

光华法学院从现行学术体制成功突围的概率大概是万分之一，但我还是希望能看到这万分之一。

五

年轻人要在学界立足，真的很难。

论文无新意，自然是没人理会，想发表就得从菲薄的工资中挤出一大块作为版面费喂给那些以创收为业的刊物。论文有新意，容易被指为胡说，稍有辩解就可能在评审或答辩中被“枪毙”。选题更难，平常一点的已经被前人挖地三尺，能说的话似乎早就说完了。冷僻一点的，没有参考文献，引用少，不符合所谓的学术要求。

有一篇博士论文抄了一大截我的书，我没吭声。凡副教授以下抄袭者，均有情可原，他们需要这些东西谋求生存。生存权似乎应该高于著作权。但我无法容忍当了教授还干偷鸡摸狗的营生。教授已处于学界食物链上的高端，没有任何抄袭或变相抄袭的正当理由。对那些为了声名的显赫而不顾体面的教授，可以给点鄙视。

不过，年轻人在谋求生存之余还是应该有一点自己的思想的。当你不再为生计发愁时，你可以为自己未在风尘中失落所有的理想和尊严而感到些许欣慰。

六

对巩献田教授的围攻，是学界不可磨灭的耻辱。

围攻当然是出于学者的义愤，巩献田教授的公开信有太多的曲解、偏见和误导。但是，义愤不是学术。

我们本应该一条一条地论证公开信中的谬误，以事实和道理澄清问题，让世人信服我们对物权法草案的态度和观点。但结果是，学术批评的回应没有出现，只见到许多慷慨激昂的口号、声嘶力竭地训斥和揭人隐私的段子。这是一场没有品位的“群殴”。

我们是书生，打架不是我们的职责，恐怕也不是我们的长项。学界不是政府，无权管理意识形态，似乎也不应该以左和右画线。是学者，就不能忘记：我不同意你的观点，但我誓死捍卫你发表观点的权利！

学界，应是亮堂堂的。

孟勤国

2008年12月于珞珈山

图书在版编目(CIP)数据

物权二元结构论 : 中国物权制度的理论重构 / 孟勤国著. -- 修订本. -- 北京 : 法律出版社, 2020
ISBN 978-7-5197-4461-8

Ⅰ. ①物… Ⅱ. ①孟… Ⅲ. ①物权法－研究－中国 Ⅳ. ①D923.24

中国版本图书馆 CIP 数据核字(2020)第 068289 号

物权二元结构论
——中国物权制度的理论重构(修订版)
WUQUAN ERYUAN JIEGOU LUN
—ZHONGGUO WUQUAN ZHIDU DE LILUN CHONGGOU (XIUDINGBAN)

孟勤国 著

责任编辑 孙 耘
装帧设计 马 帅

出版 法律出版社
总发行 中国法律图书有限公司
经销 新华书店
印刷 三河市兴达印务有限公司
责任校对 李景美
责任印制 张建伟

编辑统筹 法律出版社
开本 710 毫米×1000 毫米 1/16
印张 19.5
字数 229 千
版本 2020 年 6 月第 1 版
印次 2020 年 6 月第 1 次印刷

法律出版社 / 北京市丰台区莲花池西里 7 号(100073)
网址 / www.lawpress.com.cn
投稿邮箱 / info@lawpress.com.cn
举报维权邮箱 / jbwq@lawpress.com.cn
销售热线 / 400-660-8393
咨询电话 / 010-63939796

中国法律图书有限公司 / 北京市丰台区莲花池西里 7 号(100073)
全国各地中法图分、子公司销售电话:
统一销售客服 / 400-660-8393/6393
第一法律书店 / 010-83938432/8433 西安分公司 / 029-85330678 重庆分公司 / 023-67453036
上海分公司 / 021-62071639/1636 深圳分公司 / 0755-83072995

书号: ISBN 978-7-5197-4461-8
定价: 68.00 元
(如有缺页或倒装,中国法律图书有限公司负责退换)